Ao amigo e também escritor Marcelo Cezar, que sempre me encorajou a acreditar na realização do meu sonho.

Eduardo França

Nascido na capital paulista, onde também vive, Eduardo França é formado em informática e trabalha numa seguradora. Desde cedo se deparou com o prazer de ler e escrever. Rascunhando uma história aqui e outra ali, surgiram alguns contos e romances.

De formação católica, teve um primeiro contato com a espiritualidade por conta do encanto que o tema despertara em sua mãe. Com a morte dela, anos depois, foi no espiritismo que encontrou alento. Já adulto, diante de circunstâncias que aguçaram sua curiosidade, mergulhou em leituras espiritualistas que lhe deram uma certeza reconfortante: a possibilidade da continuidade da vida, do reencontro com entes queridos que já se foram.

Seus escritos buscam proporcionar emoção, identificação e prazer. Expõem, por meio de tramas bem elaboradas, que há sentimentos avessos ao bem, mas que o amor, a generosidade, a gratidão, o perdão e a reconciliação fazem parte da essência do ser humano e devem ser despertados para se alcançar a felicidade e uma vida melhor.

Assim como nos romances anteriores, Eduardo França espera demonstrar que algo maior existe ao nosso redor e pode guiar nossas vidas para o bem.

Coordenação de criação: Priscila Noberto
Coordenação de comunicação: Marcio Lipari
Capa e Projeto Gráfico: Regiane Stella Guzzon
Diagramação: Priscilla Andrade
Preparação: Mônica Gomes d'Almeida
Revisão: Sandra Custódio

1ª edição — 1ª impressão
5.000 exemplares — agosto 2013

Dados Internacionais de Catalogação na Publicação (CIP)
(Câmara Brasileira do Livro, SP, Brasil)

França, Eduardo
A força do perdão / Eduardo França. – 1. ed. – São Paulo : Centro de Estudos Vida & Consciência Editora, 2013.

ISBN 978-85-7722-253-7

1. Ficção espírita 2. Espiritismo I. Título.

13-08550 CDD-133.93

Índices para catálogo sistemático:
1. Ficção espírita : Espiritismo 133.93

Este livro adota as regras do novo acordo ortográfico (2009).

Editora Vida & Consciência
Rua Agostinho Gomes, 2.312 – São Paulo – SP – Brasil
CEP 04206-001
editora@vidaeconsciencia.com.br
www.vidaeconsciencia.com.br

A
FORÇA
do perdão
EDUARDO FRANÇA

Capítulo 1

1979 A vida de Emílio Prieto, assim como a do Brasil, foi marcada por fatos importantes, transformações significativas que influenciaram sobremaneira o curso de seu destino. A morte de seu pai fora o estopim da mudança. O jovem Emílio teve de amadurecer, em semanas, o que naturalmente levaria anos.

Depois do falecimento do pai, o jovem assumiu o controle da Prieto & Confecções, empresa fundada pelo avô. Essa foi a primeira grande virada e, em seguida, vieram muitas outras mudanças: o casamento com Sílvia, depois de tê-la conhecido havia apenas dois meses; a crise na empresa, quando tudo parecia estar sob controle; o retorno de Pedro, seu primo e braço direito na confecção, depois de uma temporada de seis meses fora do país.

Emílio exalou profundo suspiro e empurrou os pensamentos com as mãos. Sua vida sofrera modificações consideráveis em pouco tempo e no momento ele não queria pensar em nada. Não nesta noite. Depois de dar um basta no fluxo de seus pensamentos, estacionou o carro, desceu apressado, ajeitou a gravata e, num movimento rápido, arrumou os cabelos. Estava muito nervoso.

Não era para menos. Seria a primeira vez que participaria da festa de confraternização da empresa junto dos funcionários, papel que seu pai desempenhara muito bem por vários anos.

— Emílio, onde você estava? — Pedro perguntou tentando alcançá-lo, enquanto procurava segurar seu braço. — Sílvia chegou sozinha, dirigindo...

— Pedi que ela viesse na frente. Depois, gravidez não é coisa do outro mundo — Emílio parou e fixou seus olhos nos do primo. — Precisava me preparar. Você sabe o que isso significava para o meu pai. Eu estava naquela praça de que ele gostava — abriu um sorriso —, fui pedir licença, coisa que não fiz nem quando assumi a presidência da empresa.

— Compreendo — tornou Pedro. Procurando ocultar a emoção que sentia, prosseguiu: — Algumas pessoas querem falar com você. Ontem, na parte da tarde, você não voltou à empresa e ficaram alguns documentos pendentes que precisavam da sua assinatura.

— Não vou atender ninguém. Hoje, não.

Emílio era um jovem bonito, como tinha sido seu pai e também seu avô, rara beleza que passava incólume de geração para geração. Ele não havia herdado somente a elegância, um belo rosto e o corpo alinhado; havia em seu pacote hereditário também a arrogância e a prepotência, em grau elevado e notório. Era direto, franco ao extremo, e não se importava se suas palavras ofensivas magoassem alguém.

Em contrapartida, seu primo Pedro, cuja beleza também era admirável, possuía um bom coração. Tratava-se de um rapaz carinhoso, honesto e de valores íntegros, sempre com os braços estendidos para apoiar quem quer que precisasse.

Doce e sensível, Pedro se emocionava com facilidade, fosse diante de um quadro, de uma escultura, de um pôr do sol. Essa sensibilidade era razão de comentários maledicentes e sarcásticos de Emílio. Quando percebia o primo emocionado, Emílio não perdia a oportunidade de se divertir e sempre tecia comentários descabidos, indiferente à pureza e sensibilidade do rapaz.

Sílvia caminhava a passos largos na direção dos dois. Era uma bela moça, possuía olhos cor de mel em sintonia com os cabelos cacheados que caíam soltos na altura dos ombros. Não passava despercebida. O caimento das roupas no corpo esguio e de movimentos delicados deixava claras sua beleza, elegância e educação.

— Meu querido, Pedro e eu estávamos preocupados. Atrasamos a abertura — Sílvia falava pausadamente, de maneira suave, combinando com sua personalidade serena.

— Vou me apressar. Como você mesma disse, estou atrasado — Emílio lançou um olhar frio para a esposa, e completou, seco: — Pergunte ao Pedro, ele dirá onde eu estava, imagino que com o maior prazer.

Sílvia ficou ao lado de Pedro, paralisada, observando o marido tomar distância. Emílio estava irritado. O olhar de reprovação que Pedro lhe dirigia sempre que falava com Sílvia o tirava do sério. Tudo bem, Pedro era apaixonado por Sílvia, sempre fora, mas o primo ganhara essa parada. Emílio se casara com ela e se julgava dono de seu coração. Pedro havia perdido. Pelo menos, Emílio acreditava nisso.

Sílvia era amiga de Pedro desde a época da faculdade. Ele fora o responsável por trazê-la ao convívio da família Prieto. Tímido, esperando a melhor hora de se declarar, o doce e romântico Pedro esperou que o tempo mostrasse o momento certo para demonstrar o que o seu coração sentia pela jovem.

Emílio sempre tivera uma relação de competição com o primo. Tinham a mesma idade e, esperto, Emílio tratou de conquistá-la primeiro, só para disputar a atenção do pai e se sentir superior e mais importante que Pedro. Ofereceu jantares e banhos de piscina e o fato decisivo: um fim de semana no chalé da família, que ficava em Campos do Jordão. Sílvia não resistiu. Voltaram de lá noivos, com a data do casamento marcada. Emílio contorcia-se de prazer pela vitória. Sílvia era seu troféu, mostrava ao mundo que ele era melhor que o primo. Tripudiando sobre os sentimentos do jovem, profundamente triste e abalado, disparou:

— Pedro, parece que não ficou feliz com a minha união com Sílvia, sua amiga.

— Claro que fiquei — respondeu o jovem, as faces vermelhas de vergonha.

Emílio abriu um sorriso enquanto abraçava a moça e acrescentou, num tom para lá de irônico:

— Faço questão de que você seja o padrinho do nosso casamento.

Pedro foi rápido. Desconcertado e quase sem pensar, rebateu:

— Não vou poder ficar para o casamento, viajo no mês que vem para Portugal, sem data certa para voltar.

Pedro era primo materno de Emílio e, por esse motivo, não levava o sobrenome Prieto. Fazia parte do lado mais humilde da família, todavia recebeu apoio do tio que, atencioso, cuidou do rapaz como um filho.

Todo o dinheiro que a mãe de Pedro havia levado uma vida inteira para juntar foi desperdiçado em seis meses pelo jovem em Portugal. Desnorteado, sentindo-se o mais solitário dos homens, ele se jogou, e jogou muito para esquecer a dor de ter perdido Sílvia para o primo.

Quando voltou, Emílio o recebeu de braços abertos, abriu um sorriso triunfante e, ainda no aeroporto, anunciou:

— Você chegou num momento mágico, meu velho. Você será o primeiro a saber, depois de Sílvia e de mim.

— Diga de uma vez, Emílio — pediu Pedro, retribuindo, inocentemente, o sorriso.

— Vou ser pai! Sílvia está grávida!

Pedro ficou estático, os olhos fixos num ponto indefinido. Emílio viu o sorriso de Pedro se desfazer e sentiu um prazer indescritível. Correu para abraçá-lo.

Agora Pedro estava ali, ao lado de Sílvia, seu grande amor, e de Emílio, seu primo, por quem tinha tanta admiração, apesar de tudo, pois não o culpara pelo matrimônio. Pedro costumava responsabilizar-se por não ter se declarado antes. Emílio soubera se expressar e passara à sua frente.

Pedro pensava em todos esses acontecimentos enquanto Emílio terminava seu discurso. Pedro começou a aplaudir o primo, por impulso, seguindo os funcionários que vibravam aos pés do dono da Prieto & Confecções.

No palanque, Emílio era soberano, aplaudido, como um dia fora seu pai. Seduzia a todos com palavras bonitas e bem colocadas. Sentia como se uma força maior dominasse seu corpo e assim absorvia todos os olhares brilhantes que procuravam os seus.

Foi nesse cenário, de um lado Pedro, balançando a cabeça positivamente, como se apoiasse um político no período de campanha, e de outro Sílvia, orgulhosa do marido, acariciando a pequena barriga já à mostra da primeira gestação, que Emílio focou a jovem Vilma na multidão formada à sua frente. Depois não conseguiu se concentrar noutra coisa e cumprimentava a todos, sempre à procura da jovem. Por duas ou três vezes seus olhares se encontraram pelo meio da festa, ela sorridente, e ele obcecado em tê-la. Foi Pedro quem deu as coordenadas:

— Vilma, esse é o nome dela. É filha de um dos funcionários.

— Quem? — perguntou Emílio, sem tentar disfarçar, tinha urgência.

— Filha do Miguel. Parece que moram só os dois, depois da viuvez do velho. Ele é um ótimo funcionário, mas tem um fraco por bebidas, porém, profissionalmente, não temos com o que nos preocupar. Nos anos que trabalha com a gente...

Emílio o interrompeu.

— O que mais você sabe? Onde moram?

— Na vila que seu pai construiu para os funcionários que trabalham na empresa e, pelo que soube, o Miguel está para se aposentar.

— Como?!

— Espere um pouco, Emílio — disse Pedro repentinamente. — Que interesse é esse pela jovem? Não estou entendendo, ou melhor, nem quero imaginar que você esteja interessado na moça.

— Gostei dela, Pedro. Ela mexeu comigo.

— Mexeu com você? Como? Com o seu coração?

— Pedro, você e esse sentimento de romance de banca de jornal. Não tem nada a ver com o coração — Emílio levantou-se, arrumando a camisa para dentro da calça. — Senti um calor diferente... algo movimentando meu sangue.

— Diferente do que sente ao lado da Sílvia?

— Sílvia é minha mulher, lá vem você de novo — acendeu um cigarro e soltou a fumaça na direção do primo. — Não me venha com sermões. Se bem o conheço, já vai começar; é melhor parar por aí. Depois, não ficaria feliz em saber que a Sílvia soube por você dessa história.

— Eu é que não ficaria feliz em saber que você está enganando a Sílvia. Não vou nem quero participar dessa sua aventura — Pedro levantou-se e já na porta completou: — Lembre-se, Sílvia é uma mulher maravilhosa que não merece ser traída nem em pensamento.

Pedro deu as costas e saiu. Emílio ficou rindo enquanto brincava com a fumaça do cigarro.

Capítulo 2

Emílio nem dormiu direito naquela noite, só pensava em Vilma. No dia seguinte, chegou cedo à empresa e foi direto ao departamento de recursos humanos. Com a ficha de Miguel nas mãos, correu para sua sala e foi estudá-la. Minutos depois a lançou sobre a mesa, não havia nada que alterasse ou aumentasse o que já sabia. Na hora do almoço percorreu o refeitório, mas não se sentiu à vontade para se aproximar do velho, ainda que fosse sua intenção.

À tarde, quando a sirene tocou, Emílio, de maneira proposital, colocou-se no caminho de Miguel e lhe ofereceu uma carona, que não foi recusada. Em resposta à gentileza, Miguel o convidou para jantar, ao que ele aceitou prontamente.

Daí por diante foi um pulo para concretizar seu desejo. A simpatia de Vilma foi mais que a esperada, ela lhe serviu o que tinha de melhor. Preparou, com uma rapidez que nem ela imaginava ter, um jantar especial, com direito a sobremesa e beijo no portão.

O velho Miguel, muito ambicioso e sem escrúpulos, que era comprado facilmente com uma bala, ou melhor, um copo de bebida e dinheiro, serviu a filha de bandeja, facilitou o quanto pôde, principalmente depois que recebeu de Emílio um aumento significativo no contracheque e um cargo diferenciado dos colegas.

Emílio, certa noite, informou à esposa que iria para o interior do Estado por conta de uma reunião. Realmente viajou, porém com uma agravante: ao lado de Vilma, que voltou extasiada, guarda-roupa renovado, amando muito Emílio e confiando cegamente na reciprocidade.

Depois de conseguir o que queria, Emílio começou a reduzir as visitas à casa de Miguel, ou melhor, parou de fazê-las, o que deixou Vilma muito irritada. Naquela altura, ela já não era a moça simples do seu Miguel; não havia deixado, naturalmente, de ser sua filha, mas por certo deixou para trás a inocência, paciência e tolerância que tinha na vida simples que levava naquela casa humilde, onde um dia nasceu e foi criada.

A presença de Emílio na vida da jovem provocou transformações, não modificou somente sua cabeça, alimentando-a de sonhos, esperanças, desejos e ambições desmedidas, alterou também seu corpo, o que ela percebeu quando se trocava em frente ao espelho.

Algumas semanas depois, cansada de esperar por Emílio, Vilma apareceu na empresa Prieto & Confecções, durante o horário do expediente, sem avisar. Praticamente invadiu a sala de Pedro, ao saber que era lá que estava Emílio, e foi logo avisando:

— Não pense que essa criança vai ficar sem pai!

— Do que você está falando, menina? — Emílio sentia o sangue subir no rosto.

— Estou grávida e você é o pai!

— Calma — pediu Pedro, depois de ver a situação armada e os ânimos alterados. Correu para fechar a porta e prosseguiu: — O que está havendo aqui? Preciso saber. Além do mais, estamos na minha sala.

— Você é louca, menina? Não diga asneira.

A partir daí foi uma troca constante de frases desnecessárias, que só feriram um ao outro. Pedro, vendo aquela cena em sua sala, acabou compreendendo o que estava se passando.

— Você tem mais a perder do que eu, Emílio — Vilma tinha um ar desafiador.

— O que é isso, garota? Está querendo me intimidar? Uma fedelha, filha de um bêbado! Vocês não têm nem onde cair mortos, moram de favor num terreno que me pertence.

Pedro, a muito custo, conseguiu acalmá-los. Pediu a Emílio que voltasse à sua sala, que obedeceu sem questionar. Depois, correu para amparar Vilma, enxugar suas lágrimas, servir-lhe água. Cedeu não só os seus ouvidos para captar as reclamações da jovem, mas também seu ombro para confortá-la.

Passada quase uma hora, quando Pedro já estava a par do romance clandestino do primo, e Vilma parecia mais calma, resolveu levá-la até a saída da empresa. Temia que a jovem encontrasse Emílio pela frente e iniciasse numa nova briga.

Pedro estava passando pela recepção, acompanhando Vilma em direção ao elevador, que se abriu e dele saiu Sílvia. Ela não disfarçou o espanto e, quando entrou na sala de Emílio, foi logo questionando:

— Vi agora o Pedro amparando uma moça, ela chorava. Ele mal me cumprimentou, imagino estar envergonhado.

— Aventuras do seu amigo. Você não conhece Pedro? — disfarçou Emílio, forçando um sorriso. — Depois que voltou da Europa, só se envolve com problemas. Todo dia uma nova jovem, já nem apresenta mais. São tantas!

— Tenho que conversar com ele — Sílvia sentiu uma pontinha de tristeza. — Não sabia que ele estava agindo assim. Sempre foi um bom ouvinte para meus problemas, talvez seja hora de retribuir.

— Não!

— Emílio, ele é meu amigo! Depois de tudo que você falou, estou vendo que ele está mudado. Precisando de apoio. Acredito que uma palavra de conforto o fará refletir, sei lá, pôr a cabeça no lugar — contemporizou ela, respirando fundo e apalpando a barriga, como se fosse colocar o bebê num lugar mais cômodo. — Ele está precisando ocupar o coração.

— Sei, mas me diga: a que devo a honra de vocês dois por aqui? — indagou enquanto caminhava na direção de Sílvia.

— Esqueceu o nosso almoço? Combinamos! — fez uma pausa — Ah! Meu querido, se minha intuição não falhar, teremos uma garotinha.

— Quero um menino — tornou ele, ríspido.

— Deixe de bobagens, Emílio. Não se trata de um brinquedo que você escolhe numa loja. É o nosso filho. Não me importo com o sexo, desde que venha com saúde.

— Você está certa — ele abraçou a esposa, sentindo a barriga dela encostando-se na sua. Foi o bastante para seu sorriso desaparecer. Sério, ele fixou seu olhar na porta e sentiu medo de abri-la.

Sílvia, durante o abraço, fechou os olhos. Seus pensamentos estavam presos na imagem que havia presenciado pouco antes. Ficou incomodada de ver Pedro acompanhado por outra mulher. Custava a acreditar que seu amigo havia se tornado aquele homem descrito por

Emílio. Aquilo só comprovava o que vinha sentindo havia alguns meses. Sílvia começou a perceber que as festas não eram as mesmas sem Pedro, sentia sua falta quando não aparecia nos fins de semana ou quando não ligava. Adorava suas palavras doces, seus gestos e sua forma de defendê-la das grosserias do marido.

Foi assim que percebeu o quanto o amava. Amava intensamente aquele homem. Só que descobrira depois de casada, quando a escolha já estava feita. Ainda que o coração acelerasse ao vê-lo, tinha Pedro como amigo, um grande amigo. Emílio era sua escolha, seu marido, a quem devia fidelidade. Além do mais, considerava Emílio um homem apaixonante e logo seria o pai dos seus filhos, merecia seu respeito.

— Diga que me ama — apertou o corpo do marido contra o seu.

— Sílvia, por que isso agora, minha querida? — ele perguntou, sorrindo e beijando levemente seus lábios, sem dizer o que ela queria ouvir.

Na manhã seguinte, logo na primeira hora, Emílio procurou, com o auxílio de Pedro, colocar tudo em ordem. A primeira atitude foi a de afastar Miguel da empresa. Providenciou seu desligamento de forma amigável. Pedro não concordou com a decisão do primo. Reprovou antes mesmo de Emílio concluir o que pensava.

— Isso não se faz, rapaz! Deixar o homem na rua, com uma filha grávida. Não considero correta essa atitude. Não vejo como solução dos problemas.

— Pedro, meu caro Pedro — interrompeu Emílio, cinicamente. — Não o chamei até minha sala para pedir sua opinião, nem seus conselhos. Dispenso-os com prazer. Não preciso do seu consentimento, da sua permissão, para agir.

— Emílio...

— Agora desapareça da minha frente. Quero vê-lo daqui a pouco na sala de reunião, e acompanhado do velho. Quero almoçar com esse assunto resolvido, com essa pedra fora do meu caminho.

Instantes depois, Miguel estava sentado numa cadeira na recepção. Não tinha ideia do que estava acontecendo. Já na sala de reunião, saboreando o café, ele não disfarçava a curiosidade e deixava os olhos percorrerem a sala suntuosa. Emílio, sempre com Pedro ao lado, propôs a antecipação da sua aposentadoria. Não foi difícil ao jovem empresário obter êxito nesta parte do seu plano, principalmente quando Miguel, um velho cansado, desesperado com o correr dos dias para o tão esperado descanso, viu os blocos de dinheiro enfileirados que cobriam a mesa à sua disposição. Seus olhos brilharam.

"Meu Deus, que absurdo!", pensava Pedro, incrédulo e impotente para ajudar Miguel.

Emílio ficou satisfeito quando viu o velho assinar, sem titubear, todos os papéis que Pedro colocava na sua frente. Neles incluía-se, além da sua tão sonhada aposentadoria, a desocupação da casa que ficava na vila dos funcionários, no prazo de quarenta e oito horas. Para finalizar, Emílio ofereceu-lhe uma casa no interior, afastada da cidade.

Miguel não levou mais de cinco horas para deixar tudo para trás. O velho sabia da gravidez da filha; entretanto, o dinheiro oferecido por Emílio, como bálsamo, fê-lo esquecer as noites maldormidas, as brigas, as mágoas, enfim tudo o que de ruim o jovem empresário trouxera para sua casa e proporcionara à sua Vilma.

Vilma lutou, relutou, mas foi colocada à força na carroceria do caminhão e amarrada numa cadeira ao lado do guarda-roupa todo estragado, da época de solteiro de seu pai. No colo ela carregava uma trouxa de roupas.

A moça estava em lágrimas. Tentou muitas vezes pular do caminhão em movimento, porém era sempre impedida pelos amigos do seu pai, que ajudaram na mudança. Tal cena foi muito comentada, fez com que todos os vizinhos se sensibilizassem. As crianças corriam atrás, pulando, rindo, e Vilma assistia a tudo completamente desnorteada.

O céu parecia ainda mais azul. Tudo, aos poucos, ia tomando distância, a poeira tomando conta da rua em que ela tanto correu, brincou, sonhou... tudo filmado por um rosto banhado em lágrimas e um coração apertado. Vilma, naquele momento, só pensava em proteger sua criança.

Os meses passaram, para alegria de Emílio, que entendia aquele silêncio como tudo dentro da normalidade. Não tinha motivos para se preocupar, via dessa forma porque suas aventuras estavam sufocadas nas galerias do passado e, sobretudo, a empresa prosperava, e muito. Além disso, havia uma felicidade ainda maior: a chegada de sua filha, ainda que não fosse o filho que tanto aguardava. Tão logo soube do nascimento de Letícia, o jovem não poupou lágrimas.

Foi nessa normalidade que Emílio chegou certa noite a sua casa e foi recebido pela indiferença de Sílvia. Sem entender os beijos não correspondidos, o abraço negado, o tom ríspido da jovem senhora, enfim, tudo isso e mais alguns comportamentos alterados, ele correu até sua agenda para consultar se havia se esquecido de alguma data importante.

Tudo parecia certo: não era aniversário de casamento, Sílvia tinha feito aniversário havia dois meses. O que seria? Antes de formular uma pergunta, Sílvia quis saber:

— Emílio, aquela garota — saiu uma voz rouca, em razão do silêncio a que se submeteu no decorrer do dia — aquela garota... o nome dela é Vilma?

— Vilma? — Emílio sentiu o corpo tremer. — De quem está falando?

— Eu a vi uma única vez, mas não a esqueci, talvez por tê-la visto num estado tão triste, sendo amparada pelo Pedro. Ela chorava, comentei com você.

— Meu amor, agora lembrei! — bateu a mão na testa. — Um daqueles casos do Pedro — afrouxou a gravata, sentia o suor brotar na testa.

— Caso do Pedro? — indagou Sílvia, numa voz sem força e abafada.

— Sim. Conversei com ele, aconselhei que era hora de arrumar alguém. A gente sempre precisa de alguém.

— Alguém para se sentir alguém — completou Sílvia com os olhos úmidos. — Eu não sou alguém bastante para você, Emílio?

— Lógico que é, meu amor — esboçou um sorriso. — Não foi com você que me casei? É com você em quem tanto confiei que vou ter meus filhos. Prova disso é a nossa Letícia.

— Mentira! — saiu como um desabafo. — Mentira, Emílio! A Vilma foi um caso seu. Filha de um funcionário da empresa. Não fez questão de preservar nem sua imagem na empresa. Imagino que importância seu casamento teria a essa altura.

— Não, meu amor! Foi um romance do Pedro — ele disparou a falar e correu para o telefone. — Vou chamá-lo aqui, vamos esclarecer tudo, você vai ver.

— Você parece acreditar na própria mentira? Eu também gostaria de acreditar — Sílvia se calou e tirou do bolso do casaco um envelope.

Emílio pegou o telefone e percebeu as mãos trêmulas, mas falou com voz firme:

— Pedro, sou eu. Você pode... — foi quando ele começou a ouvir Sílvia lendo uma carta.

O passado veio com força ao centro da sala. Emílio pousou lentamente o fone no gancho e ela continuou:

— Veja esta parte, acho que lhe interessa: "Emílio, a vida não tem sido fácil" — a carta era densa e completa. Sílvia escolheu um dos parágrafos e continuou com a voz embargada, triste e humilhada por ter sido traída: — "Nosso bebê..."

— Lamento, Emílio, não vou conseguir ler para você, apesar de ser essa minha vontade, só para ver sua reação a cada palavra escrita — concluiu, dobrando a carta.

— Sílvia, ouça-me!

— Eu estava no quarto amamentando Letícia quando notei aquela moça grávida, ela estava bem ali — aproximou-se da janela —, bem em frente a nossa casa. Vilma veio pessoalmente trazer a carta. Você sabe o quanto eu respeito a sua individualidade, mas não vi nada de mais em abrir a carta. Algo muito forte me fez abri-la. Talvez não devesse ter aberto, assim viveria ao seu lado por anos, sem saber. E você resolveria tudo a seu modo — enquanto Sílvia falava, balançava a cabeça lentamente. — Sua aventura foi tão pequena que coube numa simples carta. Eu não acreditei quando li. Os detalhes do que fez essa moça passar. As humilhações dela e do pai.

— Eu posso explicar — Emílio estava sentado no sofá, gravata desfeita, camisa desabotoada na altura do peito.

Ela se virou bruscamente na direção dele e questionou:

— Será que posso adivinhar? Bom, a Vilma era o alguém que você precisava. Acertei? — Sílvia respirou fundo, não queria chorar.

Silêncio. Ela prosseguiu:

— Eu conversei com ela e sei de tudo. Você sabia que ela está nos últimos meses da gravidez? O filho que você tanto queria pode estar por vir. Aqui está o endereço. De qualquer forma, você acabaria sabendo o paradeiro dela — Vilma atirou o papel com o endereço no chão.

Emílio, desesperado, correu em direção da esposa que, como defesa, deu alguns passos para trás. Sem jeito, Emílio parou e, num tom terno, emocionado, declarou:

— Meu amor, eu a amo. Acredite em mim — estendeu os braços e completou: — Eu preciso de você.

— Hoje eu conheci um Emílio diferente daquele com o qual me casei. Estranho como achamos que conhecemos as pessoas, por isso nos entregamos por inteiro. Pensei estar vivendo com um homem maduro, realizado, íntegro, aquele dos meus sonhos.

Sílvia falava de cabeça baixa, disfarçando as lágrimas.

— Penso... — dizia, com dificuldade para completar o pensamento, que de certo não concordava com o seu coração —, penso em ir embora, Emílio.

— Como ir embora? Para onde?

— Não sei. O Pedro não me fecharia as portas da casa dele.

— Não! Deixe-me resolver essa situação, não se precipite. Você não me ama?

— Eu — fixou os olhos no rosto do jovem —, eu não o quero pela metade, Emílio. Agora vou dormir, estou cansada. Pedi para a Mercedes arrumar o quarto de hóspedes para você.

Sílvia caminhou até o corredor que dava para o quarto e, percebendo que ele iria falar mais alguma coisa, encerrou:

— Por favor, boa noite, Emílio.

O jovem empresário, na mesma noite, depois de virar de um lado para outro na cama, sem conseguir dormir, levantou-se e resolveu procurar Vilma.

Era mais de uma da manhã quando correu até a sala e pôde ver um papel amassado, desprezado, sobre o carpete. Pegou a carta, leu rapidamente e saiu. Tinha uma única certeza: faria de tudo para não perder Sílvia.

Capítulo 3

Na manhã seguinte, na empresa, pouco antes do almoço, Pedro irrompeu na sala de Emílio.

— Coisa estranha.

— Bom dia, para você também, Pedro — disparou Emílio num tom irônico.

— Bom dia. Desculpe-me, mas é que eu recebi uma ligação agora do departamento de recursos humanos. A Vilma, ela está no hospital.

— É mesmo? — não havia interesse na voz de Emílio.

— Pois é. A dona do quarto que ela morava de aluguel disse que pela manhã, como de costume, foi chamá-la e não obteve resposta. Preocupada, ela pegou a chave e entrou no quarto. Vilma estava desmaiada. Parece que está em estado grave, corre risco de morte. A dona da pensão achou o telefone daqui nas coisas dela e...

— Sabe em que hospital ela está?

Emílio anotou o endereço, avisou à secretária que não tinha horário para voltar e saiu estugando o passo.

Foi a visita de Sílvia naquele mesmo dia que fez Pedro imaginar o que a mente perturbada de Emílio estaria arquitetando.

— Sílvia, você me contou que ele saiu durante a noite e voltou duas horas depois. Para onde ele foi? Estou preocupado. Ele falou que ia atrás da Vilma?

— Não. Fui muito dura com ele. Precipitada... Deixei clara minha decepção com o que aconteceu. E como eu poderia reagir diante dessa situação? Disse até que iria embora, que iria morar com você.

Pedro se sentiu lisonjeado, chegou até a pensar que Sílvia, a seu modo, estivesse retribuindo o amor que ele tanto guardava. Pensava também como a vida deles poderia ter sido diferente se ele não tivesse se acovardado, se escondido atrás de uma estúpida timidez. Sílvia era sua grande paixão. Entretanto, ele fazia de tudo para esquecê-la. Ela agora era casada com seu primo, o que era motivo de sobra para não alimentar esse amor. Restava-lhe apenas admirá-la.

— Você não acha que devo me preocupar?

— Está certa, Sílvia. A situação pede atenção. Eu o conheço e bem sei das ideias que costuma ter. Emílio é capaz de tudo para que as coisas saiam a seu modo.

— Não sei o que fazer.

— Vá para casa. Eu prometo entrar em contato assim que encontrá-lo. — Pedro foi até a porta e chamou a secretária: — Faça-me um favor: peça um táxi que eu vou até o hospital onde Vilma está hospitalizada.

No hospital, Emílio perambulou por horas até conseguir entrar. Estava desesperado. A possibilidade de perder Sílvia o deixara perturbado. Àquela altura notou que não saberia viver sem ela, sabia também que a presença dela era muito importante em sua vida, não poderia deixá-la sair assim.

Tomou coragem, colocou-se diante do balcão da recepção e alegou ser parente de Vilma. Identificou-se com outro nome, afirmou ser irmão dela. A atendente, que estava mais preocupada com a roupa que usaria logo mais à noite na boate, nem se importou em checar a veracidade das informações preenchidas, nem conferiu o dinheiro que acompanhava a ficha; apenas abriu um sorriso e guardou as notas no bolso, imaginando a noite que teria com o namorado. Minutos depois, Emílio avançava em direção ao quarto de Vilma.

Quase no mesmo instante, Pedro entrou no hospital completamente atrapalhado e assustado. Desceu do táxi sem pagar e o motorista teve de correr atrás dele. Desculpando-se, ele pagou a corrida e agradeceu. Ao chegar à recepção, Pedro perguntou sobre Vilma.

— Ela está recebendo visita no momento — informou a atendente, morosamente, enquanto lixava a unha.

— Visita, você disse visita? De quem?

— Do irmão dela.

Pedro sentiu o corpo gelar. Tentou não deixar transparecer e, depois de muito insistir, conseguiu ter acesso ao interior do hospital. Sem prestar atenção aos números dos quartos, abria quase todas as portas existentes no imenso corredor. Acabou encontrando Vilma, e o pior: viu quando Emílio puxou um dos fios que estavam presos ao braço dela e a mantinham viva.

— Não, Emílio! — ele bramiu.

Não conseguiu entender onde encontrou forças, mas puxou o primo para fora do quarto e, no corredor, chamou a enfermeira:

— A moça... a paciente daquele quarto parece estar acordando. Ela está nervosa... puxou os fios... por favor, vá vê-la.

Em seguida, ele conduziu Emílio para fora do hospital.

— Por que você não me deixou terminar o meu plano, Pedro? Essa mulher estragou minha vida. Fez com que a Sílvia me colocasse para fora da vida dela — ele chorava descontroladamente. — O que eu fiz de errado?

— Besteira em cima de besteira. O que está havendo? Você ia matar a Vilma? Assim você resolveria a situação? Tirando a vida dela? Esqueceu-se de que Vilma espera um filho seu?

— Pensei em resolver isso ontem à noite. Tentei matá-la! — começou a confessar, não controlava as lágrimas que rolavam pelo rosto. — Fui até o lugar onde ela estava morando. Brigamos e eu... eu a agredi. Eu a deixei desmaiada, achei que estava morta. Depois você entrou na minha sala dizendo que ela havia sido hospitalizada. Ela tem de morrer, você me entende? Só assim a Sílvia vai me aceitar de volta, sem ela e sem essa criança.

Pedro ouviu tudo pacientemente, depois o colocou num táxi, solicitando ao motorista que o deixasse no endereço informado. Na sequência, voltou para a recepção. Teve, logo que viu a recepcionista, a impressão de que ela estava tirando as cutículas.

— Moça, por favor, preciso fazer uma ligação.

— Não sei se pode, não — tornou, sem levantar os olhos das unhas. — A chave fica com a enfermeira.

— Que chave?

A moça levantou a cabeça e explicou:

— A chave da sala onde fica o aparelho para solicitar...

— Tudo bem, já entendi. Onde eu posso encontrá-la?

Com mais uma nota de dinheiro para ser gasto na boate, a porta da sala se abriu e Pedro pôde se comunicar com Sílvia.

Os médicos, enfermeiros, enfim uma equipe assistia Vilma. Decidiram por uma cesariana de risco. Estava no oitavo mês e toda a equipe sabia o quanto era delicada aquela cirurgia para a mãe e para a criança. Vilma, de olhos entreabertos, começava a ver vultos brancos girando, contornando seu corpo, sorrindo, tentando reanimá-la. Ouvia a enfermeira batendo levemente no seu rosto enquanto a incentivava simpaticamente:

— Vamos manter os olhos abertos. Você não quer ver sua criança chegar?

Uma música bonita, serena, soou leve em seus ouvidos e ela sorriu. Teve a impressão de ver uma festa acontecendo na sua frente. Era tudo muito estranho, pois aquelas pessoas já tinham morrido havia muito tempo.

Vilma esboçou largo sorriso ao ver sua mãe, seus avós, todos aqueles amados por ela um dia. Eles se acercaram dela e dançaram de mãos dadas, sorrindo. O espírito de sua mãe desprendeu-se da roda e veio em sua direção, estendeu uma das mãos e abriu um sorriso. Tudo se iluminou.

— Que saudade! Quantos anos não a via.

De repente, Vilma ouviu um choro, e uma moça acomodou um corpinho minúsculo e quente ao seu lado.

— Sua filha, sua filha nasceu, Vilma! — festejava a enfermeira.

— Seja bem-vinda, minha querida! — sussurrou Vilma, numa voz fraca, sumida. — Aparecida, minha filha.

A música soou mais forte e um halo de luz espalhou-se pela sala. Nesse momento, os olhos de Vilma se fecharam para sempre.

Depois de esperar por horas no corredor gelado do hospital, Pedro conseguiu falar com um enfermeiro que saía da sala de cirurgia.

— Nasceu uma menina — anunciou o rapaz, apressado em se livrar das luvas e do jaleco branco. — A mãe deu-lhe o nome de Aparecida. Havia tempos que não via algo tão comovente. A pequena foi levada para a incubadora. Nasceu antes do tempo, mas vai sobreviver. Terá todos os cuidados.

— E a Vilma, como está? — quis saber Pedro, ansioso por notícias.

— Faleceu — relatou friamente. Virando-se para outro rapaz que passava pelo corredor, emendou, ignorando o estado de Pedro que, pálido, procurou apoio na parede: — Seu plantão é hoje? As encomendas que você fez chegaram. Estão lá no meu armário.

— Oi, Sílvia, é o Pedro. Chame o Emílio para mim, por favor.

Pedro apertava o aparelho de telefone enquanto esperava ser atendido pelo primo. Chovia forte e a abertura da janela molhava a sala.

— Emílio, não tenho boas notícias.

— Diga de uma vez.

— Vilma e a criança estão mortas. Elas morreram — mentiu.

Emílio desligou o telefone com um sorriso torto estampado no rosto. Foi até o espelho, ajeitou a camisa, percebeu uma sombra contornando seu corpo, virou-se rapidamente e nada viu. O espelho refletia somente um homem bonito, atraente. Aos olhos humanos não se via no mesmo espelho o coração negro que o jovem escondia no peito.

Sílvia encostou-se no batente da porta do quarto e ficou olhando para Emílio. Era seu marido, precisava do seu apoio, com ele viveria a consequência da sua escolha. Pensando assim, chegou ao seu lado, lentamente, e o abraçou pelas costas, na altura da cintura. Encostou a cabeça no corpo do marido e o beijou. Depois confidenciou, bem baixinho:

— O que passou passou...

Capítulo 4

Anos depois.

Diante do espelho, Emílio ajeitou a gravata e alinhou o terno no corpo ainda esguio. Os cabelos brancos já não eram novidade, e eram muitos. O tempo foi seu aliado, ressaltou suas expressões, destacando sua beleza.

Ele estava em seu escritório, que ocupava um andar inteiro de um prédio suntuoso na Avenida Paulista. Emílio seguia em direção a sua mesa quando esbarrou no porta-retratos que caiu no carpete cinza-claro. Ele o apanhou com todo o cuidado. Seus dedos trêmulos passaram lentamente, com carinho, sobre a foto de Sílvia.

— Quanta saudade! — suspirou.

Logo depois, ele colocou o porta-retratos ao lado do outro em que estavam suas filhas. As mulheres da sua vida, como eram lindas! Apreciou por um instante a foto das filhas: Letícia, Lígia e Laís.

Emílio viu a luz piscando no painel que tinha sobre sua mesa. Pressionou-o em sua cadeira e ouviu a voz de Ivone, sua secretária, na antessala:

— Doutor Emílio?

— Diga, Ivone.

— Sua filha quer falar com o senhor.

— Lígia? Não são nem dez da manhã e ela já me ligou três vezes hoje. O que será desta vez?

— Não. É a Letícia. Não está ao telefone, ela está aqui na recepção.

— Meu Deus! Peça para entrar. O que a impede?

Emílio ficou entusiasmado em receber a filha. Passou, como de costume, os dedos nos cabelos. Levantou-se, contornou a mesa e encostou-se nela, aguardando a entrada da filha.

— Que honra! O que faz minha primogênita por aqui, logo pela manhã?

— Papai — beijou-o no rosto. Era bonita. Usava cabelos curtos que deixavam à mostra os brincos delicados:
— Pensei em lhe falar no café da manhã, mas tive uma urgência na clínica. Um dos pacientes que operei não passou bem, enfim...

— Nem parece que moramos na mesma casa. Quando você sai, não a vejo; quando chego, muito menos. Está sempre nessa clínica! Por acaso não tem ninguém trabalhando para você? Nem parece a proprietária. Não tem horários, está sempre ocupada.

— Papai, tudo isso tem nome: dedicação. É o que tenho com a clínica. E tenho pessoas trabalhando comigo, diferente de pessoas trabalhando para mim. São pessoas responsáveis, de confiança, que como eu têm paixão por tudo aquilo, portanto se doam.

— Exagero! Quando ligo lá, nunca consigo falar com você. Uma hora está no centro cirúrgico, outra está atendendo na emergência. As respostas dos e-mails que envia retornam na maioria em uma linha, como se fossem um telegrama.

— Papai! — exclamou, rindo.

— É verdade. Dificilmente tenho acesso a você. E toda essa sua dedicação à clínica tem uma explicação. E você sabe qual é. Já conversamos sobre esse assunto. Seu casamento com aquele jornalista...

— Sou feliz assim com Robert.

— Feliz assim: ele vivendo noutro país, e você aqui no Brasil, presa numa clínica, enterrando sua juventude, sua mocidade nos problemas, nas doenças dos outros? Dia e noite. Você está no momento de viver ao lado de seu marido. Ir a restaurantes, cinema, passear.

— Assim como entendo Robert no trabalho dele, como correspondente internacional, o que admiro muito, ele também compreende minha vida na clínica, meus plantões. Nós nos respeitamos bastante.

— Minha filha, a quem você está querendo convencer? Ele apaixonado pela sua secretária eletrônica, e você pelas colunas diárias do jornal onde ele trabalha. Um pouco frio esse relacionamento, não?

— Seu Emílio, o senhor não desiste — simulou um sorriso, respirou fundo e continuou: — Papai, não considero essa situação um problema, está muito bem resolvida para mim. E o que me trouxe aqui é o aniversário de Laís. O senhor sabe que está se aproximando?

— Como eu poderia esquecer, Letícia? São tantos anos sem Sílvia. É uma data muito triste, que não merece comemoração alguma. Não há o que celebrar.

— Não está mais do que na hora de esquecer? Isso não faz bem à mamãe. Por certo, ela ficaria triste com esses seus pensamentos.

— Aquele dia não se apaga da minha memória. Foi muito triste, muito forte. Aquele homem na minha frente como uma estátua fria, sem brilho nos olhos, e eu tendo de voltar para casa viúvo e com uma recém-nascida nos braços.

— Imagino seu sofrimento.

— Não! Você não faz ideia do que foi ver Sílvia indo embora e voltar para casa sozinho, viúvo, com aquela criança chorando em meus braços — esmurrou a mesa e tal gesto assustou Letícia.

— A mamãe, onde quer que esteja, está vibrando a nosso favor, para o nosso bem. Como lhe disse, esses pensamentos...

— Lá vem você, Letícia, com essas crenças. Maldita hora em que deixei você muito à vontade com Pedro. Deveria tê-la proibido de acompanhá-lo a esses lugares. Ele é responsável por colocar essas ideias em sua cabeça. Acreditar em espíritos! Era só o que me faltava.

— O senhor deveria ser grato ao Pedro, pois ele foi responsável, sim, pelo esclarecimento e entendimento que eu adquiri sobre o mundo espiritual.

— Muito me admira, você, uma médica, uma especialista, dando créditos para essas crendices. Pura tolice!

— Talvez um dia o senhor compreenda. Um dia — sorriu e mudou o assunto: — Quanto ao aniversário da Laís, pensei em fazer uma festinha com a família, poucos amigos. Há anos tento fazer dessa data um acontecimento ameno, sem tristeza. Precisamos superar as agruras do passado, seu Emílio.

— Nunca vou me esquecer do que aconteceu com Sílvia.

— Papai, entenda: eu não deixei de amá-la por ter de comemorar o aniversário de Laís na data de sua morte. Acho que a Laís merece. Nossa caçula.

— Sua irmã só me dá dor de cabeça. Só apronta. A única coisa que fez nos últimos meses e me alegrou foi o namoro com Renan. Um bom rapaz.

— Sei — Letícia não conseguia disfarçar a antipatia que sentia por aquele moço. Algo nele a deixava temerosa.

— Parece que você não gostou dele.

— Minha intuição diz que ele não serve para ela.

Emílio o defendeu.

— Também só o viu uma vez, no máximo duas. Renan está lá em casa quase todas as noites, jantando conosco. Você é que nunca está, por isso ainda não teve a oportunidade de conversar com o jovem e ver sua postura. Um excelente rapaz. Já conversou com Lígia sobre ele? Ela adorou o cunhado.

— Só elogios, hein? Não se cansa em colocá-lo nas nuvens.

— Não é para menos. Um partido perfeito. Formado, pós-graduado, diversos cursos. Tem apresentado resultados satisfatórios para a Prieto & Confecções.

— O que mais sabe dele?

— Veio do concorrente. Renan é adorado por todos na empresa, menos pelo Fábio. Sabe como é o marido da sua irmã Lígia. O Renan se sobressai nas reuniões da empresa.

— E da vida pessoal dele, papai? Sim, porque até agora só se comentou sobre o excelente profissional. E a vida pessoal? Entendo que precisamos conhecê-lo melhor, pois ele namora a Laís. Provavelmente, com o entusiasmo que fala, breve o teremos na família.

— É solteiro. Mora sozinho. Parece que foi, há muito tempo, noivo no interior, na época que morava com a tia.

— Bom! — interrompeu. — Então a Laís merece comemorar seu aniversário em casa. Não é aquela garotinha rebelde que tanto o senhor gosta de frisar. Até namora um sujeito que agrada seu coração, tem seu consentimento.

— Você está certa. Vou pensar no assunto.

— Eu já vou indo.

— Gosto tanto do Renan que penso em dar a ele o lugar do Pedro.

— Na vice-presidência?

— É, o Pedro está indo embora.

— Não seja dramático, papai. Há muito tempo o Pedro vem tocando nesse assunto, para que você preparasse alguém para substituí-lo. Tenho de ir — beijou o pai e olhou para o celular: — Olha só, mais de quatro chamadas não atendidas.

Emílio sorriu, olhando Letícia sair da sala. Na sequência, ligou para a secretária. Solicitou rapidamente:

— Ivone, peça para o Renan vir à minha sala.

— Doutor Emílio, o Renan ainda não chegou.

— Ok. Avise que estou à sua espera, logo que chegar.

Renan morava no terceiro andar de um prédio simples, à margem do metrô, na zona leste da capital paulista. Era homem que não deixava de ser notado por onde passava. O porte alto, olhos verdes fortes, cabelos castanho-claros e lisos eram, com certeza, responsáveis pela beleza estonteante.

— Patrícia, você já passou a camisa? É para hoje — cobrava rispidamente.

Acordara atrasado e, como de costume, repleto de mau humor. Sem camisa, colocava o cinto na calça.

— Meu Deus, tem como paralisar os ponteiros do relógio por um tempo?

— Pronto, querido. Aqui está — Patrícia esticou o braço na direção do marido, a camisa branca, manga longa devidamente passada. — Olha só, na pressa até me queimei.

— Deveria ficar atenta. É muito desligada. Desatenta — nem olhou para o braço esticado em sua direção.

Renan abotoou a camisa rapidamente. Colocou-a para dentro da calça e logo depois se colocou na frente de Patrícia, para que lhe fizesse o laço da gravata.

— Calma, meu querido. Vai dar tempo — Patrícia sentiu-se tão próxima dos lábios de Renan que teve vontade de tocá-los. Nos últimos meses, era nessa ocasião que o sentia mais perto do seu corpo.

— Você viu que horas são, Patrícia? Já era para eu estar no escritório, há horas. Justo hoje.

— Preparei um café.

— Não consigo nem pensar em comer algo... Já lhe contei, não é? Hoje vou viajar para o Rio de Janeiro, não vou de carro, vou pegar um táxi. Não sei a hora que vou chegar, certamente estarei com sono. Acho melhor não dirigir à noite.

— Renan, eu posso dirigir. Posso levá-lo ao escritório.

Abriu um sorriso irônico e falou:

— Como?! Você dirigindo, Patrícia? Esqueça. E depois já falei que têm pessoas que não nasceram para dirigir, e você se enquadra nesse perfil, meu amor. Não nasceu para dirigir. Lembra-se do que fez da última vez?

Patrícia voltou ao passado. Jamais esqueceria. Renan, bravo ao seu lado, gritando, pedindo para descer do carro, tomou a direção e quase a deixou na estrada. Tudo porque Patrícia se esquecera de dar a seta para virar numa rua indicada aos berros por Renan.

— Você está certo, querido.

Ajudando-o a abotoar o punho, Patrícia olhou para a mão esquerda do marido e perguntou:

— Cadê sua aliança?

Renan ficou desconcertado por alguns instantes:

— Acho que deixei no escritório ontem. Lembro-me de ter tirado e colocado na gaveta — olhou para a manga da camisa e gritou: — Patrícia, não acredito. Você manchou a minha camisa...

— Meu amor, eu vou... vou remover. Espere um pouco que vou buscar outra camisa.

Apareceu instantes depois com uma camisa azul que o deixou irritado.

— Vou para um escritório, não para um circo. Que camisa é essa, mulher? — puxou-a com estupidez da mão dela. — Mal passada, com dois vincos. Tente limpar essa. Acha que consegue? Ou também é incapaz?

Nesse momento o trem do metrô passou, podendo ser visto da janela da sala do casal. Era rápido, porém muito barulhento. Parecia cortar a sala ao meio. As paredes estremeciam.

Para Patrícia era um alívio ouvi-lo, era melhor que escutar os berros incontroláveis de Renan. Podia, no momento, como nos filmes da época do cinema mudo, só ver os lábios do marido em movimento, seus cabelos balançando, assim como os braços agitados, em sua direção.

Renan, depois de vestido, saiu correndo. Despediu-se secamente de Patrícia, da porta, antes de fechá-la, deixando-a no ar, correndo em sua direção. Ela esperava um beijo de despedida, o que não houve, e há muito não havia.

O prédio não possuía elevador, então não restava alternativa, senão as escadas que naquele horário eram repletas de crianças e mães desocupadas. Renan descia as escadas apressadamente.

— Bom dia, seu Renan — desmanchou-se Cida num sorriso.

O jovem ignorou a vizinha, assim como fazia com todos os outros moradores do prédio. Achava tudo aquilo um horror. Em especial Cida, que era sua vizinha de porta. Considerava-a uma pessoa insignificante. Por diversas vezes exigiu que Patrícia se afastasse da mulher, não desejava vê-la em sua casa. Não a queria por perto. Foi pivô de muitas brigas com Patrícia. Não cansava de ressaltar para a esposa, num tom bravo:

— Patrícia, ela é asquerosa. Aquelas roupas pequenas encardidas para aquele corpo imenso! Barriga de fora... Ridículo aquele piercing. Sempre com os pés descalços. E aqueles óculos grossos, emendados com fita adesiva? É intrometida, não quero aquela mulher em casa. Danem-se os problemas dela. E se faz de vítima, esconde-se atrás daquelas crianças para chorar, mas é incapaz de procurar um emprego. O marido a deixou com dois filhos pequenos. Sorte dele não tê-la por perto.

Patrícia correu para a janela. Esperava que Renan a visse no parapeito e acenasse para ela antes de entrar no táxi. Tinha esperança. Olhou para trás e viu o celular dele sobre a mesa. Entrou em pânico. Não sabia o que fazer. Pensou em esperar Renan apontar na saída do prédio e avisá-lo do aparelho. Entretanto, resolveu levá-lo pessoalmente, imaginou que o marido ficaria mais feliz.

— Bom dia, Patrícia, o seu Renan passou agora há pouco, nem falou comigo.

— Está atrasado. Hoje ele tem uma reunião importante.

— Todo dia parece ter reunião e estar atrasado. Enfia aqueles óculos escuros no rosto e esquece a educação em casa — resmungou enquanto imitava o jovem. — Patrícia, você é um doce, não merecia esse traste como marido.

— Cida! — repreendeu a vizinha quase rindo da imitação.

— Está bem! Não está mais aqui quem falou. Sabe, eu preciso ter um particular com o seu marido.

— Desculpe, Cida, mas tenho de entregar o celular do Renan, depois conversamos — saiu correndo escada abaixo.

Quando Patrícia chegou à calçada, ele já havia partido. Ela não pensou duas vezes, pegou o primeiro táxi que passou. Estava disposta a levar o celular para o marido na empresa onde ele trabalhava.

Capítulo 5

— Nossa! Que surpresa maravilhosa, Letícia! Pedro levantou-se logo que a viu abrir a porta de sua sala.

— Pedi para não ser anunciada. Queria surpreendê-lo. Fiz mal?

— Fez muito bem, minha linda — ele a abraçou com carinho. — Quanto tempo não aparece por aqui. Sinto falta quando você, menina ainda, vinha com sua mãe ver seu pai. Sempre fugia para minha sala, ficava horas aqui, mexendo nas coisas, sonhando, contando seus planos.

— Você me mimava. Sempre tinha balas na gaveta.

— A propósito — abriu a gaveta e tirou um saco de balas e as colocou sobre a mesa —, aqui estão. Comprei ontem. Parece que estava adivinhando. Estava para ligar. Fiquei muito emocionado com o seu e-mail comentando o sonho que teve com Sílvia.

— Fale baixo. Meu pai vai morrer de ciúme se souber — sorriu. — Há pouco reclamou que eu escrevo para ele no máximo uma linha, como se fosse um telegrama, pode?

— Ficaria ainda mais bravo se soubesse o assunto principal. Muitas vezes ele já brigou comigo. Eu desconsidero, como fiz por toda a vida. Se fosse levá-lo a sério, não teríamos essa amizade de tantos anos; profissionalmente então, lá se vão décadas.

— Acredito que esse é o segredo: não dar importância. É o que tenho feito.

— Parece aborrecida, Letícia. Problemas na clínica? Ou a conversa não foi boa? Já sei, não precisa nem dizer, veja se adivinho: Emílio falou novamente de Robert, e isso a magoou.

— Sinceramente, nem tanto. Fui conversar com ele sobre o aniversário de Laís. Acho que ela merece festejar essa data, mas o papai só consegue ver o dia em que mamãe morreu.

— Isso não faz bem ao espírito de Sílvia.

— Falei para ele, embora não acredite, e sei do desperdício de tempo.

— Decerto um dia ele vai compreender. Também sinto muita falta de Sílvia — deixou o corpo afundar na cadeira e frisou sorrindo: — Muita. Quando vejo você e suas irmãs, eu consigo ver Sílvia em cada uma, seja em momentos de delicadeza, seja em determinadas atitudes. Quanto à beleza, todas foram felizes herdeiras.

— Obrigada. O velho Emílio ficou de pensar.

— Já é um bom começo. Tenha paciência. Ah! — apanhou o jornal no balcão ao lado da mesa e brincou com um imenso sorriso: — Li a matéria do Robert. Está maravilhosa. Tenho que apresentá-lo a você.

— Parece que foi ontem. Foi um dos dias mais felizes da minha vida, quando você me apresentou ao Robert.

— Imagino! Resultou num casamento. Outro motivo que leva o Emílio a ter vontade de me lançar do décimo andar deste prédio. Não sei explicar, mas sempre achei que vocês dois tinham muito a ver um com o outro.

Quando o vi lá no centro espírita, lembrei-me imediatamente de você. Recordo que, pelas circunstâncias, ele tinha perdido o pai havia pouco tempo. Quando ele retorna ao Brasil? Vocês estão intimados a jantar comigo. Aprendi a fazer uma massa ótima, e com esse frio vai combinar com um bom vinho tinto. Depois, estou louco para saber notícias da Europa.

— É para lá que você vai, Pedro? Meu pai comentou, dramaticamente lógico, sobre sua saída da empresa. Está arrasado, ainda que não assuma.

— Não. Vou ficar no Brasil. Foram muitos anos dedicados a Prieto & Confecções, agora está na hora de dedicar a mim os últimos anos que me restam.

— Não fale nesse tom. Isso me assusta.

— Não fique assim, querida. Vou pescar, namorar — não controlando o riso, continuou: — Vou ao cinema no meio da tarde... Sabe que sempre tive essa vontade, principalmente quando seu pai me obrigava a representá-lo naquelas reuniões cansativas com os fornecedores? Depois, tenho alguns assuntos do passado que ficaram pendentes me esperando para resolvê-los.

— O que você acha de papai pensar em Renan para substituí-lo?

— Estou surpreso. Pensei que o Fábio fosse o mais indicado a ocupar o meu lugar. Não só por ser casado com Lígia, mas pela competência.

— E o Fábio é pai do pequeno Rodrigo. Não é ciúme, mas meu pai tem muito amor por aquele neto, mais do que pelas filhas.

— É compreensível. Sempre que Sílvia ficava grávida, ele ansiava por um filho homem. Não que deixasse de gostar de vocês, pelo contrário, chorava a cada nascimento.

— Até no nascimento da Laís?

Pedro não respondeu de pronto. Mudou o tom.

— Ela e Emílio sempre tiveram um relacionamento muito difícil. Sinceramente, o Renan pode ser uma boa indicação. Talvez até faça uma ponte de união entre eles, quem sabe? Mas aposto no Fábio para o meu cargo, gosto muito dele. Vai ser uma briga boa entre Fábio e Renan. Briga para os acionistas decidirem. Eu quero já estar longe.

Letícia nada acrescentou, porém em seu íntimo não via Renan como a boa pessoa que todos julgavam ser.

— Pedro, eu já vou.

— Tenho uma reunião agora, fora da empresa. Daquelas que seu pai me obriga a ir. Acompanho você até a saída.

— Você está de carro? Pode me dar uma carona?

— Lógico, com enorme prazer. Podemos conversar mais um pouco. Até a clínica?

— Ótimo. A Lígia pegou o meu carro sem me avisar. Ela está com essa mania agora, pega o carro que vê pela frente quando resolve sair. Quando acordei, não encontrei a chave, a alternativa foi o carro do Robert, mas hoje é dia do rodízio e não pude sair com ele. Vim de táxi da clínica até aqui.

Lígia entrou na sala de Emílio como um furacão. Elegante, bem-vestida, num belo par de saltos altos, cabelos tingidos de louro e presos no alto da cabeça, um rosto levemente maquiado. Era a mais vaidosa das três. Dava importância aos acessórios para realçar sua beleza e acertava sempre. Agitada, balançava a bolsa impacientemente, quase batendo no rosto da secretária, que a princípio tentou impedi-la de entrar na sala do empresário.

— Meu pai agora não pode me receber? Que negócio é esse?

— Doutor Emílio, eu tentei avisá-lo, mas...

— Sem problemas, Ivone, pode ir. Providencie um café — virou para Lígia que se sentou numa poltrona e perguntou: — Você aceita, minha filha?

— Puro. Puríssimo e rápido.

Ivone saiu da sala sem nada dizer.

— Sua irmã também passou por aqui — afirmou Emílio.

— É. Estou sabendo — gesticulava enquanto falava. — A criatura inútil, esse leão de chácara que você plantou aí na porta me contou. Estava com o Pedro até agora há pouco, parece que desceram num elevador e eu subi noutro. Coisa de cinema, por pouco não nos vimos.

— O que a trouxe aqui, Lígia?

— Meu marido, papai. O que o senhor fez com ele? Sumiu! Não o vejo desde às sete da manhã.

— Questão de horas somente.

— No celular ninguém atende.

— Ele me pediu a parte da manhã para visitar a mãe. Parece que a Helena não tem passado bem nos últimos dias. E também alguns problemas com o irmão dele.

— Danado, nem me falou nada.

— O Rodrigo foi com ele.

— Foi? Ele nem me chamou!

— Será que é porque você destratou a mãe dele na última visita, Lígia?

— Ela foi grossa comigo. Eu falei apenas que a casa parecia não ter sido limpa. Ela, desaforada, apareceu instantes depois com uma vassoura e um balde de água e disse para eu limpar do meu jeito.

— Sua sorte foi o seu cunhado estar por lá na hora e impedir o pior — Emílio acrescentou, disfarçando o riso. Ele não conseguia imaginar Lígia limpando uma casa.

— É, o André foi muito bonzinho comigo, fez questão de me levar em casa. Não tinha condições nem de dirigir. Mandei até bombons para ele depois. Bom, já que Fábio está lá, então é para lá que eu vou.

— Creio até que ele já esteja voltando.

— Levo a sério as palavras que ouvi quando me casei com ele — começou a rir —: na alegria e na tristeza. Está na casa da mãe? Então, tristeza, lá vou eu. E esse café? Ivone está pensando que é para viagem?

Emílio ficou olhando Lígia sair, depois de beijá-lo na testa. Adorava a filha, era como ele, decidida e, quando cismava com algo, não tinha quem conseguisse mostrar o contrário. Foi assim que, num dia, resolveu torrar o tempo na empresa do pai, eram férias da faculdade. Ia de andar em andar e dizia a todos de quem era filha. Nem precisava ser anunciada, pois, nas revistas de circulação mensal da empresa, ela sempre aparecia pendurada no pescoço dele, enquanto as outras duas, quando surgiam, eram vistas ao seu lado e no máximo com uma das mãos pousando levemente no seu ombro. Foi nesse dia, escolhido por ela, que conheceu Fábio e ficou apaixonada. Aceitou até ser estagiária no departamento que ele coordenava. O amor foi correspondido. Estavam casados havia dez anos e deram a Emílio um neto, Rodrigo, que agora contava sete anos.

— Renan, se fosse você, nem ia para sua sala. O homem está à sua espera — Ivone falava rapidamente, organizava alguns papéis sobre a mesa e fazia anotações.

— Quer falar comigo, Ivone? Justo hoje que estou atrasado.

— E muito, criança, e muito... — a mulher tagarelava olhando por cima dos óculos.

— Faz tempo que ele...

— Só uma hora e meia. Foram tantas as visitas que...

Renan não esperou Ivone concluir, muito menos anunciá-lo, aproximou-se da sala de Emílio e bateu à porta levemente antes de abri-la.

— Doutor Emílio, eu o incomodo?

Emílio ergueu os olhos para a porta e viu o rapaz, meio-corpo, um rosto espantado.

— Não. Na verdade hoje está um entra e sai desta sala que não sei se vou conseguir trabalhar. Entre, Renan.

— Doutor Emílio — voz pausada, baixa, quase tímida. — Desculpe-me pelo atraso. Cheguei a pegar um táxi, mas houve um acidente.

— Eu acompanho o noticiário, meu caro. Aprenda que o silêncio, por vezes, é o mais apropriado — retrucou, num tom seco. Emílio estudou o rosto do rapaz ambicioso à sua frente e prosseguiu: — Analisei os gráficos que você apresentou. As ações que a empresa está enfrentando. Quero que você coordene a equipe. Preciso de um advogado que apresente resultados. Espero estar certo em apostar em você.

Renan era só agradecimento. Não conseguia disfarçar a alegria que sentia. Pensava em como fora importante e difícil conquistar Laís. O resultado não tardou a aparecer, um dia ainda ocuparia não só aquele posto, mas a liderança da empresa Prieto & Confecções.

Só quando Patrícia desceu do táxi percebeu estar vestida numa roupa simples. Chinelos de dedo. A sorte foi ter dinheiro na bolsa para pagar o taxista e sobrar algum para pagar o ônibus de volta.

Assim que se aproximou da soleira da empresa, as portas se abriram e Patrícia entrou. Nesse momento esbarrou em Letícia, que saía ao lado de Pedro. Desculpou-se e seguiu até o balcão de mármore, onde quatro moças uniformizadas conversavam enquanto os dedos ágeis percorriam o teclado do computador. Uma delas, muito delicada, praticamente robotizada, provavelmente após alguns treinamentos, manifestou-se:

— Pois não, senhora. Em que posso ajudá-la?

— Bom dia. Eu preciso falar com o Renan. Ele trabalha na Prieto & Confecções.

— Todo este prédio é da Prieto & Confecções, senhora — esboçou um sorriso e concluiu: — Qual é o departamento?

— Não sei o departamento. É que ele esqueceu o celular dele, vim só entregá-lo.

— Qual é o sobrenome? Vou pesquisar no terminal.

— Valência. Renan Valência.

— Ah, sim. Acabei de localizar aqui no terminal. A senhora é?

— Eu sou Patrícia, esposa dele.

Capítulo 6

— Fale, Ivone — Emílio respondeu logo que apertou uma das teclas que enfeitava sua mesa. Tinha o rosto sombreado pela fumaça do cigarro.

— Doutor Emílio, é apenas um recado para o Renan. É que estou saindo para almoçar, então...

— Pode falar, Ivone. Está no viva-voz.

— Renan, dona Laís ligou — a voz estridente da secretária invadiu a sala de Emílio —, disse que não consegue falar com você. Tentou a manhã inteira. Seu celular está fora da área de cobertura.

— Meu celular? — Renan apalpou os bolsos e constatou. — Esqueci. É, realmente, devo ter deixado o aparelho em casa.

— Ela pediu para avisar-lhe que vai esperá-lo naquele restaurante de costume. Pediu para você ligar para ela.

— Claro — tornou completamente desconcertado. — Obrigado, Ivone.

A partir daí, Renan já não conseguiu mais se concentrar em nada que Emílio falava. As ações, estratégias, primeiras decisões, enfim, tudo o que era de grande importância já não tinha cabimento naquela ocasião. Tudo por conta do maldito celular. Primeiro pensou tê-lo esquecido em casa, o máximo que poderia acontecer era Patrícia, desatenta, jogar no lixo, ou ainda se sentar em cima e quebrá-lo, sem perceber. Depois, pensou ter esquecido no táxi. Naquela hora pensava tão apressadamente que não descartava nenhuma possibilidade.

Fábio era um homem apresentável, charmoso, alto, um corpo atlético, possuía olhos escuros em combinação aos cabelos curtos, sempre bem-vestido, educado. Visto por esse ângulo, era compreensível o ciúme doentio de Lígia. Só que Fábio estava farto dos escândalos da esposa, na maioria das vezes sem motivo, a ponto de desabafar com a mãe sobre o que vinha acontecendo.

Fábio saboreava o café em pé, encostado no batente da porta da cozinha. Conversava com Helena, sua mãe. Quanto tempo não fazia isso? A mãe lavava louças. Não era mulher de ficar parada. Sentar-se para descansar, parar? Dificilmente. Somente à noite, para dormir.

— Como está a maluca da sua mulher, filho?

— Mãe, cuidado. O Rodrigo pode ouvir.

— O garoto está lá em cima. Depois, já tem idade para saber da louca que o colocou no mundo. Maluca! — mudou rapidamente de assunto, assim como trocava de tarefa. — Soube do André? Está estudando na faculdade com a sua cunhada, a Laís. Ela é um amor de menina, veio outro dia fazer trabalho. Almoçou aqui — enquanto falava, passava a vassoura pela cozinha. — Até aquela médica, que mulher!

— Letícia.

— Isso. Um encanto. Dizem que um jardim não é feito só de rosas, também tem os espinhos. Infelizmente, meu filho, você dorme com um galho enorme de espinhos. Ela parou com aquele ciúme?

— Não. Parece cada vez mais forte. Já conversei. Pedi, mas não sei até quando vou aguentar. Se não fosse o Rodrigo...

— Fábio, venha — ela encostou a vassoura na mesa e o puxou pelas mãos, conduzindo-o até o quintal.

Sentados próximo ao pequeno jardim, podiam ver o táxi do pai na garagem.

— Você é um jovem tão bonito. O que faz ao lado dela? Você não a ama.

— Eu não disse isso, mãe!

— Nem precisa. Meu coração não se engana. Acredite em coração de mãe, ele fala alto. E sempre sabe de tudo, antes mesmo de os filhos perceberem. Intuição.

A vida de Helena, depois da viuvez, resumia-se à dedicação aos homens da sua vida, os dois filhos, Fábio e André, e o neto, Rodrigo. Mulher prática, logo depois que o marido morreu, viu-se sozinha ao lado do filho caçula, André. A ausência de Fábio, naquela altura casado e morando na mansão da família Prieto, levou-a a alugar os quartos vazios da casa, o que não foi difícil, visto que a residência ficava numa avenida bem movimentada, com muitos pontos comerciais. A ideia de transformar a casa em pensão nem foi tanto por precisar de dinheiro, mas para espantar a solidão dos cômodos vazios.

Fábio retrucou:

— Temo pelo Rodrigo. Não vai demorar para eu tomar alguma atitude em relação a esse casamento.

— Estou do seu lado para o que você decidir. Não quero vê-lo sofrer. Qual mãe quer isso para um filho? Se você acha que pode ser feliz ao lado daquela maluca, que seja. Também estarei ao seu lado — Helena abraçou o filho. — Só quero ver esse rosto bonito sorrindo de verdade, com motivo.

— Eu não vim até a sua casa apenas para fazê-la ouvinte dos meus problemas. Agora me conte como a senhora está. O que houve com a pressão? Tem tomado todos os remédios?

— Coisa boba — respondeu em tom bravo. — Pedi para o André não telefonar para você.

— Como assim?! É para ligar. Uma gripe que a senhora pega, eu quero saber. Tenho obrigação de cuidar de você, mocinha. Conte-me sobre sua nova hóspede. Como está se saindo a jovem, está gostando?

— A Sandra? Um amor de menina. Bonita, uma graça. Veio do interior. Não é de falar muito. Tem dia que, quando acordo, o café já está na mesa, louça lavada. Olha que coincidência: ela trabalha na clínica da sua cunhada. A Laís, no dia em que esteve aqui, levou um anúncio dos quartos para alugar e fixou na clínica da Letícia.

— E Sandra trabalhando lá, viu e alugou.

— É recepcionista. Questão de horas já estava de mudança para o quarto.

— Mãe, já vou indo. Não vou esperar o André acordar. Diga a ele que fui vê-lo no quarto. E mais: diga para ir almoçar comigo. Depois que entrou nessa faculdade, pouco o vejo. Estou com saudade. Passamos dias falando só por telefone. Quero que ele me apresente o relatório completo de como nossa menininha vem se comportando, viu? — recomendava ao apertar a mãe, carinhosamente, entre os braços.

Sandra saiu no quintal nesse momento, acompanhada de Rodrigo. Bolsa a tiracolo, uma das mãos arrumava os cabelos longos. Eram notáveis suas unhas grandes, pintadas, e o delineador preto que contornava levemente os olhos.

— Dona Helena, a senhora não me disse o quanto era bonito o seu neto.

— Olha, pai — falou Rodrigo, puxando a mão de Fábio, e fazendo todos rirem —, a Sandra é mais bonita do que o tio André falou.

— Sandra, estávamos há pouco falando de você. Olhe, esse aqui é o meu filho, Fábio. Ele é o pai desse menino lindo.

— Prazer — tornou Fábio se adiantando: — Não é nada pessoal, mas estava de saída. Tudo de bom.

O aperto de mão fez Sandra estremecer.

— Até logo — suspirou, encantada.

Helena, que tinha uma vocação de juntar, aproximar, os amigos mais distantes, sugeriu ao filho, ao vê-lo pegar a chave do carro:

— Você está indo para o escritório?

— Sim.

— Então você podia levar a Sandra até a clínica.

— Dona Helena, imagine — emendou a moça, cheia de cerimônia —, não há necessidade.

— Claro que eu posso levá-la, sem problemas. É caminho — abriu um sorriso que iluminou o dia da moça.

Ele beijou a mãe e colocou o pequeno Rodrigo nos ombros, saindo em direção ao carro. Helena acompanhou os três até o portão. Acenou até o carro tomar distância.

Já voltando para o quintal, percebeu Lígia saindo detrás de uma árvore que ficava na calçada vizinha, local onde estava escondida havia um bom tempo. Ousada, como não poderia ser diferente, Lígia foi tirar satisfação com a sogra, aos berros. Queria a todo custo saber quem era a mulher que entrara no carro de Fábio. Helena começou a brincar, alimentar as cismas da nora. Depois de se fartar do divertimento, correu para o quintal, rapidamente armou-se de uma mangueira e esguichou em direção da nora.

— Mãe, o que está fazendo? — perguntou André, da janela do sobrado que dava para a rua, depois de ter acordado com o barulho das duas.

— Limpando a sujeira da rua, meu filho — ria enquanto via Lígia, toda molhada, gritando e lutando para alcançá-la.

André, preocupado com o pior, desceu as escadas do sobrado correndo e apareceu em poucos segundos só com um lençol em volta do corpo. Colocou-se entre as duas e acabou todo molhado. Ainda assim conseguiu conduzir Lígia, também ensopada, para dentro do carro, fechou a porta e pediu que partisse. Depois, puxou Helena para dentro da casa, tomada por gargalhadas.

Pedro estacionou o carro no meio-fio, em frente à clínica, e não quis descer:

— Obrigado pelo convite, Letícia. Tenho alguns compromissos. Fica para outra ocasião. Foi ótimo tê-la por companhia, ainda que por poucas horas.

— Precisamos repetir isso mais vezes.

— Sabe que estou prontamente ao seu dispor — respondeu, abrindo um sorriso.

Pedro ficou olhando Letícia pelo retrovisor cada vez mais longe e, vendo-a se distanciar, deixou uma tristeza apossar-se de seu coração. Era, das três, a que mais lembrava Sílvia. A primogênita de Emílio tinha as mesmas qualidades da mãe. As lembranças de Sílvia ainda eram tão fortes, vivas! Tantos anos sem ela... Era difícil de acreditar.

Pedro deu partida no carro, virou na primeira rua sem movimento que viu e parou o veículo logo depois. As mãos trêmulas sobre a direção deslizaram vagarosamente até as pernas. O coração parecia acelerado. As lágrimas foram inevitáveis e banharam o seu rosto.

O espírito de Sílvia, ao seu lado, pousou lentamente a mão sobre a de Pedro e sorriu. Imediatamente ele sentiu uma brisa morna envolvente acariciando seu rosto úmido e pálido. O sorriso voltou.

Assim como Vilma, Sílvia também desencarnou ao dar à luz. Laís nasceu sob a assistência dos médicos e enfermeiras, e Sílvia pouco viu, pois, de imediato, foi amparada por espíritos socorristas, entre eles, Gilda.

Sílvia, em espírito, despertou depois de alguns dias, em razão da claridade que vinha da janela do quarto arejado onde estava. Sentiu um perfume e uma sensação de paz ao abrir os olhos. Por segundos teve a impressão de estar em casa, no conforto do seu quarto. Foi então que tocou a barriga e lembrou-se da filha.

A partir daí foi um desespero. Tentou levantar-se, mas não conseguiu, ainda sentia dores abdominais. Gilda veio ao seu socorro com a serenidade necessária para participar a jovem de onde estava, o que havia acontecido. Sílvia resistiu, lamentou-se. E o seu estado de negação contribuiu para se sentir abalada, pois também eram presentes a saudade, as lágrimas das pessoas que havia deixado na Terra. Eram constantes as vezes que percebia as filhas, ainda pequenas, chamarem-na, a tristeza de Pedro, a solidão de Emílio.

Por fim, não foi fácil; contudo, Gilda, pacientemente, com a doçura e experiência, soube fazê-la aceitar o caminho a ser percorrido. Levou-a a palestras e cursos ministrados por queridos amigos espirituais, e tudo mais que a colônia onde estava poderia oferecer. Não tardou, Sílvia começou a trabalhar nos projetos de arte lá existentes. Gilda a viu fascinada em meio a tintas, pincéis e telas.

— A artista que um dia foi está ressurgindo — fez uma pausa e estudou o rosto da jovem. Depois mudou de assunto.

Sílvia se envolveu com o tempo dedicado à colônia, fazendo amizades, aprendendo, sempre com a esperança de rever os amores da sua última encarnação, já que eram as lembranças recentes que tinha armazenadas em sua memória. Por isso, diante da evolução conquistada, Sílvia conseguiu realizar visitas ao lado de Gilda.

E aquela ocasião não era diferente, estava feliz, emocionada ao assistir aos encontros, ao sentir Pedro. Nesse momento, Gilda chegou. Sílvia, contrariada, porém feliz, deu a mão para o espírito amigo e partiram num facho de luz em sentido à colônia.

Capítulo 7

Fábio, durante todo o percurso, pouco olhou para Sandra. Conversaram rapidamente, pois Rodrigo encheu os ouvidos da moça de histórias que ouvia, dos amiguinhos, cantou músicas que aprendera na escolinha. Assim, preencheu os poucos minutos até chegarem à clínica de Letícia.

Sandra, no entanto, só tinha olhos para Fábio. Pouco prestou atenção para os assuntos e músicas infantis de Rodrigo. Imaginou tê-los como família. Rodrigo como filho, no banco de trás, brincando, e Fábio, seu marido, dirigindo numa estrada plana contornada por canteiros floridos, sol e céu azul.

— Sai da rua, sua louca! — gritou um caminhoneiro, depois de quase atropelar Sandra, que permanecia estática, na guia, vendo o carro de Fábio longe, as mãos de Rodrigo no vidro traseiro, acenando. Nesse momento ela despertou para o risco que corria. Estava em frente à clínica, na verdade no meio da rua e dos carros. Por um impulso, acabou seguindo o veículo de Fábio e quase foi atropelada.

Renan estava no hall, acompanhava Emílio ao elevador. Ivone aproximou-se e o chamou:

— Renan.

— Ivone, não foi almoçar?

— Estava indo quando o telefone tocou. Tem uma mulher na recepção querendo falar com você. Parece que está aguardando há um bom tempo. Já ligaram três vezes.

— Que mulher? — perguntou Renan, olhando para Emílio, que parecia querer quebrar os botões do elevador de tanto que os apertava, impacientemente.

— Patrícia — respondeu prontamente.

— Patrícia? — Renan sentiu as pernas tremerem.

— Sim. Falou que é sua mulher...

— Minha mulher, como assim, Ivone?! — pálido, o rapaz não queria crer no que ouvia. Parecia um pesadelo. — Não pode ser.

— O que houve? — indagou Emílio, que ouviu parte da conversa.

O jovem gaguejava, rezando para um elevador aparecer e sugar Emílio para dentro. Renan era o constrangimento em pessoa, suor escorrendo na testa, tentando explicar, mas Ivone tomou sua frente e respondeu ao empresário:

— Tem uma mulher lá na recepção. Patrícia é o nome dela. Disse que é mulher do Renan.

Emílio, sem saber que defendia o futuro genro, lançou:

— Ivone, quantos Renans existem neste prédio? Já parou para pensar? Estamos no décimo andar, entendo que temos diversas pessoas com o mesmo nome.

— Então... — completou Renan, conseguindo recuperar o fôlego. Suas mãos abriam e fechavam rapidamente. A vontade que tinha era a de agarrar o pescoço de Ivone.

— Mas, doutor Emílio, o único Valência é ele. Renan Valência — e finalizou: — Não há outro no prédio.

De longe os seguranças avistaram o carro de Lígia aproximar-se da mansão Prieto. Farol alto, buzinando, anunciava a sua chegada. Adotou esse costume da época em que aprendera a dirigir. Tinha pavor de parar o carro no gradeado e ficar esperando os homens de quase dois metros de altura, vestidos de ternos escuros, acionarem o botão para suspender o enorme portão de ferro. Definitivamente, não tinha paciência.

Lígia, naquele dia, quase provocou um estrago. Veio mais depressa do que o comum, fazendo com que os homens corressem de um lado ao outro. Por pouco ela não pegou um deles.

Do portão para dentro da mansão, tudo era fascinante, igual a algumas mansões das revistas especializadas em decoração, era a visão do paraíso. Um deslumbrante jardim cuidado por várias mãos, repleto de rosas das mais variadas cores, fazia parte do maravilhoso cenário. Um gramado rasteiro, de um verde tranquilizador, cobria quase todo o chão e emendava com uma planta, espécie de trepadeira, também verde com flores amarelas que corriam pelas estruturas da mansão, alcançando as janelas. Tudo muito limpo, organizado, não tinha quem não fosse tocado por tamanha beleza da natureza.

Lígia entrou nesse chamado paraíso cantando os pneus. Laís levou o maior susto, quase deixou seu capacete cair da mão.

— Coitada de mim se faço uma coisa parecida — gritava Laís, aproximando-se do carro da irmã —, por muito menos o doutor Emílio mandou esconder minha moto. Fiquei dias sem... Meu Deus! O que houve com você?

Laís, a caçula, cabelos escorridos na altura do ombro, ficou estupefata ao ver a irmã toda molhada, cabelo desalinhado, roupa suja, salto quebrado.

— Pegou algum tornado no caminho, Lígia?

— Peguei, peguei, sim! — desceu do carro e deixou a porta aberta. Apoiou no braço de Laís e esbravejou: — Peguei um tornado daqueles, minha irmã. E tem nome o desaforado, ou melhor, desaforada, chama-se Helena.

— Não acredito. Você foi brigar? Mas o Fábio me disse que não a levaria...

— Quer dizer que todos, todos, dessa casa sabiam onde meu marido estava, menos eu? Imagino que até a Letícia, enfurnada naquela clínica, sabia.

— O Fábio passou por aqui há pouco tempo. Deixou o Rodrigo e foi para a empresa.

— Esse homem está fugindo de mim — murmurou baixinho.

— Mas você não estava em casa.

— Pois é, estava correndo atrás dele. Rastreando! E você? Está de saída? — perguntou rindo, como se soubesse a resposta.

— Vou encontrar o Renan. Vamos almoçar naquele restaurante que você indicou.

— De bom gosto! Lá é ótimo para namorar. Modéstia à parte, eu não indicaria nada diferente. Até a Letícia, que é criteriosa com esses lugares, gostou. Estivemos lá um dia desses.

— Nem me chamaram, suas traidoras! — brincou Laís. — Ah, bem lembrado, vai se preparando, a Letícia está brava porque você pegou o carro dela novamente sem avisar.

— É. Deve ser praga dela o que aconteceu. Não encontrei a chave do meu carro — esticou o pescoço para a frente, escondeu-se atrás de um vaso enorme que ficava próximo da porta de entrada e comentou: — Ai, o Rodrigo está vindo. Não quero que me veja assim.

— Por quê? — interrogou Laís, rindo das mazelas da irmã.

— Homens, minha querida. São todos iguais, não importa a idade. Não facilito, não. Só apareço na frente deles arrumada, perfumada, arrasando.

— Cada ideia! — puxou a irmã pelo braço. — Agora levante daí que o Rodrigo foi para a piscina, nem viu a gente. Mas me diga: o que a Helena fez para você ficar assim?

— Esguichou a mangueira na minha direção.

Laís começou a rir, o que irritou Lígia. Por fim, Laís abraçou a irmã.

— Vamos lá, vou ajudá-la. Um bom banho, uma roupa limpa e passada vão fazer você esquecer tudo.

— Laís, o Fábio tem outra.

— Sei — tornou irônica, sem disfarçar o riso. — Conte uma novidade.

— É sério, minha irmã. Eu vi.

— Como das outras vezes? Como daquela vez do restaurante que você arrumou briga com aquela moça?

— Não sabia que ela trabalhava lá quando chegou perto dele, sorrindo.

— Só que o papel que ela deu para o seu marido não era nenhum bilhete marcando encontro, como você gritou para todos ouvirem, era a conta do jantar para ele pagar. Você leu o papel, mulher! Detalhe, dona da razão, isso quase valeu o emprego da moça. Depois o cunhado me contou que ela era uma mulher casada com filhos.

— E quem me garante que ela não estava mesmo de olho no Fábio? Bonito, com grana...

— Desisto — finalizou categoricamente Laís, conduzindo Lígia para o interior da casa.

Patrícia estava cansada, mas, sobretudo, decidida a esperar por Renan. Queria entregar o aparelho nas mãos do marido. Como pensava que o conhecia, imaginava que ele não gostaria de ver o celular correndo de mão em mão. Ficou quase a manhã toda esperando. Vez ou outra levantava-se do banco, que fazia parte da decoração da recepção, todo em madeira, e ia perguntar por ele para as moças do balcão de mármore.

A resposta pronta era sempre a mesma:

— Continua em reunião, senhora. Ainda não tenho autorização para deixá-la subir.

Permanecia sentada no banco quando viu Fábio entrar, não conseguiu deixar de apreciá-lo. Algo nele chamou-lhe a atenção.

Alto, bem-vestido, tirou os óculos escuros e acomodou-os no bolso. Simpático, distribuiu cumprimentos a todos que olhavam para ele. Era o mais popular dos diretores. Conhecia e era conhecido por muitos. Teve um desenvolvimento rápido na empresa. Já coordenava um grupo de destaque quando conheceu Lígia, o salto para diretoria era previsto por muitos, antes mesmo de firmar o relacionamento, que resultou em casamento. Além de tudo, o jovem era promissor, de ideias inovadoras, e estava, principalmente, na mira de Emílio.

Um papel caiu no chão no momento em que Fábio tirou a mão do bolso. Patrícia viu, apanhou o papel e saiu correndo atrás dele. Tal ação despertou a atenção dos seguranças, que havia muito tempo observavam os passos da moça. Pela sua simplicidade e por afirmar com veemência ser esposa de Renan, os seguranças viam nela um risco. Imaginavam que era uma informante, sequestradora, enfim, neurose de seguranças que zelam pelo bem-estar da empresa e, principalmente, pela garantia de seus empregos.

Fábio olhou para trás e só conseguiu ver um grupo de seguranças cercando uma mulher que, sem entender o que estava acontecendo, tentava se justificar.

Fábio voltou-se para o grupo e perguntou:

— O que houve?

— Doutor Fábio, essa mulher... ela queria atacá-lo — justificou um dos quatro seguranças que segurava com força o braço de Patrícia.

— Como? Eu nem o conheço. Só vi esse papel cair do bolso dele e ia avisá-lo.

— Pode soltá-la. Cuidado ao fazer essas afirmações, rapaz. Isso pode prejudicá-lo. Agora podem ir — voltou-se para Patrícia, pegou o papel e agradeceu.

Não foram só as mãos que se encontraram e permaneceram unidas por alguns segundos, os olhos percorriam o rosto um do outro, os corações pareciam ter o mesmo compasso. Fábio virou-se e saiu, levando consigo a imagem de Patrícia.

Para Patrícia, não foi diferente.

Letícia estava percorrendo um dos quartos. Prancheta numa das mãos, uma caneta na outra. O celular tocou, ela o tirou do bolso, desligou, sem a curiosidade de saber quem era, e o colocou sobre um balcão. Ela era assim: uma vez trabalhando, não tinha ouvidos para mais nada, a não ser salvar vidas, amenizar dores. Seus ouvidos eram treinados para os lamentos, e sua missão, pelo menos como pensava, era de transformá-los em alívio, sorriso.

Feita a primeira ronda, como os outros médicos costumavam falar, Letícia aproximou-se da mesa de Sandra e lá ficou alguns segundos, tentando colocá-la de volta à realidade.

— Sandra! Sandra! — chamava num tom ameno.

— Doutora Letícia, desculpe-me. Estava distraída — respondeu, sem jeito.

— Sei que você acabou de chegar, mas preciso dos seus favores.

— Lógico! — aquiesceu docemente enquanto se levantava e seguia a médica.

Capítulo 8

Sandra estava em São Paulo havia exatos seis meses. Saiu de sua minúscula cidade natal disposta a não mais pisar lá enquanto vivesse. Essa fora a sua jura quando entrou no ônibus com destino à capital paulista, com beleza e sonhos a serem vividos.

Ela era como um rótulo muito bonito, um laço bem-feito, enfim algo que ninguém na nova cidade podia perceber, ou melhor, desfazer para compreender. Sua essência não era doce como as palavras polidas que de sua boca saíam. Para provar isso basta voltar no tempo, seis meses antes...

— Estou atrasada — Sandra levantou-se da cama e colocou-se dentro de um vestido justo. Rodou o tecido florido pelo corpo e puxou o zíper. — Que horas são, Toninho?

— Fique tranquila, Sandra. São quatro horas da tarde — afirmou o noivo. Parecia sonolento, ainda envolvido pelos lençóis. — Qualquer coisa diga para o seu pai que o professor a segurou, daí atrasou-se.

— Não posso vacilar com ele, você sabe — soltou os cabelos negros, lisos, que até aquele momento estavam presos no alto da cabeça. — Outro dia o peguei indo para a escola, atrás de mim. Você bem sabe como é a língua do povo desse vilarejo. Esse povo pequeno...

Toninho levantou-se, bravo com o tratamento que a noiva dava à cidadezinha e às pessoas que lá viviam. Ele sempre saía em defesa.

— Vilarejo, Sandra?

— Que nome você dá para essas cinco ruas de terra batida que circulam o coreto? Essa pracinha cheia de mato e pernilongo.

— É a cidade onde nasci, com muito orgulho. Tenho prazer de falar isso — declarava batendo no peito. — Lugar onde me criei e quero ver meus filhos e, se Deus permitir, meus netos correndo por esta terra.

— O prefeito agradece, querido. Ele não vai precisar gastar com rolo compressor para ajustar os buracos com o monte de filhos que você pretende ter, correndo por aí. Que desperdício, Toninho! O mundo lá fora e você preso nessa lama, e ainda por cima desejando sufocar os seus nesta cidade sem progresso. Vai ser sempre o seu Toninho do bar — gesticulava, ironizando os sonhos do noivo. — Já estou vendo a placa, também encardida, observando a poeira subir e descer.

— Isso mesmo! Ainda vou ser dono de um mercadinho. Vou fazer sucesso. Vamos nos casar. Vou lhe dar do bom e do melhor.

— Meus sonhos não cabem neste buraco de cidade, Toninho. O que você chama de tudo é pequeno demais para mim.

— Nós vamos nos casar — repetia, ignorando os sonhos e planos de Sandra. Ele falava quase ao mesmo tempo que ela. — Teremos nossos filhos, seremos felizes, teremos nosso mercadinho.

— Quando isso vai acontecer? Por duas vezes nosso casamento foi adiado.

— Minha irmã se separou. Ela ficou desamparada. Não tive como deixá-la na rua com as crianças.

— Por que ela não foi morar com a sua mãe? No sítio tem mais espaço.

— Minha mãe está doente. Você sabe disso.

— Mais um motivo para ficar ao lado dela — rebatia nervosa. — Poderia ajudá-la, Toninho.

— Tem a escola das crianças. São muito pequenas para saírem sozinhas do sítio. Não queria que ficassem sem estudar, e era o que ia acontecer se fossem morar lá. Aqui ficam mais próximas.

— Por tempo indeterminado. Estou vendo que essas crianças vão crescer, casar e morar aqui. Depois tem outra: sua mãe nunca mais sarou. Tenho a impressão de que, quando falamos em casamento, o estado dela se agrava. Em resumo, Toninho, você é marido da sua mãe, e pai dos seus sobrinhos. Vejo que não tenho espaço na sua vida.

Toninho correu para abraçá-la. Amava demais Sandra para vê-la magoada. Já não via sentido em sua vida sem ela, então resolveu se casar; entretanto, em todas as tentativas, ocorreram os contratempos, não que os tivesse escolhido, mas aconteceram.

— Meu amor, não pense assim. Vá para casa. À noite passo para vê-la. Agora vou ver minha mãe.

Toninho foi até o guarda-roupa, abriu uma gaveta e tirou uma caixa. Sandra não deixou de olhar, principalmente quando percebeu vários maços de dinheiro. Notou quando o noivo tirou umas notas e as colocou no bolso. Logo depois fez o inverso: acomodou as notas remanescentes, fechou a caixa e a devolveu no guarda-roupa. Os olhos de Sandra, brilhando, viram tudo, em detalhes.

Quando Sandra chegou, seu pai estava no portão, sentado numa cadeira, massageando os joelhos, à sua espera, vestido com o macacão sujo de graxa. Ela o cumprimentou rapidamente, não deu ouvidos para os questionamentos e entrou.

— Seu pai cansou de esperar e sentou. Você não foi para a escola, que eu sei. O tonto do seu pai pensa que foi — disparou a mãe quando a viu entrar em casa.

Sandra já não ouvia mais nada. Foi para seu quarto e, debruçada sobre sua cama, folheava revistas de moda, que comprava com o dinheiro que juntava quando ajudava o pai na oficina mecânica. Mandava buscar na cidade vizinha, porque a única banca da cidade havia sido derrubada pela chuva e, sem dinheiro para reformas, o dono desistiu do negócio.

Sandra, filha única, da infância até aqueles dias, fora criada, praticamente, pelo pai, já que a mãe também trabalhava fora. Passava todo o dia, até a hora de ir para a escola, na oficina mecânica do pai, que ficava no quintal da casa. Era obrigada a ser sua ajudante, o filho que ele tanto sonhara ter um dia.

— Filha, vem cá — chamava o velho cansado —, suspende esse macaco.

Noutro momento, falava no seu jeito grosseiro:

— Não, menina, eu disse acelerador.

Foi assim que ela aprendeu a dirigir. Manobrava os carros e os deixava na posição para o pai trabalhar.

— Sandra, vá para baixo do carro. Está vendo os fios? Então, puxa.

Assim, Sandra aprendeu também todo o mecanismo dos carros. Todavia, a menina sonhadora não deixou que a graxa, a estopa e o óleo anulassem sua vaidade. Nos dias de folga, quando o pai permitia, ela corria para folhear as revistas de moda. Sonhava, conseguia se ver na passarela, vestida nas mais belas e diversas roupas.

— Pai, quero ir para São Paulo — revelou certa noite, durante o jantar, toda sonhadora.

— Eu quero ganhar na loto, minha filha.

— Eu não estou brincando, papai.

— E quem disse a você que eu estou? Adoraria ganhar na loto, de preferência, sozinho.

A mãe, calada, cansada, nada dizia, apenas olhava para os dois, como se estivesse num jogo de pingue-pongue.

— O senhor poderia vender o fusca. Preciso de dinheiro para ir a São Paulo. Prometo que volto para devolver. Vou ser modelo, rica e famosa.

O velho, que no momento comia um pedaço de frango, olhou para a esposa e asseverou, arregalando os olhos:

— Parece que estou vendo a insuportável da sua mãe. Aquela sogra que eu nunca fiz questão de ter, mas fui obrigado a aguentar por mais de vinte anos. Sua filha tem o mesmo ar arrogante.

— Ela também não morria de amores por você — rebateu Sandra. — Ou você acha que ela gostava de vê-lo mandando e desmandando na casa dela? Esqueceu que esta casa era dela e você veio morar aqui de favor?

— Ela morreu, mas parece que encarnou em você, a diaba — levantou-se e, com dificuldade, saiu da cozinha.

A mãe, que nada falara até aquele momento, com os olhos cheios de lágrimas, advertiu:

— Você ainda vai matar o seu pai de desgosto. De onde tirou essa ideia de vender o carro para ir embora? Seu noivo sabe disso? Pobre rapaz. Esse comportamento só dá motivos para sua sogra sair dizendo o que diz. Sabia que ela falou que você não vai casar com o Toninho enquanto ela viver? É hora de ter juízo, Sandra Aparecida!

Sandra odiava o segundo nome, tanto que saiu, ignorando o discurso da mãe.

Dias depois, a contragosto, Sandra foi ao sítio onde a sogra morava, acompanhando o noivo. Após o jantar, quando já estavam de saída, a velha passou mal. Foi um desespero, pelo menos para Toninho, ao ver a mãe perder a cor, pedir ajuda.

— Sandra, corra no quarto dela. Lá na gaveta, perto da cama, pegue o remédio.

Ela correu e obedeceu ao noivo. Apanhou o frasco que estava com cápsulas pela metade. Num movimento rápido virou todo o conteúdo na palma da mão. Caminhou até a janela aberta, pensou em jogar os comprimidos por ali, mas a possibilidade de ser descoberta era certeira, então colocou todos no bolso. Apareceu, segundos depois, na sala com o frasco vazio.

— É esse, meu amor? — perguntou cinicamente. — Acho que acabou.

— Mãe, eu não acredito! Sem remédios? Tanto que eu perguntei. E agora?

A mulher não conseguia nem se defender, estava totalmente envolvida pela dor, sentindo falta de ar.

— Sandra, eu vou buscar o remédio. Fique com ela.

— Não — objetou num tom doce. — Deixa que eu vou. Ela é sua mãe, é certo que ficará mais confortável ao seu lado.

Toninho, conhecedor do clima nada amistoso entre as duas, aceitou a proposta de Sandra e jogou a chave do carro para que ela fosse à cidade buscar os remédios. Ela pegou a chave no alto e, antes de sair, lançou um ar de desprezo para a sogra que, de onde estava, percebeu, tentou falar, gritar para o filho, porém não conseguiu.

— Sandra — chamou Toninho, quando a viu entrar no veículo —, pegue a chave da minha casa e traga minha irmã para ajudar — eufórico, ainda acrescentou: — Obrigado por tudo.

A jovem retribuiu com uma piscada de olho e um sorriso. E finalizou:

— Fique tranquilo, meu amor. Vai dar tudo certo.

Logo que o carro saiu das vistas do sítio, Sandra começou a diminuir a velocidade até que, num ponto sem movimento, parou o carro, abriu o capô, ligou os faróis e o rádio.

— Esquentou. Vou esperar um pouco — foi o que alegou para um casal que passou e ofereceu ajuda.

Ficou alguns minutos assim: sentada, se espreguiçando, ouvindo música, extraindo cutículas, destacando ainda mais as grandes unhas. Quando percebeu o movimento na estrada, resolveu prosseguir, sem pressa. Deu uma volta na praça, caminhou mais um pouco antes de chegar à farmácia, que, para sua alegria, estava fechada. Desceu do carro, bateu palmas. Fez o caminho de volta sorrindo.

— Como, fechada?! — questionou Toninho, incrédulo.

— Pois é, meu amor. O carro engasgou o caminho todo, para complicar.

— Você não foi buscar minha irmã?

— Não quis perder tempo. Só pensava na sua mãe.

— Vou ter de levá-la ao hospital.

Assim ele fez. A mulher entrou sem cor, sem ar, direto para a emergência. Sandra fez a sua doce companhia ao noivo todo o tempo, até a manhã do dia seguinte, quando chegou nervosa a sua casa, batendo a porta, por saber que sua sogra, apesar de estar internada, poderia se salvar e voltar para casa em poucos dias.

Completamente cansada de tudo, daquele noivado, daqueles pais, pensava como todos eram acomodados, sem ambição. Enquanto tirava a roupa, percebeu a chave da casa de Toninho cair no chão. Apanhou-a e lembrou-se do dinheiro que ele guardava. Vestiu a roupa rapidamente e saiu.

Sandra aproveitou que Toninho, a irmã e os sobrinhos estavam no hospital, e com a chave entrou na casa dele. Foi direto ao quarto e pegou o dinheiro que podia. De volta à sua casa, escreveu um bilhete rápido aos pais, fez um apanhado de roupas e acomodou tudo numa mochila; pegou também a chave do fusca. O carro não deu partida, então desceu e saiu, acompanhada da mochila. Na rodoviária, entrou no primeiro ônibus que viu com destino a São Paulo, sem olhar para trás. Naquele instante, ela acalentava seu único desejo: tornar-se uma modelo famosa.

Agora, no consultório de Letícia, a jovem observava o calendário. Seis meses haviam se passado. Não tinha saudade nenhuma de sua terra natal, muito pelo contrário. Quando se pegava pensando nela, tratava logo de mudar o pensamento para outra coisa. E mais: não desembarcou na rodoviária do Tietê direto para a recepção na clínica de Letícia. Não! Muitos acontecimentos povoaram a vida da jovem até chegar ali.

Depois de ouvir Ivone, Renan simulou um sorriso e contrapôs:

— Está havendo algum mal-entendido, certamente.

— Tem louco para tudo nesta cidade — acrescentou Emílio.

O elevador chegou na hora e Emílio perguntou ao genro, no momento em que Ivone se distanciava:

— Vamos descer? Vou passar na contabilidade antes.

— Vamos — um passo já dentro do elevador, Renan reconsiderou: — Doutor Emílio, esqueci minha carteira. Parece que hoje tirei o dia para me esquecer das coisas.

— Até logo — Emílio despediu-se ao entrar no elevador.

Renan não queria correr o risco de ser visto por Patrícia ao lado do empresário. Por isso, resolveu esperar algum tempo para descer e encontrá-la.

A frase de Ivone soava em seus ouvidos cada vez mais alta: "Mas, doutor Emílio, o único Valência é ele. Renan Valência. Não há outro no prédio". Suava em bicas. Quando resolveu descer, ainda no elevador, esmurrava as portas, ignorando os outros usuários, que o olhavam assustados, sem entender nada.

Patrícia o viu assim que ele passou pelas catracas que separavam os elevadores da recepção.

— Meu amor, que reunião longa! Você esqueceu o celular — ela arqueou o corpo, esticou-se para beijá-lo.

Renan esquivou-se do beijo, fuzilando-a com o olhar. Nervoso, saiu rapidamente, puxando-a pelo braço.

— O que está fazendo aqui? Não pedi para nunca vir ao meu trabalho? Aliás, como descobriu o endereço?

— Sabia que ficava na Avenida Paulista, pedi ao taxista informação e ele disse que sabia onde ficava a Prieto & Confecções — abriu um sorriso, desatenta à aflição do marido. — Muito bonito aqui. Diferente do lugar simples que me descreveu. O prédio tem dez andares mesmo?

— Chega! — explodiu o jovem, no instante que parava o primeiro táxi que via a sua frente.

Dentro do táxi o silêncio imperava. Renan procurava respirar, controlar-se, mas o sangue parecia ferver em suas veias. Ao chegar ao prédio onde moravam, desceu do táxi, puxando-a pelas mãos. Fora de si, ele arrastou Patrícia pelas escadas até chegar ao apartamento.

Nem bem abriu a porta, empurrou-a para dentro, que, sem equilíbrio, caiu sobre as cadeiras. Ele tirou o paletó, fechou as mãos e declarou num tom agressivo:

— Agora vamos nos acertar, querida.

Capítulo 9

Laís circulava com sua moto pelo quarteirão da Prieto & Confecções. Procurava uma vaga, porém todos os estacionamentos da região estavam ocupados, por ser horário de almoço. Enquanto fazia a busca, teve a impressão de ver Renan. Foi tudo muito rápido. Quando tirou o capacete para chamá-lo, o rapaz entrou no táxi e partiu. Descartou a possibilidade de ser o namorado por dois motivos: Renan estava à sua espera para almoçarem juntos, e o rapaz que entrou no táxi estava acompanhado de uma mulher. Concluiu que não era o seu Renan, e sim uma pessoa parecida.

Na recepção da Prieto & Confecções, Laís foi impedida de subir.

— Como não posso subir?! — bateu o capacete no balcão de mármore.

— Ordens, dona Laís — explicou uma das moças, com a voz trêmula. — O doutor Emílio proibiu a entrada de pessoas com capacetes no interior da empresa.

Pegando um papel, a recepcionista apontou um parágrafo e acrescentou:

— Aqui está a circular que recebemos.

— Está bem — encerrou Laís, afastando-se do balcão.

Em seguida, ela ligou do celular para Renan, mas continuava caindo na caixa postal. Telefonou para o pai.

— Alô.

— Que absurdo é esse agora, doutor Emílio? — Laís falava num tom irônico. — Foi a maneira que encontrou para eu não ter acesso à empresa?

— Bom dia, Laís! — devolveu no mesmo tom. — Não me lembro de tê-la visto pela manhã. Aliás, há um bom tempo eu não a vejo.

— Deveria estar satisfeito. Não era o seu desejo ver-me longe de você? Mas não liguei para falar sobre isso. Estou aqui na empresa, no térreo, impedida de subir. Vi uma circular proibindo o acesso de motoboys ao prédio.

— Sim — replicou ele, categórico —, isso mesmo. Não quero esse tipo de gente circulando pelos elevadores e pelas escadas da minha empresa. Tenho registro de vários acidentes.

— Não foi por esse motivo. Tenho certeza. Foi para me atingir, doutor Emílio.

Ele soltou uma gargalhada:

— Atingiu-a? Não era minha intenção — fez uma pausa e continuou: —Imagino que deva estar com aquela roupa de couro, portando um capacete.

— Exatamente.

— Esqueça. Você não sobe assim, Laís — interrompeu Emílio numa voz séria. — Volte para casa e troque-se. Apareça como uma moça decente: com vestido, maquiada, perfumada. Tire aquele carro da garagem. Fica andando como um moleque rebelde.

— Não vai me autorizar a subir?

— Entenda minha situação, filha: se eu deixá-la subir assim, vou ter de permitir que seus colegas que estão ao seu lado também subam.

Laís olhou do lado e viu uma fila de rapazes com capacete e envelopes. Teve vontade de desligar o telefone na cara do pai.

— Está certo, doutor Emílio. O senhor manda.

— Certamente.

— Daqui a alguns dias, penso eu, não poderei entrar em casa também.

— Não espere convites para esse acontecimento, filha.

Laís desligou o telefone. Engoliu em seco para não chorar de raiva. Voltou para a recepção e pediu por Renan.

— Saiu há pouco, dona Laís.

Pedro estava sentado numa sala apertada havia dez minutos, quase sobre o colo de uma moça morena e falante. Ela era uma recepcionista bonita, articulada em vários assuntos. Esperava por Valter, responsável pela agência de detetives que ocupava um dos andares de um prédio no centro da cidade.

— Bom dia. O senhor deve ser Pedro Sa...

— Pedro Sales, muito prazer — apertou a mão do outro homem. — Conversamos há alguns dias.

— Sim, lembro-me. Entre, por favor — virou-se para a secretária e pediu: — Dona Elaine, providencie café.

— A máquina quebrou, lembra-se? Está no conserto — ela era espontânea, falava sem rodeios.

— Então vá até a padaria, oras!

Fechou a porta e declarou:

— Desculpe-me. Sente-se, por favor. Eu não pude atendê-lo antes porque estive viajando, solucionando um caso, mas já o finalizei. O cliente, ainda bem, ficou satisfeito. Agora estou livre. Em que posso ajudá-lo?

— Estou aqui por indicação de Robert.

— Robert! — exclamou feliz. — Um grande amigo. Fizemos faculdade juntos. Está na Europa, não é mesmo? Pelo menos estava na última vez em que conversamos. Faz tempo também que não vejo a Letícia, um exemplo de mulher.

— Ela é minha prima de segundo grau. Eu a considero uma filha. Falei com o Robert na última semana, ele o elogiou bastante — Pedro sentou-se na cadeira e afirmou num tom ansioso: — Preciso localizar uma pessoa.

— Faz tempo que não a vê?

— Alguns anos. Hoje ela tem a idade de Letícia — tinha agora uma voz embargada pela emoção. — Eu me sinto responsável por esse afastamento. Foi para protegê-la que fiz o que fiz... Mas meu coração esteve apertado todos esses anos. Angustiado.

— Protegê-la? Veja-me como um padre. Serei discreto e sigiloso. Preciso conhecer toda a história que envolve essa pessoa que você busca.

— Guardei essa história por muito tempo! Escondi dela o pai, as irmãs, o dinheiro... Não sei da sua situação hoje, como também não sei do seu paradeiro, mas... vou lhe explicar tudo desde o começo. O Emílio, meu primo, pai da Letícia, teve um relacionamento extraconjugal...

Valter cruzou os braços e aproximou-se para ouvi-lo melhor. Interessado, arregalava os olhos, fazia anotações, questionava o que ouvia. Esse era Valter: jovem, graduado em jornalismo, contudo não tivera muito êxito na profissão. Seguiu, então, os passos do tio e foi notório seu sucesso. Tinha clientes importantes que o indicavam para outros e outros.

— Entendi, mas o que sabe dela?

— Nasceu em 1979. Eu a entreguei ao avô, Miguel. Eu mesmo o ajudei no enterro da filha. E também o levei ao cartório para registrar a menina. Só não me lembro do sobrenome.

— E o nome dela? Você se lembra do nome dela?

— Aparecida. Tenho certeza. O nome dela é Aparecida.

Cida aproximou-se do apartamento de Patrícia assim que viu Renan descer as escadas feito um louco.

— Patrícia! Patrícia! — batia na porta diversas vezes.

Patrícia estava desnorteada. Levantou-se lentamente do chão, local onde Renan a deixou depois de agredi-la. Com muita dificuldade abriu a porta e Cida a amparou nos braços.

— Meu Deus, minha amiga! O que aquele monstro fez a você?

— Eu caí, Cida. Foi isso. Não sabe como sou estabanada? Escorreguei no sabão.

Cida ficou preocupada com o estado da amiga. Observou os lábios cortados. Quando Cida a suspendeu para colocá-la sentada numa cadeira, percebeu uma de suas mãos com sangue. Foi quando notou o corte no braço de Patrícia.

— Ele bateu em você, mulher. Vamos denunciá-lo.

— Não, o Renan não me bateu — balbuciava em voz baixa: — Eu já falei, vou repetir: vinha da cozinha quando esbarrei na cadeira, tropecei...

— Não foi o que disse primeiro.

— Eu... eu... — Patrícia sentiu os olhos pesados. Desmaiou nos braços de Cida.

— André, que surpresa! — exultou Fábio, sentado em sua sala, ao receber a ligação do irmão. — Estive aí pela manhã. Não quis acordá-lo.

— Estou sabendo. O melhor aconteceu depois que você saiu — tornou, rindo.

— Como assim? — perguntou preocupado, levantando-se da cadeira.

Helena, apressada, tomou o fone da mão de André e começou a contar sua versão dos fatos.

— Filho, foi a louca da sua mulher. Ela esteve aqui — relatava chorando. — Destratou-me. Está maluca, pronta para ser internada, disse-me que você tem outra, que eu sei e o apoio. Pode?

— Mãe, como a senhora está? Deixe-me falar com o André.

— Oi — André pegou o fone novamente.

— O que está havendo? Mamãe está chorando. O que a Lígia fez desta vez? Não me esconda nada, meu irmão.

— Calma — André falava tranquilamente, era o típico jovem cuja preocupação resumia-se a qual roupa usar na balada logo mais à noite. — A mãe está bem — olhou para Helena que, sentada, ria diante da televisão como se nada tivesse acontecido. — Você não conhece a atriz que nos criou, Fábio? Parece que nada aconteceu, fique tranquilo.

— O que houve?

— Parece que a Lígia viu você dando carona para a Sandra. Sua esposa estava escondida atrás de uma árvore do outro lado da rua. Foi tirar satisfação com a mãe, que não deixou por menos, abriu a mangueira e jogou água na sua mulher. Tive de separar as duas. Olha só: vou começar a mandar a conta para você. Não é a primeira vez que tenho de me arriscar no meio das duas. Você sabe muito bem a combinação de Helena e Lígia, não sabe? É, meu caro, é a pólvora e o fogo. Explosão na certa.

Fábio acabou rindo. Conversaram ainda por mais alguns minutos antes de desligarem. Logo depois, Fábio folheou o jornal que havia sobre a mesa. Sem querer, seus olhos se fixaram sobre a previsão do tempo e imaginou o clima ruim que encontraria em casa quando se encontrasse com Lígia. Dobrou o jornal e o colocou no cesto de lixo. Diante do computador se pegou sorrindo. A imagem de Patrícia ainda estava presente em seu pensamento.

Renan chegou a Prieto & Confecções e pegou o corredor para o banheiro. Lavou o rosto, ficou se olhando no espelho, antes de secá-lo. As mãos arrumavam os cabelos. Estava exausto. A cabeça parecia que ia estourar a qualquer momento. Os olhos verdes estavam contornados por um vermelho assustador. Secou o rosto, respirou fundo e saiu. Parou diante da mesa da secretária e a elogiou, todo sorridente:

— Ivone, eu não tinha reparado. Seu cabelo está mais bonito hoje.

— Gostou, Renan? Eu cortei ontem — respondeu, toda derretida.

— Ficou muito bom. Então, lembra-se da moça que estava no térreo, hoje pela manhã? É uma vendedora de seguros. Esse povo inventa o diabo para chamar nossa atenção. Ameacei processá-la se agir novamente dessa forma. Chegar e dizer que é minha esposa só para ter acesso é um absurdo.

— Eles fazem isso mesmo, Renan. Outro dia uma mulher ligou em casa, queria falar com o meu marido. Uma mocinha, na verdade, com uma voz toda sensual. Disse que era só com ele e pediu para chamá-lo, pois ele sabia do que se tratava. Veja só você: nem sou casada, moro com a minha mãe. Acabei confessando para a moça, que se abriu, alegando ser vendedora de moda masculina.

Renan sorriu de verdade. Ivone havia caído na sua história.

— Temos de ficar atentos a esses golpes, Ivone — olhou para o cabelo impermeável e sem brilho dela e teve vontade de gargalhar. — Conte ao doutor Emílio essa história. Para alertá-lo. Hoje em dia está tão perigoso. Pode alguém vir chamá-lo afirmando ser uma das filhas, e imagine a confusão. E você será culpada disso, pode acreditar.

— Renan, você tem razão. Obrigada, viu? Ah! Tem um recado da Laís sobre sua mesa.

— Obrigado, Ivone. Acabei almoçando com um fornecedor e, como estava sem celular, não a avisei. Vou ligar para ela.

Para alegria e satisfação de Renan, naquela mesma tarde, quando despachava com Emílio alguns documentos, Ivone contou o ocorrido. Nunca mais o assunto foi lembrado.

Letícia subiu as escadas correndo. Parou diante do quarto de Lígia, que estava aberto, e foi logo dizendo:

— Você podia avisar quando vai pegar o carro emprestado.

— Letícia, que bom que você chegou — correu para abraçar a irmã. — Estou arrasada.

— O que aconteceu?

— O Fábio tem outra. Eu o vi levando outra mulher no carro. Parece que ela mora na casa da Helena. A velha acolhe a vagabunda.

— Lígia, você precisa se conter.

— Conter o amor que sinto pelo meu marido? Como você faz? De jeito nenhum, querida. Eu aqui, dormindo sozinha, e ele lá do outro lado do mundo, sabe Deus, dormindo com quem. Não quero isso para minha vida.

— Quando se ama, se confia. Quando amamos, deixamos o nosso amor livre. A cobrança, o ciúme e essa insegurança constante não são garantia de ter o amor de quem amamos.

— A teoria é linda. E a prática, como fica? Digo por você, o Robert está distante, Letícia.

— São dez anos de casamento, Lígia. É natural.

— Será que ele está me achando muito velha, acabada? — Lígia se colocou na frente do espelho e abriu a blusa, ficou estudando o corpo malhado, o rosto jovial. — Estou gorda?

— Você é tão jovem! Está na flor da idade.

— Já tive um filho, esqueceu? Você, a mais velha, está melhor que eu.

— Não exagere.

— Não tenho mais aquele corpinho dos vinte, como a Laís. Oh, meu Deus. Será que é isso? — começou a chorar. — O Fábio não está satisfeito comigo, com o meu corpo. Então, busca outra.

— Que paranoia, Lígia! Pare com isso, mulher.

Letícia aproximou-se dela, que apalpava o corpo diante do espelho e afirmou, sorrindo diante da infantilidade da irmã:

— Você é muito bonita. Vou admitir uma coisa que nunca falei — passou a mão levemente pelo rosto da irmã: — Você é a mais bonita de nós três, pode acreditar.

— Tem razão — respondeu, abrindo um sorriso. — Eu já sei o que vou fazer, e você me ajudou a perceber isso.

— O quê? — perguntou Letícia ansiosa pela resposta.

— Vou fazer uma plástica — correu no armário e tirou uma caixa de fotografias. — Vou amanhã mesmo. Olhe esta foto. Vou levá-la ao cirurgião. Quero ficar assim!

— Plástica? Cirurgião? Para quê?

— Ué! Vou fazer plástica e com o cirurgião que você vai me indicar. Já olhou a foto?

Letícia ficou pasmada com a novidade. Sabia que os assuntos tratados com Lígia eram sempre superficiais e fúteis, e não a levava a sério. Pegou a foto da mão da irmã e advertiu:

— Que loucura! Você tinha quinze anos nesta foto.

— É como quero ficar — começou a rir — para o Fábio.

As duas acabaram rindo, era o que restava.

Capítulo 10

Renan, como sempre, principalmente nos últimos dias, subiu as escadas, de dois em dois degraus, do prédio onde morava. A pressa era de tomar um banho e ir jantar na casa de Laís, com quem falava ao celular:

— Lógico, meu amor... — certificando-se de que não estava sendo ouvido, ele murmurava: — Você já me desculpou pela hora do almoço. Então, Laís, fui abordado por um fornecedor. É, ele me convidou, não tive como recusar. Eu estava sem celular e não tive como avisar. Lógico, minha querida, vamos nos encontrar. Tudo bem vou até sua casa, jantamos depois.

Renan ria, fazia planos, não estava nem um pouco preocupado com Patrícia. Depois que desligou o celular, e bem na hora que estava procurando a chave certa para abrir a porta, ouviu alguém chamá-lo. Levantou os olhos lentamente, começando pelos pés. O conjunto completo que tanto lhe causava repulsa: pés descalços, roupa encardida, barriga saltando para fora da bermuda justa e pequena para o corpo e, para completar sua irritação, os dedos de uma das mãos brincavam com o piercing pendurado no umbigo.

— Seu Renan, posso lhe falar? — percebendo que era ignorada, ela insistiu: — Preciso.

— Eu já não preciso de nada que venha da senhora — completou irritado. — Não sei se já percebeu, mas eu não suporto sua presença. Pensei já ter sido claro ou você acha que não ouço sua horrível voz insistindo em me cumprimentar? Sua encardida!

Renan arregalou os olhos verdes sobre Cida e conseguiu, pelo menos a princípio, intimidá-la; contudo, ela não desistiu.

— Preciso falar com o senhor, sim. Há dias tento falar, só...

— Não sou homem de ter conversa com tipos como você — cortou-a rispidamente.

Já ia entrando e fechando a porta quando Cida falou, meio irônica:

— Acho bom o senhor mudar de ideia. Baixar essa arrogância...

— Agora chega, estou atrasado.

Dois dedos para a porta se fechar, e Renan pôde ver a armação dos óculos, remendada, aproximando-se da soleira. Cida ameaçou:

— Tudo bem. Depois não diga que eu não tentei — a porta já estava fechada, mas Cida continuou, falando alto: — Vou procurar Laís Prieto. Talvez ela seja mais educada.

Renan ouviu do interior do apartamento e voltou. Abriu a porta e grudou no braço de Cida.

— O que você disse?!

— Vou procurar a Laís Prieto — repetiu, irônica. — Pensei em ir direto à redação daquela revista em que ela saiu com o pai e as irmãs. Com certeza pode ser assunto para a próxima edição. Bonitona a moça. Você escolheu a mais nova. Herdeiras da Prieto & Confecções. Sua sorte foi ela não comentar sobre o namorado. Já li a revista várias vezes. Pensei em emprestar para a Patrícia. Ler ela pode, não é? Você deixa?

Renan saltou na direção de Cida. Apertou seu braço, podia não ser a intenção, mas estava quase quebrando-o quando a mulher começou a gritar.

— Calma aí, seu Renan. Vamos soltando o meu braço — abriu um sorriso que o fez sentir mais ódio: — Nem vou perguntar se o senhor a conhece, ou melhor, você. É, chega de senhor. Vou chamá-lo assim. Somos amigos, não é? Agora que sei dos seus segredos... Isso é coisa de amigo. Segredos...

— Pare de filosofar. O que tem a Laís? — ele quis saber, aproximando-se de Cida e empurrando-a contra a parede.

— Pensei que tivesse sido clara, então lá vai: ela é sua amante. Eu descobri, Renan — o sorriso que tanto ele odiava estava ali, fixado no rosto encardido de Cida.

— Você é louca! Está maluca.

— Não — retrucou ela, convicta. — Eu o vi abraçado com ela no motel lá para os lados da zona norte. É, por sorte, eu estava trabalhando lá naquela tarde. Era fim do meu dia, quando eu os vi entrando num dos quartos.

Renan, pálido, buscava apoio na porta. Cida alterou a voz e prosseguiu:

— O Gleobistâneo... Que nome, meu Deus! — ela suspirou triste. — Mas é o nome que ele tem, fazer o quê? Pede para todos o chamarem de Caio, só que ele tem cara de Gleobistâneo, para sua infelicidade. Então, ele, o Gleobistâneo, é da portaria. Duas horas com ele num dos quartos foram as horas extras mais valiosas que eu poderia receber. Fácil, fácil, ele arrumou sua ficha. Tirei cópia e guardei comigo.

— Não pode ser — Renan resmungava baixinho, sem forças, procurando uma saída.

— É, sim, senhor. Olha só! Eu de novo chamando você de senhor. Agora que somos amigos... Preciso me acostumar e chamá-lo de você — Cida não parava de rir: — Lá está o seu nome. Ah, tirei também cópia da folha do cheque que você deixou lá. Vale um bom dinheiro.

— Chantagem? Isso é crime!

— Então todos nós somos da mesma faculdade. O Gleobistâneo é esperto. Ele confirmou com aquele jeito bobo de ser: "Ora, se eu não vi, são noivos, Cidoca. A moça ligou para pedir vinho e disse que era para o noivo, pois ela não bebia". Assim, entendo que, sendo casado, não poderia estar noivo de outra — completou, mudando o tom da voz: — Bigamia também é crime. Já lhe contaram? A definição deve estar no mesmo livrinho que fala de chantagem. O que é uma chantagista perto de um bígamo?

— Maldita revista, maldito motel! Diga-me quanto quer por esses papéis? Pode falar.

— A primeira coisa é me chamar pelo meu nome. Não sou encardida. Tenho nome. Agora fale — ordenou a mulher, num tom de arrogância e superioridade.

— Cida — pronunciou baixinho, contendo a raiva.

— Não ouvi. Mais alto.

Ele repetiu, fuzilando-a com os olhos.

— Cida! — o nome ecoou pelos corredores.

— Melhorou — assentiu, debochada.

— O que vai querer mais? — perguntou, segurando-se para não empurrá-la.

— Não. Primeiro vou deixá-lo digerir esse acontecimento — deu as costas, dois passos, depois voltou e completou: — Trate bem a Patrícia. Ela não é sua funcionária. Não é um capacho massacrado pelos seus pés. Ia esquecendo, veja só: eu a levei ao hospital hoje. Ou você pensou que aqueles hematomas seriam curados com carne crua? Levou pontos no braço. Ela não está em casa, ficou internada, em observação. Foi a última vez que fez isso, escreva aí, senão, já sabe... Eu abro o bico. Boa noite.

— Que hospital ela está, Cida?

A mulher virou-se novamente, e com um sorriso constatou:

— Você sabe o meu nome, viu só? — e respondeu na maior satisfação: — Eu a levei para a clínica médica da Letícia Prieto. Para ficar tudo em família, entendeu? Agora, boa noite, querido. Se você não souber onde fica, eu lhe empresto a revista, está tudo lá, ou quase tudo.

Fábio estava com uma toalha enrolada na cintura, em frente ao espelho, fazendo a barba. Lígia, que vinha da piscina, lançou a pergunta assim que entrou no quarto.

— Quem era aquela vagabunda?

— Como?

— A vagabunda que a Helena aprova. É o que penso, porque fica na casa dela que parece servir de ponto de encontro.

Fábio olhou para a esposa, pelo espelho e esclareceu pacientemente:

— A Sandra alugou um quarto na casa da minha mãe. Sinceramente nem olhei direito para a moça. Não tenho nada com ela.

— Será? O que vem da sua mãe...

Fábio bateu o aparelho de barbear na pia, com força, descarregando sua raiva.

— O que você quer que eu faça para você acreditar? Diga-me. Nunca a havia visto. Parece que trabalha com a Letícia na clínica — depois de revelar, se arrependeu. Se bem conhecia Lígia, no dia seguinte Sandra receberia uma visita.

— Então minha irmã emprega a amante do meu marido?

Ele apanhou a toalha de rosto e começou a secar o rosto. Falava alto enquanto andava pelo quarto. Nervoso era pouco para descrever seu estado. Virou para a mulher e desabafou:

— Você me irrita profundamente com essas desconfianças. Outro dia seu pai me ofereceu um segurança, então eu pensei: "Para quê? Olha só: já tenho a Lígia vigiando meus passos — simulou um sorriso —, controlando minhas ações, sufocando-me com suposições incabíveis, apontando coisas que não existem". Ou você acha que não vejo seu carro sempre colado atrás do meu? Agora com uma nova mania: pega os carros de suas irmãs, será que faz isso para eu não desconfiar? Não me subestime, Lígia.

— Fábio, escute-me — ela implorava sua atenção.

— Chega! Chega! Eu já não suporto mais esse seu ciúme doentio. No começo achava divertido, sentia-me valorizado, mas a situação foi se agravando de tal forma, tomando proporções tão variadas que está me assustando. Sinceramente, tenho medo das surpresas que você arma.

Lígia, sentada na beira da cama, brincando com o bordado da colcha, apenas justificou, num tom baixo, tentando convencê-lo:

— Por amor, Fábio, por amor.

Ele se aproximou dela, cruzou os abraços e afirmou:

— Eu lhe pedi tanto para que não fosse à casa da minha mãe. Estava até pensando num jantar para celebrar uma possível reaproximação. Que ridículo eu sou em acreditar nessa possibilidade!

— Sua mãe esguicha a mangueira em mim e você fica bravo comigo?

— Ridícula essa situação. Você foi até lá para provocar. E não foi a primeira vez. Outro dia o André a trouxe em casa, eu sei. E, antes que você brigue com ele, fiquei sabendo pelo Rodrigo — apoiou os braços no batente da janela e continuou: — Você não me ama, Lígia. Se me amasse, não faria o que faz, da forma como faz, deixando-me constrangido.

Lígia levantou-se rapidamente, apoiou as mãos nas costas do marido e se defendeu:

— É lógico que o amo, Fábio, mais que a mim mesma.

— Talvez seja esse o problema — afastou-se da esposa, que parecia sufocá-lo. — Você não tem amor-próprio. É insegura nos seus sentimentos, não sabe confiar.

Lígia o abraçou. Fábio notou uma lágrima escorrer em seu peito e ficou com pena de ter dito aquelas coisas para a esposa. Sentiu magoá-la, mas estava enlouquecendo com a insegurança dela.

— Não me deixe — apertava o corpo do marido contra o seu. — Sinto que você está me deixando. Seu coração já não é mais meu.

— Que tolice, Lígia!

— Você não me ama como antes. Nunca mais vivemos aquelas intensas noites de amor.

Ele desfez o abraço. Buscou os olhos de Lígia e falou em lágrimas:

— E você contribuiu! Apesar de tudo, às vezes me pego pensando se também não sou responsável. Apoiei, algumas vezes, os seus caprichos. Não deveria ter concordado morar aqui, podíamos ter nossa vida num apartamento, noutro lugar. Você bateu o pé que queria ficar perto do seu pai. A gente poderia ter ido morar próximo, mas num lugar para chamar de nosso.

— Ainda podemos fazer isso. É o que você quer?

— Nosso casamento não tem mais salvação, Lígia.

— O que... — tinha dificuldade para continuar. Sentiu um nó na garganta se formar: — O que você quer dizer com isso?

— Nada... Eu estou com dor de cabeça, não vou descer para o jantar.

— Também não vou — ela murmurou, tirando os calçados. — Vou ficar com você.

— Será que não entendeu? Quero ficar sozinho, Lígia. Vou dormir. Agora se arrume e desça. Seu pai detesta atrasos. Se bem o conheço, está à mesa, impaciente.

— Tudo bem. Você quer que eu peça para trazer um prato?

— Estou sem fome. Bom jantar e boa noite.

Emílio ocupava a ponta da imensa mesa. A seu lado estava presente o pequeno Rodrigo, todo alegre, contando diversas histórias ao avô, que o ouvia atentamente, ria e se emocionava ao vê-lo tão inteligente e bonito.

— Vovô, quero ir à empresa onde o senhor trabalha. Quero aprender o caminho para quando eu for trabalhar lá poder ir sozinho.

— Só quando você crescer.

O garoto deu um salto na cadeira e gritou:

— Amanhã?!

— Mas já? — perguntou Emílio, surpreso.

— É. Minha mãe, quando eu estava me trocando para ir à escola — o menino, para divertimento do avô e de Lígia, que vinha chegando, começou a imitar a mãe —, falou assim: "Tem que estudar, garoto, amanhã você cresce e vai trabalhar com seu avô".

O avô riu diante da falta de noção de tempo do neto. Para o menino "amanhã" era o dia seguinte e não muitos anos, no caso dele.

"Por um lado, ele até está certo, pois tudo passa tão depressa", pensou Emílio.

Lígia começou a rir da imitação e correu a abraçar o filho.

— Minha alegria!

— E o Fábio, filha?

— Não vai descer. Está com dor de cabeça.

— Sei — Emílio olhou para a entrada e anunciou: — Olha só quem chegou! Resolveu jantar com a gente?

Renan aproximou-se da mesa, cumprimentou Emílio, Lígia e Rodrigo. Estava visivelmente abatido. Estava ali por ter combinado com Laís. Na verdade, queria estar em casa, embaixo dos lençóis, pensando como resolver aquela situação. Seus pensamentos, por mais que tentasse mudar, estavam em Cida. Estava preocupado por ela saber demais e pelo fato de Patrícia estar hospitalizada na clínica de Letícia. Não sabia ainda como faria para visitá-la, ou mesmo buscá-la.

Renan perguntou antes de sentar-se à mesa:

— E a Laís, está em casa? Combinei de encontrá-la aqui.

Lígia respondeu sorridente, nem parecia ter passado pelo que passou momentos antes.

— Daqui a pouco ela desce. Esses homens apaixonados...

Emílio, impaciente, ordenou que o jantar fosse servido.

— Papai, falta a Laís — ressaltou Lígia.

— Ela sabe perfeitamente os horários desta casa. Este atraso é um desrespeito.

Nesse momento, Letícia entrou na sala de jantar. Cansada, mas não o bastante para ofuscar sua alegria.

— Cheguei em boa hora — cumprimentou a todos e seguiu para o lavabo, voltando instantes depois.

— Que surpresa boa, minha filha! — afirmou sinceramente Emílio. — Não sabia que estava em casa.

Ela respondeu olhando para Lígia.

— Estava sem o meu carro, resolvi vir para casa, dormir mais cedo. Fiquei quase uma hora na academia. Quanto tempo eu não ia até lá.

— Equipei o salão de ginástica para vocês, minhas filhas.

— Você deveria fazer isso mais vezes. Mas ir à academia sozinha é um tédio. Seria ótimo tê-la como companhia — emendou Lígia, olhando para o pai — também para jantar com a gente, não é, papai? Seria muito bom.

Renan não esperava ver Letícia por ali. A mulher vivia enfiada na clínica, aquele dia foi uma surpresa. Ele ficou nervoso quando Letícia começou a relatar o seu dia.

— Dia difícil hoje. Vários casos, o pior foi o de uma mulher, jovem até, toda machucada. Agressão do companheiro, embora ela não admita. Disse-me que tropeçou numa cadeira, ficou cheia de hematomas, levou até pontos. Foi socorrida pela vizinha.

Lígia deu logo o seu parecer.

— Que absurdo! Se eu pego um homem desses! E por que ela não o denuncia? Se fosse eu, ia correndo até a Delegacia da Mulher.

— Pois é, contudo ela defende o monstro que a agrediu. Deve amá-lo, apesar de tudo.

Emílio deu sua opinião:

— Medo. Dependência. Frágeis, elas acham que não são ninguém sem eles.

— Na maioria dos casos de agressão é exatamente o que ocorre, pai — Letícia completou. — Amanhã vou conversar com ela. Vou convencê-la a formalizar essa denúncia na delegacia. O pior é que amanhã vou chegar tarde na clínica. Bom, depois eu vejo isso.

— E você, Renan, o que acha? — Lígia perguntou.

Preso em seus pensamentos, ele sentia-se numa situação desconfortável, era como se alguém na mesa soubesse que Patrícia era sua esposa. Pensou, por vezes, levantar-se e ir até o portão para certificar-se de que Cida não estava por lá, porém, diante da pergunta, apenas respondeu, cinicamente:

— Falta informação. Na maioria das vezes, são mulheres humildes — e acrescentou um infeliz comentário: — Muitas também pedem isso.

Emílio silenciou-se nas lembranças. Os olhos tristes caíram sobre o prato. A imagem de Vilma no chão, desmaiada, grávida, fez com que ele se sentisse mal. Tratou de esquecer aquelas cenas. Não entendia o que o levava a reviver aquele lamentável momento no meio do jantar.

Letícia colheu a opinião de Renan como atestado de seu mau caráter. Como ela já não gostava dele, foi mais um agravante para não comemorar sua união com Laís. Letícia fitava-o constantemente, estudando, buscando o que havia por trás daquele jovem bonito de olhos verdes. Renan percebeu o olhar da cunhada e ficou encabulado, sabia que estava sendo avaliado por ela.

Foi nesse silêncio, cada um preso em seus pensamentos, que Laís apareceu pelo amplo corredor que desembocava na sala de jantar. Estava linda, cabelos presos num coque no alto da cabeça, o rosto maquiado, vestida com uma roupa de couro. Numa das mãos trazia um capacete. Seu perfume, agradável, espalhou-se rapidamente pelo ambiente.

Capítulo 11

Pedro estava em seu apartamento organizando alguns jornais quando o telefone tocou.

— Alô.

— Caro Pedro, sou eu, Robert.

— Que prazer! Como está? Todos nós estamos com saudade. Imagino que Letícia ainda mais.

— Estou preocupado. Tentei falar com ela durante o dia todo e nada. O celular só caía na caixa postal.

Pedro sorriu e Robert, do outro lado da linha, entendeu rapidamente.

— É, parece até que não conheço Letícia. Minha esposa e seu trabalho. Devo confessar: isso faz com que eu a ame mais e sinta também muito a falta dela.

— Estive com ela hoje cedo. Estava ótima. Imagino que também sinta sua falta. Você ligou na casa dela?

— Vou ligar mais tarde. Não quero correr o risco de ser atendido pelo Emílio. Telefonei para saber se você encontrou o Valter.

— Ótima indicação! Um rapaz exemplar, atencioso. Parece que já conseguiu solicitar uma cópia do registro de nascimento feito pelo Miguel. Antigo, teve que pedir para desarquivar. Era a única coisa que possuía para localizar a Aparecida. Valter se mostrou muito empenhado em descobrir o paradeiro dela. Se bem que faz tantos anos, são poucas pistas. Mas sabe o que me preocupa?

— O quê? — respirou fundo. — Imagino que seja com o Emílio.

— Não — respondeu Pedro categórico. — São as meninas. Penso que podem não me perdoar por ter escondido delas essa meia-irmã, e durante tanto tempo.

— Tudo a seu tempo, Pedro. Se você guardou esse segredo tantos anos, foi por um bom motivo.

— Foi para proteger a Aparecida. Tinha certeza de que, se Emílio soubesse da sua existência, iria matá-la. Na época ele cismou que Vilma e a filha eram as responsáveis pela turbulência por que seu casamento estava passando.

— É, na verdade ele foi o único responsável por tudo — parou e disse de repente: — Obrigado, Pedro.

— Do que me agradece, rapaz?

— De ter confiado esse segredo a mim. Mesmo sabendo da minha transparência com Letícia.

— Não confiaria em outra pessoa. Minha afinidade com as meninas é grande, mas não quis colocá-las nessa aflição. Hoje talvez o Fábio guardasse esse segredo, mas ele vive rodeado por problemas, não gostaria de envolvê-lo. Resolvi não adiar mais essa situação. Sinceramente, ainda não sei como vou proceder quando encontrá-la, mas é o que quero no momento.

— Será sua última missão na empresa Prieto? — indagou o jovem, rindo.

— Não, vou me retirar antes. Meus dias na confecção estão contados.

— A empresa vai perder o melhor advogado que já teve.

— Não sou insubstituível nem nunca me considerei, Robert. Você sabe o que me segurou na empresa todos esses anos, o que me fez pensar antes de jogar tudo para o alto.

— Sílvia, certamente. Enquanto viva, havia uma esperança, depois de sua morte, uma obrigação em proteger os que ficaram.

— Sabe — Pedro mudou o tom na voz —, tenho sentido muito a presença de Sílvia nos últimos dias. Hoje aconteceu algo incrível. Estava a caminho do escritório do seu amigo, foi tão intenso que tive de parar o carro. Ela estava ao meu lado.

Robert acrescentou calmamente, como conhecedor do assunto:

— Ela deve estar próxima da família, desejando o bem-estar de todos. Pedro, ela está presente, assistindo a tudo. Acredito ainda que Sílvia, por ser um espírito iluminado, e com todo o carinho que você sempre a descreve, está fortalecendo e estimulando essa busca, que é a oportunidade de ajustar uma ocorrência do passado, meu caro. E digo mais: você foi o escolhido para essa tarefa.

Robert tinha razão. Sílvia estava agradecida pela oportunidade de presenciar a vida das pessoas que tanto amava. Por vezes, sentia-se tentada a participar ativamente, mas era impedida por Gilda, sua mentora.

— E o ciúme de Lígia? Não é normal — ressaltava Sílvia. — Gostaria tanto de ajudá-la. Fazê-la entender que esse comportamento só afasta Fábio.

Gilda riu e comentou:

— Noutra vida, foram casados, mas ela aproveitou a ausência do marido que estava na guerra para traí-lo. A culpa a fez sentir-se infeliz. Depois de desencarnada, abraçou o compromisso de amá-lo fielmente. O encontro aconteceu, porém ela transformou o amor e o compromisso proposto num ciúme doentio. É insegura e teme provar do veneno que um dia ofertou.

— Teme passar pelo que um dia o fez passar?

— Exatamente. Na última encarnação, Fábio a surpreendeu com outro homem, e isso o levou à loucura. No astral, depois de um período grande de perturbação, combinou a volta no intuito de perdoá-la e tem cumprido o compromisso de reconciliação. Acontece que o comportamento de Lígia o tem feito sofrer e, como ele tem medo de enlouquecer novamente, pode logo desfazer esse enlace, esse casamento.

— Lígia não é o amor da vida dele?

— Não. Assim como Emílio não é o seu. Sabemos bem o amor que tem por Pedro e o quanto é recíproco — Gilda sorriu diante do constrangimento de Sílvia. — Tem influenciado Pedro a procurar a filha que Emílio descartou no passado, o que prova o quanto é generosa.

— Isso me alivia a culpa que carreguei tantos anos após aquele episódio da traição de Emílio. Creio que fui muito dura com ele quando descobri a traição. Eu o induzi a fazer o que fez.

— Não! Emílio não soube lidar com o obstáculo que ele mesmo criou. Teve, como todos têm, o livre-arbítrio. Ninguém pode sentir-se culpado pela escolha que o próximo faz.

— Eu me senti, e por muito tempo, a responsável pelo ocorrido com Vilma.

Gilda fez uma pausa, estudou o rosto de Sílvia e arrematou:

— Você sempre foi amorosa, apesar de tudo. Quando tiver a oportunidade de ter acesso completo à sua última encarnação, terá melhor entendimento — fez uma pausa. — Terá antes a oportunidade de presenciar mais de perto como andam as pessoas, a começar pelo seu neto. O que acha?

Laís andava e batia o capacete na parede, propositalmente. Prosseguiu com lentidão quando notou ser alvo do olhar de todos. A alguns passos da mesa, na ponta oposta de onde Emílio sentava, ela declarou:

— Boa noite a todos.

Renan levantou-se e foi em sua direção, recebendo-a de braços abertos.

— Meu amor!

— Esqueceu de mim, meu querido? — murmurou a moça toda melosa.

Emílio, assim que a viu, fuzilou-a com os olhos e gestos de reprovação. Não aguentando mais, desabafou:

— Uma afronta!

Laís virou-se para ele, como se esperasse por aquele momento e retrucou, num tom irônico:

— Falou comigo, papai?

— Essa roupa, você sabe que não a aprovo.

— Papai deu para implicar comigo, meninas — defendeu-se, olhando para as irmãs e mantendo o tom: — São fases, primeiro foi a dos amigos, depois a dos namorados, e agora a novidade: minhas roupas, minhas preferências.

Letícia, já prevendo uma briga, acabou se adiantando:

— Calma, gente.

— Calma, como? — indagou Emílio, visivelmente tenso. — Laís faz questão de me provocar. É o divertimento dela. Talvez seja resultado de uma mente ociosa, sem planos. Não a quero vestida dessa forma.

— Já implantou a circular aqui em casa também? Para proibir? É isso, doutor Emílio? Vai me proibir de andar pela casa da forma que eu quiser?

Lígia só tinha olhos para as mãos de Renan, contornando a cintura de Laís. Como invejou a irmã. Quanto tempo Fábio não a protegia com suas mãos? Ou com palavras doces ao pé de seu ouvido? A voz alterada de Laís trouxe-a de seus devaneios. Foi quando falou, não omitindo sua curiosidade:

— Que circular, Laís?

— Você não sabe? A novidade do doutor Emílio? Hoje fui impedida de entrar na empresa, porque o papai fixou uma circular para proibir minha entrada.

— Meu Deus, papai, você fez isso?! — perguntou Lígia, espantada com a atitude de Emílio.

— Papai... — murmurou Letícia.

— Não. Idiotice da sua irmã. Eu apenas proibi a entrada de motoboys com capacete. — Emílio virou-se para Renan e completou: — Está aí o Renan que não me deixa mentir.

O rapaz foi em defesa do empresário.

— Realmente. Existe uma circular com essa comunicação.

— Há quanto tempo, Renan? — interrompeu Laís, apressadamente.

— Tem uma semana, não mais que isso.

— Viu só? Exatamente o tempo que eu tenho a minha moto.

Letícia, para evitar mais atritos, levantou-se em direção ao pai, apoiou as mãos em seu ombro e afirmou, olhando para Laís:

— Coincidências. Não foi por mal, minha querida.

— Ele não faz isso com vocês — Laís retrucou com os olhos cheios de lágrimas. — Não faz! Mas existe uma explicação: ele me responsabiliza pela morte da mamãe. Eu sei e não vejo outra explicação. Esse tratamento diferenciado, hostil.

Emílio, diferentemente de outras brigas, calou-se. Levantou-se, caminhou em direção à escada e ainda pôde ouvir Letícia argumentando a seu favor.

— Não diga isso, Laís! Não apunhale o papai com essas ideias, essas suposições que só trazem mágoas e desunião para a nossa família. Ele não faz por mal, quer o seu bem. E depois, a mamãe não gostaria de ouvi-la falar nesse tom. Iria ficar triste. Ela está a nosso favor, minha irmã, não repita mais essas coisas.

Laís correu para abraçar a irmã. Lígia, fragilizada, com a sensibilidade à flor da pele, teve a mesma atitude e juntou-se às duas. Entretanto, as lágrimas de Lígia escorriam em seu rosto por outro motivo: a distância de Fábio.

Rodrigo, criança astuta, assistia a tudo com os olhos atentos, numa fusão de curiosidade e espanto. Lentamente, encostou o queixo sobre a mesa e começou a brincar com as mãos. De repente, olhou além da mãe e das tias abraçadas e viu, no canto da sala, um vulto de mulher. Mesmo sem saber quem era, ele não demonstrou medo. Muito pelo contrário. Rodrigo não só sorriu, como acenou com a cabeça.

O espírito de Sílvia, muito emocionado, retribuiu o gesto do neto. Gilda, carinhosamente, pegou em seu braço e ambas desapareceram numa luz prateada.

Renan não andava bem e os últimos acontecimentos contribuíram para deixá-lo mais agitado. Naquela noite pretendia ter um jantar rápido com Laís e depois voltaria correndo para casa, mergulharia na cama e pensaria como resolver toda a situação que se instalara em sua vida. Os planos pareciam estar indo por água abaixo.

Laís encostou-se no seu peito e pediu num tom triste:

— Renan, não vá embora — apertava-o num abraço. — Preciso muito de você. Percebeu o quanto meu pai me odeia?

— Ele não disse nada para aborrecê-la, meu bem.

Laís desfez o abraço e encarou o rosto do namorado com admiração.

— Como, não?! Há tempos ele vem me perseguindo. Implica com tudo e com todos. Esquece quem ele é.

— Laís, seu pai...

— Meu amor — ela o interrompeu com amabilidade —, doutor Emílio não está naquela cadeira por acaso. Ele é um jogador. Adora se fazer de vítima na frente de todos, mas, na realidade, comete barbaridades.

Laís não conseguiu prosseguir e chorou. Ninguém acreditava no crápula que ela insistia em mostrar que Emílio era. Renan, político, que não tinha intenção em decepcionar o empresário, não manifestava sua real opinião sobre tudo aquilo. Restou a ele, apenas, abraçar a noiva.

— Minha querida, não fique assim — diferente dos olhos de Laís que estavam fechados, os dele estavam abertos, longe, pensativos. — Você não está sozinha, tem a mim.

— Sinto-me tão protegida com você. Promete não me deixar?

Passaram a noite num hotel pequeno e aconchegante.

Emílio estava debruçado na janela, olhando o céu, quando Letícia entrou em seu quarto. Logo que o viu distraído com as estrelas, pensou em não incomodá-lo; no entanto, ele sentiu sua presença e, sem voltar o corpo para trás, entabulou um diálogo:

— É por ela que você foi interceder na empresa, Letícia? Comemorar o aniversário de Laís? A garota doce, mudada? Será que estamos falando da mesma pessoa?

— Ela sente-se responsável pelo que aconteceu. A verdade é que todos querem encontrar um culpado pelos acontecimentos infelizes no nosso caminho.

— A morte de Sílvia foi prematura, Letícia.

— Pai — um sorriso iluminou seu rosto —, ela cumpriu sua missão — mudou de assunto assim que percebeu o olhar contrariado do pai. — A ideia da festa de aniversário de Laís é para celebrar a união, a paz. Precisamos disso. Ou o senhor pensa que todos nesta casa não sofrem com essa desunião? É de conhecimento de todos que Lígia não tem outra preocupação a não ser Fábio. Sabe que eu achava tudo isso divertido, mas agora fico preocupada.

— Preocupada? Com que você está preocupada?

Letícia caminhou em sua direção e procurou disfarçar suas percepções, esclarecendo:

— Nada grave, doutor Emílio. Você bem conhece Lígia e seus exageros. Demonstra demais o seu amor, e isso a fragiliza. Mas não vim aqui falar das minhas irmãs, vim vê-lo e saber como está.

— Já tive noites piores, minha filha.

— Não quero que acumule mais essa mágoa em seu coração — tornou Letícia com a mão em forma de concha sobre o peito do pai. — Aliás, está na hora de esvaziar todo esse sentimento represado que não leva a nada e faz mal à saúde. Esqueceu-se de que sou a médica da família?

— Você devia fazer mais isso.

— O quê? Lembrá-lo de esvaziar o coração de sentimentos ruins?

— Não. Ficar mais perto de sua família.

Letícia apenas sorriu e abraçou Emílio.

Capítulo 12

Renan não dormiu bem naquela noite, tanto que despertou antes de o sol nascer. Tratou também de acordar Laís que, sonolenta, aprontou-se lentamente, o que o irritou bastante.

Ele a levou à mansão da família Prieto e entrou. Queria se certificar de que Letícia ainda dormia. Renan aproveitou que Laís foi para a cozinha, com fome, e subiu as escadas até os quartos. Obteve facilmente as respostas para todas as suas indagações matinais. A arrumadeira, depois de abordada no corredor, disse a Renan:

— Essa porta é a do quarto da dona Letícia.

— É mesmo? — reagiu num tom surpreso, disfarçando um jeito desconcertado. — Procuro um banheiro. Onde fica?

A mulher estranhou a pergunta, pois já o tinha visto percorrendo todas as dependências. Apenas acrescentou:

— Fica naquele corredor — apontou para o lado oposto. — É a primeira porta.

— Obrigado — deu um passo e voltou-se para a mulher: — Por pouco não acordo minha cunhada. Dizem que ela tem o sono leve.

— Dona Letícia saiu cedo.

Renan estremeceu. Era tudo o que não queria ouvir. Planejava buscar Patrícia na clínica e imaginara que Letícia estivesse dormindo na mansão. Ansioso, investigou:

— Saiu? Deve ter ido direto para a clínica.

— Não. Ela me disse, logo que saiu, que era para avisar, caso alguém ligasse para ela da clínica, que só estaria lá na parte da tarde. Ia para uma reunião.

O rapaz respirou aliviado. Era o tempo de que precisava para tirar Patrícia daquela clínica. Esperou a mulher terminar os afazeres no corredor e entrar noutro cômodo para descer as escadas em direção à rua. Estava tão afobado que nem se lembrou de se despedir de Laís.

Sandra observava o movimento de pessoas indo e vindo, quando viu um homem suando e fazendo esforço descomunal para estacionar o carro na vaga estreita que havia na frente da clínica. Aquilo a incomodou de tal forma que a fez olhar em direção ao motorista. Abaixando a cabeça na altura do vidro, ela disse enquanto segurava o cabelo:

— Posso ajudá-lo?

O rapaz carregava um ar sério, suas mãos deslizavam impacientes sobre o volante. Olhou para o crachá de Sandra e identificou-a como funcionária da clínica. Respirou, antes de responder:

— Pode. Pede ao imbecil que estacionou esse carro aqui para tirá-lo da minha frente.

— Senhor, ele está na vaga.

— Torto. Chama isso de ocupar uma vaga?

— Questão de jeito. Se me permitir, posso colocá-lo no espaço.

O rapaz começou a gargalhar. Olhou para Sandra, corpo bem-feito, salto alto, unhas grandes. Definitivamente não viu nela características de uma manobrista.

Sentindo-se desafiada, Sandra esticou a mão e insistiu:

— Pode confiar.

O jovem desceu bruscamente do veículo. Sentiu o corpo de Sandra tocar o seu quando tomou o seu lugar na direção. Olhava atentamente a moça acomodar-se no veículo, ajustar o retrovisor, girar a chave. E, ainda rindo, antevendo a barbeiragem, completou:

— Espero que ganhe o suficiente para o conserto, caso bata o meu carro. Esta clínica tem seguro?

Esse e outros comentários do jovem não a deixaram nervosa, pelo contrário, ela acabou retribuindo com um leve sorriso. Enquanto isso, o sorriso do rapaz sumia rapidamente, na velocidade que seu carro era colocado na vaga, para sua surpresa.

Sandra desceu do carro graciosa, como se estivesse numa passarela, puxando delicadamente o vestido na altura do joelho. Esticou o braço e entregou a chave do carro para o rapaz:

— Aqui está sua chave.

— Nossa! — o rapaz não disfarçou a surpresa. — Que mágica você fez? Desmontou o carro? Não posso acreditar que...

— Questão de jeito, eu não disse?

Restou ao jovem, sem jeito, agradecer. Ele abaixou a cabeça até a altura do crachá que estava fincado no vestido, entre os seios, e observou:

— Sandra? É esse o seu nome? — estendeu a mão para cumprimentá-la.

Ela, sorridente, fez o mesmo, e completou:

— Sandra Aparecida Souza.

— Renan Valência, muito prazer.

Foi selado ali, naquele momento, o primeiro encontro de Sandra e Renan.

O prédio inteiro entrava em transe quando Emílio chegava. Todos, como se estivessem num exército, paravam e se voltavam para o empresário. O gesto era completado com um sorriso tímido, um aceno introvertido, enfim, sempre havia uma manifestação. Na maior parte ignorada por Emílio. Os seguranças corriam na sua frente, desocupavam um dos elevadores que o prédio possuía para exclusividade do empresário. Emílio se mantinha impassível, num silêncio absoluto.

No elevador, até chegar ao seu andar, onde ficava a presidência e a diretoria, o empresário sentia a agitação dos andares inferiores. Todos eram divididos por setor e cada um era responsável pela captação, administração e manutenção do dinheiro. Alguns tinham a responsabilidade de achatar os gráficos, quando se tratava de produtos encalhados, ou ainda fazê-los ganhar vida, crescer, atingir o topo, cabendo aí demonstrar os lucros, a possibilidade de aumentar os negócios.

O empresário desceu do elevador ditando suas ordens em voz alta para alcançar a secretária, que ao vê-lo saltou da cadeira.

— Dona Ivone, providencie...

— Bom dia, doutor Emílio.

Fitando-a, externou o contrário do que tinha vontade.

— Bom dia, dona Ivone. Reserve a sala de reuniões. Convoque Pedro, Fábio e Renan.

A secretária corria atrás de Emílio, tomando nota, escrevendo de maneira abreviada, com uma letra que não imaginava possuir.

— Somente o doutor Pedro está na empresa — falava afobada, tensa, já nas primeiras horas do dia que prometia ser longo e pesado. — Fábio e Renan ainda não chegaram.

— Daqui a uma hora quero vê-los na sala de reunião. Ligue para os respectivos celulares, mande um mensageiro avisá-los, não sei. Uma hora, estamos entendidos, dona Ivone? Quero a senhora presente também.

— Sim, senhor — respondeu ela, atônita.

Já no interior da clínica, Renan ficou desnorteado por estar na frente de Sandra. Não tinha intenção alguma de revelar que era o marido de Patrícia. Na verdade, não queria deixar rastros. Havia passado aquela noite em claro ao lado de Laís, ensaiado passo a passo como retirar Patrícia sem levantar suspeitas, porém o destino trilhou outros caminhos para o jovem.

— A Patrícia, bem... eu...

— Patrícia Aparecida... — Sandra leu a ficha que tinha nas mãos. — Veja que coincidência, temos, além do nome, a mesma idade — notando a indiferença de Renan, Sandra perguntou: — Veio visitá-la? — Lamento, agora ela está sendo medicada.

— Não, eu vim buscá-la.

Sandra acessou o prontuário de Patrícia em seu terminal e informou:

— Ela não está de alta, seu Renan. Ah! — abriu um sorriso malicioso: — Os maridos não vivem sem suas esposas.

— O que disse?

— Os maridos não vivem sem suas esposas — repetiu Sandra. — Conversei com ela ontem à noite e hoje pela manhã, assim que cheguei. Muito doce. Que tombo ela levou, hein? — declarou num tom como se soubesse o verdadeiro motivo dos hematomas.

Renan começou a sentir um calor percorrer seu corpo. Estava visivelmente tenso. Percebia o relógio trabalhar contra seus planos, parecia ver Letícia entrar na clínica a qualquer momento. Foi então que rapidamente encostou-se no balcão, inclinou seu rosto bem próximo de Sandra, tirou um envelope do bolso e lhe entregou.

Ela ficou sem ação, pelo menos a princípio.

— Eu... eu...

— Um agrado, meu bem. Agora eu preciso de um favor, pequeno perto do que você pode oferecer. Preciso levar Patrícia comigo sem deixar pistas.

Sandra, como se estivesse hipnotizada, guardou o envelope na gaveta. Levantou-se, certificou-se de que não havia ninguém por perto, contornou o balcão e falou bem baixinho:

— Suma daqui, cara! Desaparece se você não quiser se explicar na polícia.

— Como?! — Renan era só surpresa. Não acreditava no que ouvia. — E o dinheiro? — ele avançou na direção de Sandra.

— Cuidado. Já conheço o seu forte, mas não me atinge, não a mim. Agora suma — Sandra aproximou-se do telefone e disse: — Vou ligar para a Letícia, ela vai adorar saber que o louco que surrou a moça está aqui para buscá-la sem alta. Lamento, meu caro, mas o seu brinquedinho não está pronto.

— Você não seria capaz... — Renan engoliu em seco.

— Oi — Sandra entoava uma voz diferente, suave, doce ao telefone —, Letícia, é que tenho aqui uma visita para a paciente Patrícia...

Renan tomou o fone da mão de Sandra e colocou-o lentamente no aparelho, depois saiu sem olhar para trás.

Rindo, Sandra ficou olhando para o telefone, imaginando sua reação se desconfiasse que ela nem chegou a fazer a ligação. Ela viu Renan distanciar-se da clínica. Continuou a rir enquanto pensava: "Bonito, muito bonito, mas também muito cru".

Fábio dirigia pensativo a caminho da empresa. O desentendimento com Lígia não fez bem para sua noite, e era notório que se estenderia pelo dia. Gostava da esposa, não tanto como no início. O casamento era, naquele momento, traduzido em rotina, cansaço e, se não bastasse o desgaste que o tempo presenteava dia após dia, tinha também aquele ciúme doentio que Lígia fazia questão de alimentar, com fantasmas que sua cabeça ociosa criava.

Próximo da empresa havia uma floricultura imensa, com plantas e flores diversas, para todos os bolsos e gostos. Fábio passou em frente, resolveu parar o carro e entrar. Apreciou as flores expostas na parte de fora do estabelecimento até aparecer uma atendente e os dois entrarem na loja.

Ele nem percebeu que estava sendo seguido por Lígia. E muito menos quando a mulher, já revestida de suas intuições, certa da traição do marido, estacionou o carro do outro lado da rua e desceu, indo em direção da loja.

No interior da floricultura, a atendente, uma jovem muito simpática, orientava Fábio.

— Essa aqui — apontou para o balde de rosas vermelhas. — Uma ótima surpresa, você vai agradar.

— Vermelhas? — Fábio perguntou, certo da resposta: — Será que ela vai gostar?

— O vermelho é a cor da paixão.

Fábio não conteve o riso. Lígia, que estava escondida por trás de algumas plantas, quase lançou o vaso na direção do marido.

— Você me convenceu. Vou levá-las. Uma dúzia!

— Ela vai adorar! Aqui está o cartão para sua mensagem.

Fábio agradeceu e começou a preencher o cartão com palavras amorosas, depois assinou carinhosamente e depositou no meio das rosas. Colocou o maço nas mãos da atendente e foi pagar.

Lígia, de longe, seguia cada um dos seus passos, bem como tomava cuidado para ouvir cada uma das palavras e imaginava a noite que ele teria com a amante.

— Muito obrigado. Eu gostaria que você entregasse ainda antes do almoço no endereço mencionado.

— Daqui a uma hora, o senhor receberá o telefonema de agradecimento.

O sorriso de satisfação de Fábio desapareceu quando viu Lígia saltar detrás de um arranjo de flores e folhas, vindo em sua direção como um furacão. Ela estendeu a mão até as rosas e arrancou o cartão, quase derrubando a atendente, para aumentar a vergonha do marido.

— Então é isso, Fábio. Rosas para sua amante? — insinuava, sacudindo o cartão diante do rosto dele.

— Lígia, do que você está falando?

— É para aquela mulherzinha que sua mãe mantém num dos quartos da casa dela, só esperando por você? Eu não vou permitir que faça festa com os meus sentimentos.

Não vou deixar que a Helena ria do meu sofrimento por causa de sua amante.

— Você está louca! Não vejo outra explicação.

— É, meu bem, mas agora eu tenho a prova. E todos vão ouvir, serão minhas testemunhas — Lígia começou a ler em voz alta o cartão: —"Meu amor, é hora de perdoar, recomeçar. Lígia, aceite essas flores com todo o meu carinho. Fábio" — finalizou quase sem voz.

Fábio ficou imóvel, olhando para Lígia, linda, cabelos presos, num penteado diferente, um conjunto claro, em concordância com a pele alva e o corpo alinhado. Também não deixou de notar algumas folhas entrelaçadas no cabelo. Ele se aproximou dela, que se mantinha muda, cartão nas mãos, esticou o braço até a atendente, apanhou as rosas e lançou nos braços da esposa.

— Quem sabe um dia você saiba controlar sua ansiedade? Essas rosas são suas — virou-se para a atendente e agradeceu como se nada tivesse acontecido. Colocou os óculos escuros e saiu, deixando a esposa estática, com as rosas nas mãos.

Ivone parecia uma louca. Corria de um lado para outro e era visível seu nervosismo. Ela era, sem dúvida, o termômetro daquela empresa, em especial da diretoria. Ela respondia e-mail e ao mesmo tempo falava ao telefone; como se não bastasse tudo isso, também gritava com a copeira, na maior agitação.

— Já limparam a sala? Nada de cheiros fortes, o doutor Emílio é alérgico. Você providenciou aquela relação que lhe passei? Café, água...

Quinze minutos para iniciar a reunião e só Pedro estava lá. Ivone sabia muito bem que, se algo desse errado, Emílio, com certeza, colocaria a culpa nela. E, por esse motivo, a moça não parava de ligar para Fábio e Renan. Aflita era pouco para descrevê-la. No rosto, a preocupação estava nítida, por um instante, todo esse sofrimento desapareceu quando Renan apareceu.

— Renan, que bom que chegou!

— Tudo isso era saudade? — ele se permitiu a brincadeira, ainda que seu humor não fosse dos melhores.

Ele havia acordado com uma dor de cabeça que só aumentava com o avançar dos ponteiros do relógio. Não era para menos, tinha planos de tirar Patrícia da clínica de Letícia, porém Sandra só dificultara as coisas. Sentia um ódio da moça que não conseguia explicar. Não conseguia entender por que Sandra havia feito aquilo, pois ela parecia pronta a ajudá-lo. E sua preocupação maior era saber que a cada minuto na clínica era certa a intimidade de Patrícia com Letícia.

Tudo dando errado. Lembrar que Sandra já sabia demais era preocupante, e muito. Temia que ela desse com a língua nos dentes. Rezava para que ela não associasse seu nome à empresa, pois facilmente chegaria à mesma conclusão de Cida: era casado e amante da filha do dono da empresa. Cida, esse era outro nome que o preocupava sobremaneira.

— Bem, Renan, se eu fosse você chegaria antes que o doutor Emílio na sala de reunião. Você sabe como ele é.

Ivone estava falando havia algum tempo, mas Renan continuava preso a seus pensamentos, seus problemas. Por fim, sua voz saiu, quase sem perceber.

— Reunião? Foi o que disse, Ivone?

— Acorda, Renan! — ela falava correndo a mão pelo cabelo empastado. — Estou há um tempão avisando. O homem acordou com a corda toda. Convocou uma reunião com a nata, querido. Pedro, Fábio e você. O pior é que não consigo localizar o Fábio. Você sabe dele?

— Poupe-me, Ivone! Vou até a minha sala agora. Que horas será a reunião?

— Em cinco minutos — Ivone tinha uma voz angustiada, triste. — Se eu fosse você, correria para a sala de reunião e escolheria o melhor lugar. O Pedro já deve ter ido.

— Isto aqui é a vida do Pedro. Ele não tem vida pessoal, você não percebeu ainda? Às vezes penso que ele dorme na empresa.

— Ele vai se desligar. Você sabia?

— É carência, não tem outra explicação — asseverou, tomado por um ar cínico. — Quer chamar a atenção e sabe que o doutor Emílio não vai dispensá-lo. Passa o tempo todo comentando esse assunto.

— Você fala com tanta certeza. É, pode até ter razão.

Renan não deu crédito aos comentários da secretária e finalizou:

— Acho que vou direto para a sala de reunião. Se for como você está dizendo, e como o conheço, hoje não é dia de irritá-lo.

Capítulo 13

Patrícia abriu os olhos e se deparou com o rosto de Letícia sorrindo. Deitada, ela demorou a lembrar onde estava. Examinou detalhadamente o ambiente. Paredes alvas, poucas camas, todas com os lençóis esticados, limpos, flores sobre o aparador. As janelas abertas deixavam entrar uma claridade acolhedora no cômodo.

Letícia descansou sua mão sobre a paciente e perguntou:

— Olá! Dormiu bem?

— Nossa! Quanto tempo eu dormi? — indagou Patrícia num impulso, pronta para saltar da cama. — Preciso me levantar.

— Não, melhor ir com calma — Letícia a impediu de levantar-se. Continuou com o mesmo cuidado, acrescentando um sorriso: — Você ainda não respondeu como se sente. Desse jeito vou ser obrigada a mantê-la por mais algum tempo aqui.

— Não! Estou ótima! — assegurou sorridente, retribuindo a simpatia da médica.

— É, você está ótima. Em seus exames não constou nada de anormal. Receava alguma lesão, alguma sequela. Foi mesmo uma queda?

Patrícia relatou rapidamente, como um texto ensaiado e reproduzido por uma atriz sem talento:

— Estava limpando a cozinha, escorreguei e caí. Tentei apoiar-me na escada que estava perto da janela.

— Não foi sobre as cadeiras que caiu quando lavava a cozinha?

Silêncio.

— Já não lembro mais. Foi muito rápido. Se não fosse a Cida, minha vizinha... — Patrícia mantinha a cabeça baixa, tímida, por ter sido pega numa contradição. — Na verdade...

— Na verdade... — Letícia a encorajava, querendo que confessasse ter sido agredida. — Esses hematomas, os pontos no braço — respirou fundo, antes de continuar. — Muitas mulheres sentem-se receosas em admitir que foram agredidas.

— Meu marido não seria capaz de fazer uma coisa dessas, doutora.

— Você pode denunciá-lo. Se todas as mulheres tomassem essa atitude, a história seria menos triste.

— Eu já disse, doutora — mantinha a cabeça abaixada. — Sou feliz com ele. É um homem maravilhoso.

Letícia estava pronta para despejar todo o seu discurso sobre o assunto, com o intuito de encorajá-la, quando percebeu que os olhos da jovem estavam marejados, resolveu calar-se, tomada pela emoção da paciente.

Era uma médica experiente e sabia a verdade. Buscar essa confirmação seria torturar Patrícia, deixá-la triste, por isso não deu seguimento ao assunto. Acabou por animá-la, mudando o rumo da conversa.

— Você têm filhos?

— Não. Gostaria muito de ter — a alegria voltou ao seu rosto. — Meu marido não pode ter. Depois tem outros planos, e ter filhos não é sua vontade.

— Senhora? Temos a mesma idade, sabia? Não vou aceitar ser chamada de senhora! — Letícia disse rindo. Pegou uma intimidade com a mulher que não conseguia entender por quê. Via a paciente muito frágil, insegura. Tinha vontade de protegê-la. Completou: — Nascemos, inclusive, no mesmo ano.

— Nossa! É mesmo? — surpreendeu-se Patrícia, agora aliviada. Tinha por Letícia um sentimento parecido, tanto que por pouco não acabou revelando o que de fato tinha acontecido. Ela olhou para a mão da médica e observou: — Você é casada também. Tem filhos?

— Não. Adoro crianças, mas não sei se quero tê-las. Nunca impedi, também nunca aconteceu.

A conversa fluiu agradável, até que num determinado momento Letícia disparou, de supetão:

— Qual é o nome do seu marido?

Lígia estacionou o carro de qualquer jeito sobre a faixa do estacionamento da clínica da irmã. Estava tão apressada que saiu do carro com as rosas na mão. Primeiro, jogou-as no latão de lixo, depois, arrependida, tirou-as e as acomodou no banco de trás do seu veículo.

Como não poderia ser diferente, entrou esfuziante na recepção da clínica. Os cabelos, antes com algumas folhas, estavam agora esticados e presos. Também não tinha mais aquele casaquinho que vestia ao entrar na floricultura. Fez toda essa mudança no próprio estabelecimento, sem se sentir abalada pelas palavras de Fábio.

Surpreendeu a todos, pois, logo que o marido saiu, ela cumprimentou todos que a olhavam estarrecidos e, sorrindo, tratou de abrir seu estojo de maquiagem e retocar seu rosto com pó, delineador, batom; prendeu o cabelo... Já na clínica da irmã, anunciou ao entrar:

— Bom dia, eu vim falar com a Letícia.

Sandra tentou impedi-la. Armou-se daquela doçura, ou melhor, usou uma de suas faces e perguntou:

— A senhora tem hora marcada? Poderia me passar os documentos?

— Hora marcada, documentos? Quem é você, minha filha?

— Meu nome é Sandra, sou recepcionista da clínica.

Naquele momento Lígia já não ouvia mais nada, só pensava enquanto olhava para a mulher: "Então é você a Sandra! A amante do meu marido. A protegida da Helena. Ah! Também protegida da Letícia. Meu Deus, minha própria irmã em conchavo com essa gente! Tudo para minha infelicidade".

Sandra continuou falando, porém Lígia estava distante.

— Agendou? A doutora Letícia está atendendo no momento. Tenho ordens para não incomodá-la nessas situações.

— Minha querida, ninguém impede Lígia Prieto de entrar onde bem entende! — vociferou.

Lígia seguiu corredor adentro, deixando alguns pacientes e médicos assustados pelo escândalo. Em seu íntimo havia uma fúria gigantesca, todavia procurou se controlar e não atacar Sandra. A vontade que tinha era a de agarrar seu pescoço e dar-lhe uns safanões. Só não o fez por respeito à irmã.

— Senhora, volte aqui, por favor — insistia Sandra, desesperada, tentando alcançar Lígia.

— Bom dia — disse Emílio num tom amargo.

Afundado na cadeira, manteve-se em silêncio enquanto organizava os papéis sobre a mesa. Adotou esse mau humor quando leu o e-mail de Pedro estipulando o prazo para sua saída da empresa. Ler o comunicado na noite anterior, antes de dormir, aliado à briga com Laís, foi o bastante para tirar sua alegria por completo.

Emílio levantou os olhos e só então percebeu Pedro sentado distante de Renan, brincando com o papel de bala, o que o irritava e muito, pois considerava essa atitude uma falta de respeito, se bem que era sempre surpreendido pelas boas ideias do primo. Renan, ansioso, insistia em ajeitar a gravata no pescoço e, por fim, Ivone, munida de papel, caneta e paciência para resumir a reunião em uma ata.

— Ivone, onde está o Fábio?

— Eu não consegui localizá-lo, doutor.

— Mas eu não pedi prioridade nessa reunião? Pensei ter deixado clara a importância desse encontro e que também queria todos presentes — Emílio, muito exaltado, esmurrava a mesa.

De todos os presentes, Pedro, por conhecê-lo bem, sabia o real motivo de todo aquele descontrole. Emílio poderia morrer, jamais admitiria sentir falta do primo. Seria uma perda dolorosa.

Ivone procurava se justificar, mas ficava pior. A mulher sentia um nó na garganta, uma vontade de chorar, de sair correndo daquela sala. Fechava os olhos e pensava que poderia fazer melhor, como: mandar Emílio para o inferno e sair batendo a porta na cara dele, depois apagar todos os arquivos dos controles pessoais, assim como a agenda; porém, tudo não passava de um sonho, pois tinha uma mãe doente e o convênio médico sofria reajustes...

Não tinha jeito, ela precisava do emprego. Ivone abriu os olhos. Tensa, ela engolia em seco:

— Eu tentei. Perguntei até para o Renan se ele...

Os olhos dela se voltaram para Renan que, por dentro, se divertia com a cena e, esboçando um sorriso, ele não disse nada para ajudá-la.

— Foi a primeira coisa que pedi, logo que cheguei — continuou Emílio, repleto de raiva.

Pedro, inconformado com o tratamento, comentou:

— Quanto drama! Você bem sabe como é esta cidade. Principalmente hoje em dia. Mil e uma maneiras de se comunicar, vários, diversos, canais para manter contato, porém com probabilidade ainda maior de tudo não sair do jeito que planejamos.

As palavras de Pedro soaram como um bálsamo para Emílio. O que serviu de refresco para Ivone que já não tinha argumentos para convencê-lo de que não era culpada, apenas conseguia irritá-lo com sua tentativa de amenizar a situação.

Duas batidas na porta e Fábio entrou.

— Desculpem-me pelo atraso — o rapaz pôde ouvir os gritos do corredor e logo percebeu que a reunião havia começado. Notou o rosto de Ivone muito aflito. Fábio foi em sua defesa: — A culpa foi minha, doutor Emílio. A Ivone deixou vários recados na minha caixa postal, mas eu peguei um trânsito pesado, engarrafamento.

Acalmados os ânimos, Emílio iniciou a reunião, como se nada tivesse acontecido. Renan, de onde estava, odiou aquele desfecho, esperava que Emílio escorraçasse o genro da sala; o jovem ambicioso também desejava que o empresário ressaltasse os defeitos de Fábio e colocasse ele, Renan, como exemplo de comprometimento. Tudo não passava de um desejo doente de Renan, uma doença que piorava gradualmente.

Patrícia, como se fosse uma criança falando do seu brinquedo preferido, desatou a sorrir, antes de responder à pergunta de Letícia.

— Adoro o nome dele, inclusive penso em colocar no meu primeiro filho. Penso em adotar.

— Seu marido vai se sentir orgulhoso — Letícia emendou num pesar, imaginando que Patrícia merecia uma pessoa que a amasse e não a tratasse mal.

— O nome dele é Re...

Lígia, nesse exato momento, apareceu, falando alto, como de costume. Sandra vinha logo na sequência, tentando justificar-se com a médica, tomada por uma voz doce e paciente.

— Doutora Letícia, desculpe-me, mas essa senhora tem urgência em lhe falar. Pedi que aguardasse, adiantasse o assunto...

— Letícia, você deve ter aprendido isso com papai. Esse negócio de criar leão de chácara, onde já se viu? — disparou, apanhando um prontuário que tinha sobre a mesa e começando a se abanar.

— Mas... — Sandra interrompeu.

Letícia adiantou-se.

— Pode deixar — abriu um sorriso. — É minha irmã Lígia, esposa de Fábio.

Tomada de surpresa, Sandra não disfarçou:

— Ah! Então você é a nora da Helena?

— Sou, sim, por quê? — Lígia retrucou num tom áspero, pronta para avançar em Sandra.

Letícia percebeu o clima tenso e tratou logo de dissipar a situação. Fez isso enquanto tirava os papéis das mãos da irmã.

— Sandra, por favor, providencie os papéis de alta da Patrícia, nossa paciente vai nos deixar. Ligue para a amiga dela, ou melhor, veja no prontuário quem é a pessoa responsável, tem o marido dela também.

— Estou de alta? — interrompeu Patrícia, feliz.

— Sim. Terá de voltar para nos visitar. Retirar esses pontos, verificar esse braço.

— Obrigada, doutora, a senhora...

Patrícia fez uma pausa. As duas começaram a rir.

— Você foi muito prestativa. Obrigada — tornou Patrícia ainda sorrindo.

A médica não respondeu, apenas retribuiu a simpatia, pegou no braço de Lígia, que não parava de medir Sandra, e saiu dizendo:

— Vamos para minha sala. O que aconteceu, você por aqui?

— Não gostou, é?

— Adorei, acho que depois que inaugurei a clínica, esta é a segunda vez que você aparece aqui.

As duas caminharam abraçadas pelo corredor até a sala de Letícia.

Emílio começou a comentar o desempenho da empresa no último mês. Apresentou os gráficos, jogou números e mais números positivos conquistados na contabilidade, produtividade, enfim, tudo como sempre fazia ao abrir uma reunião; logo depois, visivelmente sem jeito, sem saber por onde começar, o empresário desatou:

— Como é do conhecimento de todos, o Pedro está prestes a nos deixar. Acabou o seu ciclo. Alegou que uma nova pessoa em seu lugar ampliaria nossos negócios, palavras dele, não tenho nada a ver com isso, apenas estou reproduzindo um trecho do que me escreveu.

Fábio, o único surpreso, foi sincero ao comentar:

— Você vai nos deixar para valer?

— Tenho outras atividades que preciso tocar. Vou aproveitar o tempo que me resta. Não quero esgotar meu tempo preso à empresa.

— Você fala de um jeito como se tivesse passado todos esses anos por obrigação, Pedro. Muito me desaponta esse seu comentário — Emílio desabafou, demonstrando seu sentimento.

— Não! Eu só tenho a agradecer, e muito — tornou Pedro calmamente. — Todos, sem exceção, formam minha família. Devo muito a cada um, mas, assim como a família que tanto nos apoia, chega um momento em que precisamos sair para respirar.

Renan vibrava com a notícia. Achando que estava descontraindo o ambiente, acabou lançando, levemente irônico:

— Já tem data prevista para o encerramento de suas atividades, para sua liberdade?

— O mais breve possível, Renan — rebateu, num tom seco, como se tivesse compreendido a satisfação do rapaz. Depois, virou-se para Emílio, ignorando outra pergunta descabida de Renan, e falou: — Desculpe-me apressá-lo, mas tenho um compromisso.

— Lógico, todos nós temos. Gostaria de avisá-los sobre essa baixa. Detalhe: não será hoje nem amanhã. Eu convenci o Pedro a ficar mais um mês na empresa. Quero alguém de confiança nesse cargo. A próxima reunião será com os acionistas e, com certeza, vamos decidir quem ocupará o seu lugar — virou-se para a secretária e completou: — Ivone, está tudo registrado?

— Sim, senhor.

— Ótimo. Quero que todos recebam a ata desta reunião por e-mail, em uma hora.

Capítulo 14

A sala de Letícia era ampla, clara, bem iluminada, como toda a clínica. Tudo bem decorado e de bom gosto. Letícia serviu-se de um café e deu outro para a irmã, que se mantinha próximo à janela.

— Letícia, você viu como ela é bonita?

— Bonita? Quem?

— A amante do meu marido.

— Amante... Lígia! Não posso acreditar que você alimenta essa história. Não percebe que o Fábio só tem olhos para você?

— Ingrata.

— Como? — questionou surpresa, sem entender nada do que a irmã lhe falava.

— Minha própria irmã, veja isso: apoiando a amante do cunhado. Se não bastasse a Helena, mãe do Fábio. Uma dá casa e a outra dá emprego. Aquela cobra da mãe dele, você sabe quem é.

— Helena?

— É. Você sabe muito bem como ela me detesta, acho que torce para me ver separada do Fábio.

— Não vou dizer que a Helena adora você, mas ir contra a felicidade do filho, acho um pouco demais. Lígia, eu não vou dar créditos para seus fantasmas — Letícia ria das suposições da irmã. — Eu, ingênua, pensando que você tivesse vindo me ver.

— E vim, lógico que vim para visitar você também — abraçou a irmã. — Lê, devo confessar: precisava conhecer a "outra". É, precisava saber qual arma utilizar.

Letícia começou a rir.

Ivone digitava rapidamente a ata da reunião. Renan, ao seu lado, feliz com a notícia, expressava o seu contentamento à secretária.

— Quem diria, Ivone! O Pedro vai mesmo sair da empresa.

— Foi a pauta da reunião — rebateu Ivone, sem tirar os olhos do computador.

— Então o Pedro vai se aposentar — Renan ria, sem disfarçar, festejando. — Vai se jogar num pijama e dominar o controle remoto.

Só ele ria do próprio comentário, Ivone mantinha-se séria, até porque, no instante que levantou os olhos para ver a alegria de Renan, percebeu que Pedro estava atrás do jovem, em silêncio, sério.

— Meu jovem, parece que não entendeu o meu propósito — Pedro, que havia algum tempo ouvia Renan, terminou falando: — Há tanto para ser feito na vida ainda. Estou apenas indo embora da empresa, não deixando de viver, se é essa a sua preocupação. Havia duas opções para deixar a vice-presidência da empresa: morrer ou aposentar-me. São possibilidades muito fortes. Prefiro dizer que vou viver.

— Você pode se casar — ria, continuando com o deboche.

— Renan! — exclamou a secretária, entendendo o propósito de irritar Pedro.

— Eu já tive sua idade, tenho boas recordações dela, torça para atingir a minha — replicou Pedro ao sair.

Pedro entrou em sua sala e deixou seu corpo afundar na cadeira, estava cansado. Consultou o celular onde havia três chamadas não atendidas. Eram de Valter. Apressado, Pedro discou o número do detetive, que atendeu ao primeiro toque.

— Pedro? Bom dia, estava tentando falar com você.

— É, eu sei, vi agora o meu celular. Eu estava numa reunião Como vai?

— Novidades. Atendendo o seu pedido, estou ligando para contar o primeiro passo. Cheguei ao bairro onde Vilma morou com o pai.

— E então, encontrou alguma pista? — Pedro estava ansioso por notícias.

— Apesar dos anos, a história não passou despercebida. Até os mais novos, acredito que por intermédio dos mais velhos, sabem do episódio da jovem grávida no caminhão de mudança, obrigada a partir.

— Sei, e alguém sabe do paradeiro deles depois?

— Sim, sabem que Vilma morreu, e Miguel, pai da moça, partiu para o litoral paulista com a menina.

— Aparecida?

— Patrícia Aparecida! — Valter pôde ouvir Pedro, surpreso, murmurar o nome da moça e prosseguiu: — Recebi a certidão de nascimento dela. Ah! Conheci uma senhora muito simpática, disse ser prima de Miguel, na verdade era casada com o primo dele. Foi ela que me deu um endereço. Estou indo para lá — finalizou Valter.

— Que velho arrogante, Ivone! — declarou Renan à secretária logo que viu Pedro desaparecer no corredor que dava para sua sala.

Ignorando o comentário, ela replicou sem olhar para o rapaz:

— Tem uma encomenda para você na sua sala, o mensageiro deixou quando estava em reunião.

— Você não achou? — insistiu ele, apoiando as mãos sobre a mesa.

— O quê? — indagou ela, os dedos ágeis nos teclados e os olhos fixos no monitor.

— O Pedro, um velho!

— Você pediu, Renan — tornou a mulher arrumando o cabelo com os dedos — Pedro não gostou nada do que ouviu, você extrapolou.

— Não me interessa o que ele achou — falou alto. — Um velho ridículo, é o que ele é.

— Era bom você se preocupar. Não é o lugar dele que você quer? Então tem de conquistá-lo.

— O lugar dele vai ser meu, pode escrever! — o jovem estancou o riso rapidamente para o tom sério, deixando a secretária assustada. — Não preciso bajular esse otário para conseguir o que eu quero, pode ter certeza.

— Só pensei...

Renan olhou bem nos olhos de Ivone e a interrompeu:

— Quanto tempo você tem de empresa?

— Doze anos — respondeu orgulhosa, mergulhada num sorriso.

— Quem é você para saber de estratégia? Uma mera secretária, um pau-mandado. Vai envelhecer nessa cadeira — apontou sorrindo. — Desculpe-me, talvez esse seja o seu sonho. E sonho é sonho.

Fábio debruçou-se em sua mesa e lembrou-se de todos os seus momentos com Lígia. As situações desagradáveis estavam se tornando mais fortes. Naquela altura, já não sabia se amava a esposa. Não era o mesmo amor que um dia os unira, isso era certo. Lamentava que suas decisões influenciariam na felicidade do pequeno Rodrigo; no entanto, não via alternativa.

Como num impulso, levantou-se, colocou o terno, ajustou a gravata diante do espelho e saiu. Passou apressado pela recepção, trocou poucas palavras com Ivone.

— Estou de saída, não volto mais hoje. Sabe se o Pedro está na sala dele?

— Não. Foi até o departamento jurídico.

— Tudo bem, converso com ele depois.

— Ah, estava me esquecendo. Você tem uma reunião marcada para daqui a duas horas no edifício Paris.

— Bem lembrado, Ivone. Sei que é deselegante desmarcar assim, em cima da hora, mas faça-me um favor: ligue e transfira para amanhã, ou qualquer outro dia, hoje é impossível. Não estou com cabeça — forçou um sorriso para a secretária. — Faz esse favor?

— Lógico. Deixe comigo.

— Obrigado, Ivone. Boa tarde para você.

— Boa tarde — Ivone respondeu ao cumprimento e ficou pensando na diferença gritante entre os dois genros de Emílio. Torcia para Fábio ocupar o lugar de Pedro, para o bem da empresa e, sobretudo, para a manutenção do seu emprego.

Renan, como uma criança numa noite de Natal, tratou logo de rasgar o embrulho para saber o que havia chegado aos seus cuidados. O sorriso apareceu naturalmente em seus lábios, não conseguia acreditar na novidade, leu por duas vezes o bilhete anexo ao pacote.

Olá, meu bem! A encomenda está entregue. Suponho, no momento, que "ela" esteja deitada sobre a cama, aos cuidados da família, esperando o marido.

Lá estava o dinheiro. Correu para o telefone e ligou para casa. Tinha certeza de que o assunto era Patrícia.

— Alô. Alô — respondeu Patrícia numa voz fraca.

Renan desligou satisfeito. Na sequência, ligou para Sandra, autora do bilhete.

— Clínica Prieto, bom dia.

— Sandra? — eufórico. — Aqui é o Renan.

— Sabia que ia me ligar, mas não tão rápido. Gostou da surpresa?

— Não entendi, você não me pareceu disposta a me ajudar.

— Tudo tem o seu momento, Renan. Não poderia tirar a sua mulher daqui sem alta. E o meu emprego? Não que morra de amores por este lugar, mas ainda preciso dele para pagar minhas contas, a espelunca onde moro. Entretanto, tudo saiu como planejei: logo depois que a Letícia deu alta, tratei de colocá-la num táxi, no endereço indicado.

— Você foi perfeita. E o dinheiro, por que não ficou com ele?

— Usei parte para pagar as despesas. O resto é troco. O que acha de utilizar essa grana para melhorar sua performance? Cursinho para iniciantes, quem sabe — jogou o cabelo e começou a rir, o que o irritou. — Brincadeira, meu bem. Gostaria de vê-lo novamente.

— Claro, claro que sim — respondeu Renan prontamente, seduzido. Até porque rever Sandra não era problema algum. Uma mulher bem atraente, bonita, inteligente.

— Podemos nos encontrar numa choperia que fica na altura do...

Renan anotou o endereço e passou a tarde ansioso pelo encontro.

— Quem era? — perguntou Cida para Patrícia quando a viu desligar o aparelho sem obter resposta.

— Engano.

— Seu Renan, será? — insistiu a vizinha, já desconfiada das armações dele.

— Não. Engano mesmo, alguém que não ouviu uma voz familiar e desligou, acontece.

— Sei — tornou Cida pouco satisfeita com a resposta. — Mas me diga: como você saiu sozinha da clínica?

— Vim de táxi. A moça da recepção me ajudou, muito simpática. Vou mandar chocolates em agradecimento. Foi tão bacana comigo.

— E como se sente? — quis saber, preocupada com seu estado.

— Zonza. Confesso que não me senti bem dentro do táxi, principalmente quando desci aqui na porta do prédio. Minha sorte foi que você estava na calçada na hora e me ajudou a subir — Patrícia abriu um sorriso e, num movimento moroso, abraçou a vizinha.

— Você não quer mesmo denunciá-lo?

— Você também, Cida? Acha que o Renan seria capaz de me prejudicar?

— Acho. Ele tem o estilo de homem capaz de fazer de você a mulher mais infeliz do mundo. Desculpe-me — abriu um sorriso discreto, amigo e perguntou: — Como você suporta?

Patrícia olhou para a mulher esparramada sobre o sofá, bermuda apertada, miniblusa, barriga à mostra, piercing... enfim tudo o que Renan tanto detestava, e não conseguiu deixar de gostar da vizinha. Tinha muito carinho por ela. Foi por esse motivo que acabou falando.

— A minha vida com o Renan não tem sido fácil. Nada que eu faça é do seu agrado. Eu passo despercebida por ele. Ele me vê como uma empregada. E uma péssima empregada, reclama de tudo. Não se preocupa com nada que me acontece, pelo que sinto. Outro dia eu queimei o braço no ferro e ele me chamou de desatenta.

— Desatenta? — indagou, surpresa com a indiferença do homem.

— Sim, nem sequer teve a intenção de perguntar se estava doendo, se eu precisava de alguma coisa.

— Ainda bem que você não tem filhos — devolveu Cida, de maneira sincera.

Eu bem que queria ter, ele me cobrava. Foram muitas brigas por causa disso. Culpava-me por não ter.

Cida, desesperada, antecipou-se:

— Pelo amor de Deus, você não pensa em...

— Não. Não é possível, Cida.

— Você não pode ter filhos? — interrogou num tom meigo, preocupada em não ofendê-la com sua curiosidade.

— Renan é que não pode — revelou Patrícia. — Quando o médico diagnosticou o problema com ele, as cobranças cessaram. Porém, aumentou seu mau humor, suas grosserias. Tornou-se mais bruto.

— Lamento que você tenha que passar por tudo isso. Mas tudo depende de você.

— De mim? — Patrícia estava surpresa.

— É, de você. Não permita que ele a trate assim, que ele a subestime. Comece a se valorizar, assim todos poderão dar a você o respeito merecido.

Patrícia respondeu como se tivesse um nó na garganta e com as lágrimas se formando nos olhos:

— Como, Cida? Não tenho emprego, dependo dele para tudo.

— Não posso acreditar estar ouvindo isso — Cida pegou Patrícia delicadamente pelos braços e a colocou em frente do espelho. — Olhe para você, menina! Pensamentos velhos demais para esse corpo jovem e bonito. Não está na hora de mudar seus pensamentos e tomar novas atitudes?

Capítulo 15

— Seu Renan...

Renan nem bem tinha estacionado o carro na garagem que ficava no térreo do prédio onde morava, depois de muita dificuldade, pois havia crianças brincando de bolinha de gude no local, quando ouviu a voz fina de Cida chamando-o. Pensou ignorar, mas se lembrou do último encontro e mudou de ideia, muito a contragosto.

Ele desceu do carro esboçando um sorriso, nitidamente falso, que Cida conhecia muito bem. Olhou para aquela figura toda desengonçada vindo em sua direção. Teve, no momento, um misto de medo e nojo, talvez por essa razão não tirou os óculos escuros, tentou vê-la por cima dele, e logo percebeu que eles eram sua proteção.

— Boa tarde, Cida.

— Seu Renan, ou melhor, Renan — Cida desatou a rir, e isso o irritou, mesmo que tentasse disfarçar. — Vim recapitular o nosso acordo.

— Acordo? — surpreendeu-se. Que acordo, Cida?

Cida começou a brincar com o piercing preso no umbigo.

— Esqueceu, bonequinho? Vou lembrá-lo: Laís Prieto sua... — começou a falar alto, despertando a atenção de quem passava pelo local — aman...

Renan saltou em sua direção, com a mão estendida para a boca de Cida. Ela se esquivou e seguiu no mesmo ritmo:

— Não pense que vou fazer resumo do capítulo anterior para você, mocinho, inteirar-se dos fatos. Não sou novela, mas é bom me acompanhar direitinho. Da próxima vez eu falo mais alto e na presença da Patrícia, bonitão.

— Você não seria capaz.

— Não duvide de mim — respondeu irônica, cheia de propriedade.

— Anda, fale de uma vez o que você quer — Renan, nervoso, olhava ao redor, temia que alguém tivesse ouvido, ou percebido, a conversa, assim se aproximou da vizinha e murmurou entre dentes: — Cida, fale mais baixo.

— Por quê? Porque tenho de falar mais baixo, Renanzinho? — debochava.

Ele abriu a carteira e, desesperado, mãos trêmulas, tirou o dinheiro que tinha e colocou na mão da mulher.

— Generoso! Vai dar para que os moleques tomem um leite amanhã cedo. Graças ao tio Renan. Vou contar para os meus meninos, vou pedir a eles para agradecerem você.

O rapaz lembrou-se dos filhos de Cida, todos semelhança e imagem da mãe, e gritou:

— Não! Não tem necessidade. Agora me diga de uma vez o que você quer para esquecer essa história. Qual é a quantia que vai fazê-la colocar uma pedra sobre esse assunto?

— Uma pedra é pequena para as sujeiras que você faz com a Patrícia. Acredito que nem o Pico do Jaraguá, e olha que é imenso, seria capaz de sufocar a podridão que você mantém.

Renan começou a rir de nervoso, amedrontado com as ameaças.

— Cida, pelo amor de...

— Renan — ela o interrompeu de forma firme, direta, muito séria. — Não quero ver Patrícia sofrer.

— Como?! — Renan mostrou-se surpreso.

— Não quero ver minha amiga sofrer, reclamando de você. Vai ter que tratá-la muito bem. Não me interessa como — Cida encostou-se no rosto de Renan, que pôde sentir sua respiração. — Você não vai derrubar mais nenhum sangue ou lágrima que seja dessa mulher, você me entendeu? Agora suba que ela está lá em cima à sua espera.

Cida distanciou-se, andando de costas, sorrindo, depois se virou e seguiu rebolando. Renan permaneceu estático, com os lábios trêmulos de raiva.

Lígia chegou à mansão e foi direto para a cozinha. Lá ela se jogou na cadeira e pediu água para a cozinheira, que naquele instante descascava batatas.

— A menina vai querer gelada ou misturada? — perguntou a senhora, secando as mãos na barra do avental. Ela era dona de um sorriso largo. — A menina me ouviu? — insistiu, depois de perceber que Lígia estava em devaneio.

— Como? Desculpe-me, mas é que estou pensando no que vou fazer.

— Fazer? — perguntou a outra, curiosa. — O que está aprontando, menina?

— É. O que vou fazer para surpreender o Fábio. Pensei em preparar um jantar especial, algo só para a gente, lá no quarto. Bom, eu tenho algum tempo para decidir, até ele chegar.

— Ele já chegou. Tem algum tempo.

— Chegou? Tem certeza?

— Absoluta. O seu Fábio chegou e...

Lígia saiu correndo, nem ficou para ouvir o resto do comentário da cozinheira, que continuou:

— E foi logo pedindo a bolsa de viagem. Menina! E a água, desistiu? — depois, sozinha, murmurou: — Coitadinha, a maluquinha da casa.

Lígia irrompeu no quarto, ofegante:

— Soube que você já tinha chegado, tão cedo, meu amor.

— Que bom que você chegou, Lígia — declarou ele num tom sério.

— Sabe, eu fui visitar umas escolinhas ótimas para o Rodrigo. Você precisa conhecer — ela se deitou na cama sorrindo. — A sua opinião de pai é de grande importância. Não gosto da que ele está, acho muito ruim.

Fábio, em silêncio, caminhou até o outro cômodo, onde ficava o closet, voltou com alguns cabides nas mãos. Foi o bastante para tirar o sorriso de Lígia.

— Você vai viajar?

Ele não respondeu, jogou as roupas sobre a cama, na sequência abriu uma das malas que estava no chão e acomodou as peças apressadamente.

— Negócios, imagino. Acertei? — Lígia voltou a sorrir. — Já pedi para o papai não fazer isso com você. Essa mania que ele tem de mandar você viajar para representá-lo nos lugares. Pensei que eu tinha sido clara com o seu Emílio. Falei para ele que na próxima reunião fora da cidade eu iria acompanhá-lo.

— Eu não vou viajar — Fábio parou de arrumar suas roupas e olhou para o rosto da esposa. — Não estou arrumando minhas coisas para viajar a negócios.

— Tudo bem, você não quer que eu me aborreça com o meu pai, por esse motivo está querendo esconder os fatos. Agora me fale: por quanto tempo?

— Quanto tempo?

— É, meu amor, por quanto tempo?

— Não sei — fez uma pausa. — Lígia, preci...

— Já sei o que fazer — correu até o closet de onde puxou outra mala. — Vou com você. Em dois minutos eu arrumo minhas coisas. Não vou deixá-lo sozinho de jeito nenhum. Para onde você vai?

— Lígia, por favor, não sei ainda.

— Mais um motivo! Como vou deixá-lo ir assim, sabe-se lá para onde. Vou ligar para o papai e lhe dar duas broncas: primeiro por você viajar e, segundo, sem nem saber para onde. Que absurdo! — correu até o telefone e discou o número da empresa de Emílio Prieto.

Fábio caminhou lentamente até a esposa. Pacientemente, pegou o fone das mãos de Lígia e depositou no aparelho.

— Meu amor, preciso falar com o meu pai, isso não se faz.

— Precisamos conversar — ele delicadamente a puxou para se sentar ao seu lado. A moça trocou a expressão agitada pela assustada. Temendo o que ouviria, tentou reagir:

— Já sei! Podemos conversar durante o percurso. Vamos viajar de carro?

Fábio, já não sabendo como lidar com a infantilidade de Lígia, explodiu.

— Estou indo embora de casa, será que você não percebeu?

— Indo embora? Como assim? — interrogava transtornada. — Para onde está indo — olhou em volta — levando todas as suas roupas?

— O nosso casamento acabou, Lígia. Há tempos eu tento, mas, confesso, não tenho como suportar tudo isso.

— Você não me ama...

— Lígia, veja...

— Você tem outra — sua voz tomou um tom grave, as lágrimas não demoraram a aparecer. — É isso, Fábio, você tem outra, basta confessar. Não tenho mais lugar nessa vida a três que você mantém sabe Deus desde quando.

— É isso mesmo! Acho que você falou o que eu não conseguia dizer. Não tem como viver um casamento a três.

— Então você admite?

— Não — pausa. — O terceiro envolvido no nosso casamento é esse fantasma que você colocou entre nós. É uma criação sua.

— Fantasma? Criação minha?

— É. Fantasma, Lígia — replicou irritado. — Ele está em todas as cenas e situações da nossa história. Você o vê onde não existe. São cenas e mais cenas de ciúmes, uma pior que a outra. Já conversamos sobre isso, e muitas vezes você me convenceu de que mudaria, o que não aconteceu, só se agravou. Não vou ficar ao seu lado para assistir à próxima situação que você vai criar. Não vou, chega!

— Mas eu o amo. Você não pode me deixar assim, por uma besteira.

— Lígia — ele fechou o zíper da mala com força. — Acabou. O nosso casamento acabou.

Ela se agarrou nos braços dele, desesperada, não queria deixá-lo sair.

— Você não vai. O seu lugar é aqui, ao meu lado. Ao lado da sua mulher e do seu filho. O que vou dizer para o Rodrigo?

— A verdade.

— Que você me abandonou?

— Não — forçou um sorriso. — Diga a ele que o fantasma venceu. Agora me solte, preciso ir. E não se preocupe, vou conversar com o Rodrigo.

Lígia soltou um grito antes de se jogar no chão e chorar como uma criança. Segundos depois, Fábio conseguiu sair no corredor. A roupa estava toda amassada, faltava um botão na camisa. Uma lágrima rolou em seu rosto.

— Separação! Você quer a separação, Patrícia? — questionou Renan tomado pela surpresa.

Patrícia tomou essa decisão assim que Cida a colocou diante do espelho. Nesse momento, ficou pensando o que tinha feito da sua vida, ou melhor, o que tinha deixado Renan fazer da vida dela. De um momento para outro, ela notou que não passava de uma facilitadora para a vida de Renan. Era um degrau para sua ascensão, um corrimão para assessorá-lo numa escada perigosa. Em claras palavras, era a empregada de Renan, responsável pela cama, mesa e cozinha.

— Isso mesmo — afirmou com as malas ao lado do sofá. Estava pronta para sair, esperava só que ele chegasse para concluir sua decisão.

Essa situação era a mais sonhada por Renan depois que entrou na Prieto & Confecções, principalmente depois que se envolveu com Laís. Sonhava com Patrícia rolando as escadas, sendo atropelada, morrendo. Ele a tinha como uma pedra em seu caminho, que atrapalhava seus planos. Entretanto, agora que Cida, sua vizinha, era conhecedora do seu romance com Laís, já não pensava mais assim. Tinha certeza de que Cida, vendo o sofrimento de Patrícia pela separação, iria cumprir o prometido e colocar a boca no trombone. Por isso ele faria de tudo para que nem sangue nem lágrimas saltassem de Patrícia.

— Minha querida — aproximou-se dela e segurou-lhe os dois braços. Isso fez com que ele sentisse os pontos num dos braços, em razão do seu ato de violência. Lentamente, Renan tirou as mãos e num sorriso forçado completou: — Eu sei que errei, e muito — fechou os olhos, procurando palavras. — Eu não sei se sou digno de suas desculpas, mas eu lhe peço perdão. Você é capaz de me perdoar? Tenho passado por momentos tão agitados na empresa, muita cobrança...

— Renan — tornou ela comovida. — Eu...

— Não diga nada. Eu entenderia que você realmente me perdoou e esqueceu tudo se deixasse de lado essa ideia maluca de ir embora.

— Eu vou, Renan.

— Para onde? A essa hora, sem conhecer direito a cidade?

— Para a casa da minha mãe. Para onde mais?

— Sua mãe? — perguntou assustado.

— Sim, sei que você a proibiu de vir aqui, de me ligar.

— Não! Eu não a impedi de visitá-la, e sei que vocês se falam durante a semana. Eu acompanho as contas — Renan respirou fundo: — Minha querida, esqueça, está bem?

— Ela nunca gostou de você. Agora vejo que tinha razão. Dizem que as mães pressentem o perigo.

— Besteira! — retrucou já se alterando. — Besteira das grandes, a Ana Maria nem sua mãe é. Foi apenas a mulher que a criou.

— É minha mãe, sim — afirmou Patrícia num tom calmo. — Foi a pessoa que me educou, deu-me amor. Ana Maria é minha mãe.

— Ela foi contra o nosso casamento.

— Porque casamos apressados e, na sequência, viemos morar juntos em São Paulo, numa cidade da qual ela não guardava boas recordações.

— Na verdade ela tinha medo de ficar sozinha no litoral. Você me acompanhar significava a solidão para ela.

— Vou ficar com ela. Já a deixei sozinha muito tempo. Parece que estava cega de amor quando resolvi ficar com você — abaixou e pegou as malas. — Estou indo, Renan.

— Já é tão tarde! Você não vai conseguir pegar o último ônibus para...

— Posso passar a noite na casa da Cida e ir amanhã cedo.

— Não! — o grito saiu, assustando até ele mesmo. Não vá, fique comigo. Como vai ser minha vida? Depois, você bem sabe, o casamento tem os seus momentos ruins e juntos vamos superar essa situação, meu amor — estendeu a mão na direção de Patrícia. — Você precisa confiar em mim, dê-me esse voto de confiança. Tenho certeza de que juntos vamos construir outro episódio para nossa história.

Renan ficou preocupado, pois nada alterava a decisão de Patrícia.

— Vamos fazer o seguinte: vá para a praia, vá para a casa de sua mãe. Reflita, não vamos romper assim, na primeira crise, no meu primeiro erro. Fique certa de que vou ligar para você todos os dias em que estiver por lá, cheio de saudade. Louco por sua volta para casa, meu amor, ao meu lado.

Patrícia, sensível, comovida e crente nas palavras de Renan, acabou cedendo e correu para seus braços. Ele se deixou abraçar, aliviado.

— Patrícia, meu amor, ligue para a Cida — sussurrou ao pé do ouvido. — Acho bom você avisá-la que vai passar uns dias na casa de sua mãe, de férias, ouviu? Eu não suportaria ficar muito tempo sem você.

— Avisar a Cida? — Patrícia questionou, estranhando o pedido.

— É sua amiga, não é? Depois, a casa ficará sozinha durante o dia, pelo menos ela pode olhar — e finalizou, ressaltando: — somente por alguns dias.

— Meu querido, farei isso.

Patrícia o apertou no abraço, certa da sinceridade dele. Renan tinha certeza de ver Cida no canto da sala, descalça, brincando com o piercing, rindo. Piscou os olhos e ao abri-los a vizinha já não estava mais lá. O rapaz respirou aliviado.

Capítulo 16

Sílvia, ao lado de Gilda, assistia aos últimos acontecimentos na vida de Patrícia, visivelmente emocionada.

— Sinto-me responsável pela vida que a Patrícia leva. Poderia ter sido tão mais simples. Se tivesse compreendido e incentivado Emílio de forma diferente, acolhendo aquela filha. Inocente...

— Não se culpe!

— Fiquei até feliz quando vi a atitude dela em sair dessa situação, desse casamento desastroso. Quero muito que Pedro a encontre e a apresente a Emílio para que possa amenizar as confusões do passado.

— Tem feito um belo trabalho para que isso aconteça. Está inspirando Pedro a encontrá-la. Na verdade também era uma vontade dele, você só o encorajou. Você tem por ela um amor maternal. Acho muito bonito.

— Sim, da mesma forma que vibro para a felicidade das minhas filhas. Afinal, são irmãs. Por falar nisso, gostaria muito de me reencontrar com Vilma. Acho que temos muito para conversar.

Gilda sorriu e apenas asseverou:

— Tudo tem o seu tempo, minha querida.

No apartamento de Pedro, numa rua próximo da empresa.

— Que bom que você veio tomar um lanche comigo, Letícia! Estava pensando em não convidá-la mais e ir pessoalmente raptar você daquela clínica — tornou Pedro, sempre divertido, depositando o chá na xícara da jovem.

— Estava passando aqui perto e resolvi arriscar — falou Letícia, retribuindo a simpatia do primo. — Você, ainda assim, compreende minha agenda. Outro dia, à uma da manhã, eu de saída porque um paciente não estava bem, o meu pai começou a gritar da janela, desesperado, para saber onde eu estava indo àquela hora. Começou até a me ligar no celular.

— Você dividida entre o paciente e seu pai.

— No dia seguinte foi um interrogatório. Sabe o que me incomoda?

— Suponho que sua falta de privacidade.

— É. Justamente. Penso em morar num apartamento. É provável que o Robert volte para o Brasil. Entretanto, vejo o meu pai cada vez mais dependente. Sinto que ele se sente muito só.

— Medo da solidão, Letícia. Medo. Emílio está envelhecendo agarrado em vocês, completamente temeroso.

— Realmente, cercado pelas filhas, mas dependente, só. As brigas dele com a Laís estão cada dia mais fortes. Temo, porque a Laís não tem limites.

— Você ocupa o lugar de matriarca da família, Letícia. Só que você tem sua vida. Sua missão será a de doação dia e noite, tanto na sua vida pessoal como profissional? Não digo que esteja errada, entenda, mas você cede muito. E suas vontades, onde ficam? Eu estou admirado, e muito, pois nunca a vi reclamando a ausência do Robert. Sei que você o ama, não precisaria dizer isso para me convencer, mas...

— Você tem razão. Outro dia estive pensando nisso. Estou, como você disse, sempre entre o meu pai e a Laís, amortecendo as palavras que lançam um para o outro. Outra hora, estou consolando o frágil casamento de Lígia e Fábio. Mas vou conversar com a Lígia para acompanhar mais o papai.

— Faz bem. A Lígia pode ajudá-la, acho que até a Laís. Estive no centro espírita outro dia e peguei alguns livros, muito bons, viu? Separei para você. Tem um que fala desse momento que você vive: a doação. Insisto: seria essa a sua missão, minha jovem?

Nesse momento o interfone tocou.

— Estranho, não estou esperando ninguém. Aguarde um instante, Letícia — voltou logo depois, sorrindo. — É o Fábio. Ele está subindo.

Fábio apareceu na sala minutos depois, estava nitidamente abatido. Pedro, preocupado, adiantou-se:

— A Ivone me disse que você estava me procurando antes de sair da empresa. Algum problema?

— Saí cedo da empresa, procurei-o porque tomei uma decisão — fez uma pausa, depois virou-se para Letícia: — Pensei em procurá-la também, Letícia, mas resolvi não aborrecê-la com os nossos problemas.

Letícia, apreensiva, levantou-se e caminhou até o cunhado e quis saber:

— O que houve? Você está nos deixando aflitos. O que você está querendo dizer com "nossos problemas"?

— Eu... eu saí de casa. Estou me separando da sua irmã.

Era um bar colorido, bonito e caro, composto por dois ambientes mais o mezanino, repleto de muita gente bonita, música agradável e bebida. Renan chegou esbaforido. Nesse momento foi abordado por uma jovem bonita, perfumada e bem articulada. Abriu a boca e disparou o script:

— Boa noite, senhor, posso ajudá-lo? Mesa para quantos?

— Boa noite — respondeu Renan, observando o ambiente. — Estou procurando minha amiga, estou atrasado, ela já deve ter chegado. Ali está ela! Obrigado.

Sandra estava, como não poderia deixar de ser, esfuziante, num vestido preto, com os cabelos presos no alto da cabeça e alguns fios soltos sobre o pescoço. Ela já tinha chegado havia pelo menos uma hora, não pediu mesa, preferiu esperar Renan sentada numa das cadeiras que cercavam o balcão. Esse local era pouco iluminado. O espelho que havia na frente de Sandra denunciou a chegada de Renan.

— Perdoe-me o atraso — desculpou-se num sorriso.

— Acabei de chegar, querido. O táxi errou o caminho, enfim um horror. São essas coisas que me incomodam, e muito. Não gosto de me atrasar nos meus compromissos, é completamente deselegante.

Sandra havia pedido para Letícia deixá-la sair mais cedo, mentiu que tinha dentista. Correu para casa e se trancou no quarto, depois de roubar um abacate, um pote de mel e um ovo da dispensa de Helena. Já no seu quarto, lançou uma das misturas no cabelo e outra no rosto. Na sequência, tratou de fazer o pé e a mão, tirou as cutículas e esmaltou as unhas. Ficou, enquanto aguardava o efeito dos cremes caseiros, por mais de uma hora, passando o vestido que havia alugado na rua onde trabalhava.

Depois do banho, ela começou a pensar: se saísse daquela forma, Helena, atenta a tudo, logo a denunciaria, contaria de que forma havia ido ao dentista. Foi por esse motivo que Sandra vestiu uma roupa simples e colocou o vestido alugado, os sapatos e o estojo de maquiagem numa sacola. Despediu-se de Helena, reforçando que iria ao dentista. Pegou dois ônibus lotados e, próximo do bar onde havia combinado com Renan, tinha uma estação do metrô, onde utilizou o banheiro e saiu de lá maravilhosa. Aproveitou por ter chegado cedo ao bar e utilizou o banheiro para fazer a maquiagem. Por fim, guardou a bolsa na chapelaria.

— Esses taxistas, nesse horário, são os piores. Pegam trânsito de propósito — relatou Renan, compreensivo.

— E você, veio de táxi também? — Sandra não perdeu a oportunidade de brincar com a cara do rapaz: — Se bem que poderia vir de carro, aqui tem manobrista, no caso de não conseguir estacionar — Renan ia rebater, mas Sandra, charmosa, dirigiu a mão lentamente para os lábios dele. Renan acalmou-se com o perfume de sua mão. — Por que não se senta? Ou prefere ocupar uma mesa?

— Podemos ir para uma mesa, é mais confortável — respondeu Renan. — O meu dia não foi fácil.

— Muito trabalho?

— Também, Sandra. Mas o pior de tudo são as intermináveis reuniões, diversos acordos.

A jovem acompanhou Renan até uma mesa que ficava no mezanino, indicada pelo garçom. Música suave, ótimo para uma conversa a dois.

Renan, por um momento, passou a lembrar o desgaste que foi convencer Patrícia a não ir embora de casa, até que conseguiu convencê-la de visitar a mãe e prometer sua breve volta. Na verdade, estaria feliz por vê-la ir embora definitivamente, se não fosse a Cida com aquela chantagem barata. Foi por tudo isso que, naquela noite, ele correu para deixar Patrícia na rodoviária. Enquanto esperava o ônibus, jogou meia dúzia de palavras para convencê-la do quanto a amava, do quanto sentiria sua falta.

Tudo mentira. Depois de colocá-la no ônibus, e já na direção do bar ao encontro de Sandra, o celular tocou, assim como havia tocado no fim da tarde e início da noite. Era Laís e ele não atendeu. Por fim, Laís enviou uma mensagem para o seu celular, toda apaixonada, sentindo saudade. Ele limitou-se a rir enquanto apagava o texto.

Lígia ainda estava no chão, chorando pela falta de Fábio, quando observou a maçaneta da porta do seu quarto girar, depois viu dois pés pequenos correndo em sua direção. Era Rodrigo.

— Mamãe, mamãe, você caiu?

— Não, meu querido, não — respondeu, tentando esconder o rosto banhado de lágrimas. — Não caí, está tudo bem.

— Está chorando? — perguntou, acarinhando o seu rosto com a mão pequena.

— Não, meu bem. Eu estou bem.

— Está machucada, mamãe?

— Estou, meu bem, isso não posso negar — tornou, abraçando-o.

— Quer que eu chame a tia Laís? Ela está em casa.

— Não, não precisa — acrescentou numa voz suave. — Apenas me abrace, Rodrigo. Abrace-me e prometa que não vai contar nada para ninguém. Será um segredo nosso.

O menino abraçou-a ainda mais forte e esboçou lindo sorriso ao vislumbrar um vulto de mulher no canto do quarto.

O espírito de Sílvia pousou a mão no peito e suspirou:

— A salvação de minha filha!

— Separação, Fábio? — indagou Letícia, ainda desnorteada com a notícia.

— Sinceramente, eu não gostaria que as coisas tomassem esse rumo, Letícia, mas não tive alternativa, não conseguia mais viver daquela forma.

— Que forma? — interrogou Pedro num tom amigável.

— Sufocado. Eu não tenho outra palavra para descrever o meu casamento com Lígia, a não ser sufocado pelos fantasmas que ela insiste em criar e colocar entre nós dois — Fábio começou a sentir as lágrimas descerem pelo rosto. — Angustiado com as diversas situações, cenas de ciúmes, amantes que nunca tive.

Letícia, muito compreensiva, abraçou-o.

— Oh, meu querido, lamento. E muito. Não pense que estou feliz com toda essa situação, não estou. Também não posso deixar de expressar o que penso, o que sinto, pois pode ser cômodo para mim vê-los juntos, mas sei que não são felizes.

— Se não são felizes, não tem por que ficarem juntos — acrescentou Pedro. — Letícia tem toda a razão. Acredito ainda que o tempo pode suavizar tudo. Amanhã você vai acordar e ver tudo com outros olhos.

— Pedro, é definitivo. Não volto — Fábio rebateu categórico. — Letícia, sei que nem precisaria dizer, mas a Lígia vai precisar ainda mais de você agora. Laís, com a ideia fixa de afrontar seu pai, que por sua vez só tem olhos para os negócios, e ainda o Rodrigo, meu Deus, não tive outra saída.

— Eu sei — Letícia olhou para Pedro e consertou: — Nós sabemos, Fábio. Não deixaremos de considerá-lo. Agora acho bom você procurar descansar, o tempo vai ajustar tudo.

— Você tem onde ficar? Se quiser, pode ficar aqui.

— Pedro, muito obrigado. Eu, antes de vir para cá, instalei-me num flat, aqui perto. Depois vou para a casa da minha mãe. Não quis chegar assim por lá, mas tinha necessidade de contar para vocês e sentir essa compreensão, essa paz que vocês transmitem.

— Pode contar sempre conosco, Fábio — finalizou Letícia.

— Conte-me: por que você tinha aquela urgência de tirar a Patrícia da clínica Prieto? — quis saber Sandra, depois de alguns drinques, já mais próximos, quando a mesa parecia não estar mais entre os dois.

Renan, alterado pela bebida, começou:

— Precisava tirá-la daquele lugar e você me ajudou. Você é das minhas — admitiu. — Se não fosse você, sinceramente eu não sei o que teria sido.

— Sem dúvida, Renan — ela pousou a mão sobre a dele, o que o fez sentir-se seguro, forte. — Pode confiar em mim.

Renan acabou confessando:

— Eu sou namorado da Laís Prieto, irmã de Letícia.

Sandra abriu um sorriso que pareceu iluminar o rosto de Renan. Lógico que Sandra já sabia daquele fato, aquela confissão serviu para tirar a prova de que o quebra-cabeça estava bem montado. Sandra não descobriu tudo no interior da clínica, por meio de Letícia, dos outros médicos, enfermeiros etc. Fora na noite anterior, na sua casa que a verdade viera à tona. Teve que lavar muita louça com Helena. A mulher passava quase todo o dia sozinha, conversar à noite não era nenhum problema.

— Não, Sandra — explicou Helena na noite anterior enquanto secava as louças. — A Letícia, a médica para quem você trabalha, é uma santa, uma mulher bacana. A minha nora é um horror, coitado do Fábio. A Laís namora um diretor da empresa Prieto, Renan, parece que é esse o nome dele.

A partir daí Sandra passou a pensar o quanto Renan era importante na empresa Prieto, um diretor. Por esse motivo aceitou o encontro com o jovem.

— Renan — considerou, agora segurando a mão dele com mais força —, pode contar com a minha discrição, meu querido.

— Obrigado.

O rapaz contou quase tudo, embora, alto pela bebida, não teve coragem de contar sobre Cida e sua chantagem. Trazê-la para aquele momento era demais. Renan e Sandra passaram mais algumas horas conversando antes de seguirem para um motel, onde passaram a noite.

Como dizem: "Deus faz, o vento espalha e uma força estranha junta".

Capítulo 17

Emílio, no café da manhã, divertia-se com a alegria do neto. A copeira servia a mesa sortida de pães, frutas e sucos quando Lígia chegou.

— Bom dia, meus amores.

— Bom dia, minha filha — respondeu Emílio, retribuindo seu beijo. — Lígia, onde está o Fábio? Ele sempre é o primeiro a descer para o café, sai apressado para a empresa... Cheguei tarde, também não vi o carro dele na garagem.

— É, eu não vi papai — disse Rodrigo.

— Então, ele saiu cedo, papai. Muito cedo. Parece que tinha algum assunto urgente para resolver antes de ir à empresa — mentiu Lígia, desconcertada.

Letícia, que chegou na hora e ouviu a resposta da irmã, ficou preocupada. Ela bem conhecia Lígia e sabia que não estava se comportando como costumava fazer. Desde a infância, bastava uma boneca aparecer com um braço quebrado, ela corria para Emílio que, para sanar a dor da filha querida, acabava comprando outro brinquedo. Assim, tinha como certo que ela não tardaria a pedir ao pai que intercedesse a seu favor.

— Bom dia — cumprimentou Letícia.

— Minha filha, bom dia. Pensei que tivesse saído.

— Bom dia, minha irmã — Lígia retribuiu, beijando-a. — Só falta a Laís.

Emílio fechou o rosto, nitidamente.

— A Laís já saiu. Tinha um trabalho para apresentar na faculdade — Letícia falou enquanto observava a expressão de Emílio.

— Letícia, vamos ter o prazer da sua companhia no café?

— Sim. Eu preciso conversar com a Lígia. Estava esperando que ela acordasse — voltou-se para a empregada e pediu: — Você pode, por favor, trazer um suco de laranja?

Letícia olhou para a irmã, que notou ser observada, mas disfarçou.

Patrícia não teve uma viagem tranquila. O ônibus quebrou no caminho, pegou parte da estrada interditada por causa de uma árvore que caíra no acostamento. Por fim a viagem de quatro horas transformou-se em dez. Desceu do ônibus exausta. Foi ao banheiro, lavou o rosto e depois, já relaxada, sentindo a brisa do mar, foi até um quiosque, onde se permitiu tomar um suco apreciando o ir e vir do mar. Esperou um pouco antes de ir para a casa de Ana Maria.

Nesse momento, dispersa, fazendo uma retrospectiva de sua vida, do quanto havia sido tolerante com Renan, sentiu a presença de um homem ao seu lado.

— Isso tudo é muito lindo, não?

— Muito — respondeu Patrícia suavemente, depois de disfarçar o susto.

— Está nos meus planos de aposentado morar por aqui. Apreciar o sol nascer e se pôr. Quem sabe no meio dos turistas, aplaudindo. Agradecendo.

Patrícia virou-se para o homem e perguntou:

— Não é daqui?

— Quem dera fosse, minha jovem. Sou de São Paulo, estou aqui a trabalho. Volto ainda hoje para a selva.

Os dois riram.

— Desculpe-me atrapalhar o seu momento de concentração, eu só gostaria de uma informação, se possível.

— Lógico. Em que posso ajudá-lo?

— Estou procurando esta rua aqui — ele mostrou o papel para Patrícia. — Disseram-me que é próximo da rodoviária, que nem precisava pegar um táxi, de tão perto.

— É verdade, olhe — Patrícia virou-se para a rua e indicou —, o senhor está vendo aquela banca de jornal, então, a próxima rua, é só segui-la e virar na primeira à direita.

— Moça, muito obrigado, mesmo. Desculpe-me mais uma vez.

— Não tem de quê, bom dia.

Patrícia ficou observando o homem vestido em traje social seguir pela via dos ciclistas, atravessar a rua. Valter desapareceu na rua indicada, como Patrícia o havia orientado.

Renan passara a noite inteira acordado, na companhia de Sandra, e chegou à empresa atrasado e cansado. Logo que saiu do elevador, foi surpreendido por Ivone, animada, ditando o que seria o dia, despejando os diversos recados.

— Bom dia. Já reservei a sala oito para a reunião das nove e meia. Ah! Você tem...

Renan não se deu o trabalho nem de olhar o rosto da mulher. Passou como um furacão pela recepção, direto para a sua sala. Lá ele se jogou na cadeira e lançou os óculos sobre a mesa, permanecendo com os olhos fechados.

— Bom dia, Renan.

O jovem tomou um susto, por pouco não caiu da cadeira. Olhou ao redor e viu Laís, linda, encostada no parapeito da janela, onde pôde ver o brilho do sol refletido em seu corpo.

— Minha querida, que surpresa! — Renan correu para abraçá-la.

Laís não só retribuiu o abraço como o beijou também.

— Meu amor, por onde esteve? Liguei diversas vezes, enviei mensagens.

— Estou com problemas no celular, preciso reclamar com a operadora. Bem lembrado. Você se recorda dos horários que ligou? Assim posso informar a atendente.

— Onde você esteve ontem à noite, Renan? — quis saber Laís, não convencida.

— Doente, Laís — respondeu depois de uma pausa.

— Doente?! Renan, você estava doente e não me disse nada, não me ligou.

— Febre, acho que começo de gripe, sentia muito frio.

— Meu Deus, eu poderia estar ao seu lado, fazendo-lhe companhia — abriu um sorriso. — Aquecendo seu corpo.

— Meu amor, sei disso, mas não quis preocupá-la com esse assunto.

— Nossa, Renan! Você fala como se não fosse nada.

— E não foi, Laís, a prova é que estou aqui, bem, disposto, retribuindo seus beijos. Vim até trabalhar.

— Se ao menos eu soubesse onde você mora. Se soubesse, com certeza, ontem teria aparecido na sua casa. Pensei nisso ontem, depois de não conseguir falar com você.

— Não se preocupe, Laís. Não há necessidade de você se deslocar da sua casa até a minha.

— Não senhor, não tente me convencer. A gente sempre se vê aqui na empresa ou pelas redondezas, em motéis, mas nesses meses que estamos juntos eu nunca fui ao seu apartamento.

— Já disse que vou levá-la.

— Dessa vez sem desculpas — Laís sentou-se no colo de Renan e continuou: — Outro dia era reforma, quase não acabava, o pintor parecia que tinha mudado para o seu apartamento, não terminava mais o serviço.

— Você está certa, vou levá-la até lá. Adianto que é simples, praticamente só durmo naquele lugar, por esse motivo não achei bacana levá-la.

— Não me interessa, Renan. É o seu lugar, onde você dorme, tem suas coisas, seus CDs, filmes, livros, entende? Preciso sentir isso.

Renan abraçou Laís, os olhos abertos, preocupados.

— Laís, vou levá-la em breve.

— Não, não. Quero ir amanhã — asseverou, num tom firme que deixou Renan desconcertado.

— Tudo bem, amanhã eu a levarei até meu apartamento. Adianto que está uma desordem.

— Não importa. Não vou esperar a sua diarista arrumar para eu conhecer o seu canto — começou a rir.

Renan, passado, forçando um sorriso, pois não tinha vontade nenhuma de sorrir, perguntou:

— O que a senhorita está fazendo aqui a essa hora? Posso saber?

Laís levantou-se do colo de Renan e caminhou até a outra cadeira:

— Como eu teria cabeça para estudar sem antes falar com você? — olhou para o relógio. — Poderíamos tomar um café juntos.

— Acho melhor você correr para a faculdade, não quero ser pivô de uma briga sua com seu pai, caso ele a veja por aqui, nesse horário. Podemos almoçar, o que acha?

— Já entendi. Podemos, sim, meu amor. Então, mais tarde nos vemos — ela o beijou e seguiu para a saída. A porta se fechou, porém instantes depois se abriu. Laís voltou e finalizou: — Ah, Renan! Não se esqueça: amanhã, no seu apartamento.

— Pode deixar, meu amor — respondeu entre dentes, possesso.

Ficou alguns minutos pensativo, parado na janela do prédio, olhando o movimento das pessoas apressadas na rua. Depois foi até o computador e não conseguiu acesso a internet, por isso correu até o telefone e discou para Ivone.

— Ivone? Estou sem acesso à internet.

— Pois não, Renan. Terá que contatar a...

— Mande o boy ir até a banca de jornal — ordenou impaciente, já ciente da morosidade em ser atendido pela informática da empresa. — Quero os jornais do dia.

— Tenho alguns jornais aqui, mas são de ontem.

— Eu disse de hoje, Ivone. Jornais de hoje! Dentro de meia hora eu os quero sobre a minha mesa — exigiu e desligou na cara de Ivone, que ficou horrorizada com o tratamento do jovem.

Letícia havia planejado chegar cedo à clínica; entretanto, a separação de Fábio e Lígia a fez mudar os planos. Esperou que Emílio saísse, que Rodrigo fosse brincar, para pegar Lígia e conversar. Procurou um cenário agradável. Convidou a irmã para passear pelo jardim, na esperança de o colorido da natureza amenizar as dores da alma.

— Como você está? Tudo bem?

— Tudo, por quê? — Lígia parou e, sorrindo, perguntou: — Por que não haveria de estar, Lê?

— Você não tem nada para me contar, minha irmã? Não preciso dizer o quanto eu gosto de você e que pode confiar em mim.

Não precisou mais nenhuma palavra. Lígia, chorando, caiu nos braços de Letícia.

— Lê, ele me deixou.

— Minha querida, se eu pudesse pegar parte de sua dor para aliviar esse sofrimento... ao vê-la dessa forma, parece ser comigo.

— Ontem, quando cheguei, ele estava de malas prontas. Disse que estava me esperando, acredito que ia embora sem me dizer nada. Foi para os braços da outra.

— O que leva você a acreditar nisso, Lígia? Essa obsessão.

— Não é obsessão, Letícia. Meu Deus, ninguém acredita em mim? Ele tem uma amante.

— Outra mulher? Não acredito.

— É aquela que a mãe dele abriga na casa dela, se não é para lá que ele foi agora.

— Lígia, ele não tem amante. Por vezes você o colocou em situações ridículas e sem importância, porque você não soube controlar o ciúme.

— Parece até o Fábio falando.

— Confesso que já estava sabendo da separação. Ele me contou ontem à noite, no apartamento do Pedro.

— Então foi para lá que ele foi?

— Não, só passou por lá. Ele está arrasado, Lígia. Triste. Dá para ver nos olhos dele que não queria que o casamento de vocês chegasse a esse ponto.

— Lê, o Fábio gosta muito de você, do Robert — fez uma pausa e falou o que veio na cabeça no momento: — Meu Deus, será que ele está pensando em mudar, tentar a vida fora do país. Será que vai procurar o Robert? O Robert o convidou, Lê?

— Conversei há pouco com o Robert, pedi para ele ligar para o Fábio.

— Está vendo, é o primeiro passo.

Letícia permanecia paciente, numa voz doce, como tinha por hábito falar.

— Não, minha querida, para sua surpresa, como também foi para mim, o Robert está para voltar. Pedi ao Robert que conversasse com ele para confortá-lo.

— O que vai ser da minha vida?

A médica abraçou a irmã, demonstrando todo o seu carinho.

— Eu percebi que não contou nada ao papai, para não aborrecê-lo, acertei?

— Não. Hoje vou procurar o Fábio. Se ele não voltar para casa, eu conto para o papai. Ele vai ficar sem emprego, pois o papai não vai permitir.

— Lígia, que infantilidade! Você acha mesmo que vai ter o Fábio de volta agindo assim, pressionando? Esqueça, esse não é o caminho. Pensei, hoje eu vou ao centro espírita, será que...

— Esqueça, Letícia. Não vou.

— Você é tão parecida com o papai, incrível. Tudo bem, não vou insistir, só acho que você precisa de ajuda. E lá é o lugar.

— Você disse que não ia insistir, Lê — pausa. — Letícia, seus espíritos podem trazer o Fábio de volta para mim? — um sorriso surgiu, iluminando seu rosto.

A médica começou a rir e, gentilmente, como se tivesse lidando com uma criança completou:

— Minha irmã, procurá-los é compreendê-los. É entender a nossa existência, justificar nossas dores. Acredito que esta vida seja necessária para ajustar acontecimentos passados.

— Em resumo: não traz, não é? — replicou impaciente. — Então está bom, Lê.

— Tudo bem, Lígia. Só vou pedir uma coisa: será que você deixa o Fábio buscar o Rodrigo na escola?

— Ele pediu isso? Não vou permitir que ele veja o Rodrigo. O Fábio não vai ver o filho.

— É um direito dele. Pense que, permitindo, você vai mostrar ao Fábio o quanto está se esforçando para mudar, sendo menos egoísta.

— É, você está certa — aceitou sem jeito. — Mas ele vai ter que trazer o Rodrigo aqui em casa. Assim, eu posso vê-lo.

As duas acabaram rindo.

Capítulo 18

Sandra saiu de casa pisando em ovos, tudo para não ser vista, principalmente por Helena. Seu esforço, porém, foi em vão. A mulher estava no quintal e a viu passar.

— Sandra, a que horas você chegou ontem? Era tarde quando fui dormir e não a vi.

— Bom dia, dona Helena. Eu a vi quando cheguei, estava dormindo no sofá. Não quis acordá-la, sei que fica esperando o André.

— Não, eu esperava você, estava preocupada, pois não costuma chegar tarde.

— Foi a chuva — disparou sorrindo, aliviada, lembrando-se de uma desculpa. — Acho até que vai sair no jornal de hoje. Fechou o tempo lá na zona sul, onde fica o meu dentista.

— Por que tão longe esse dentista?

— De graça.

— Ah! Depois me dá o endereço, eu não preciso, mas a vizinha aqui do lado está precisando.

— Dona Lurdes?

— É, então, coitada, aposentada, esquecida pelas filhas.

— Lá só atende as pessoas que trabalham na área da saúde.

— Puxa, que pena!

— Dona Helena, desculpe-me não ter lhe avisado, mas a senhora sabe, eu não tive como ligar, sem celular, presa no ônibus.

— Meu Deus!

— Pois é, fiquei rezando para a água não subir, parecia filme. Subia tão rápido. Preciso ir, estou atrasada, não posso perder o ônibus. Tchau, bom dia, dona Helena.

Mais tarde, quando servia o café para André, Helena relatou, toda preocupada, o que havia acontecido com Sandra. O rapaz, irônico, como era seu perfil, simplesmente riu e comentou:

— Sei. Chovendo muito na zona sul?

André sabia que era mentira, pois passou a noite em um barzinho com os amigos, na zona sul, bebendo na calçada, e não havia caído uma gota do céu.

— Verdade, Letícia? Não posso acreditar! — foi o que Fábio disse, todo eufórico, ao atender a primeira ligação, que era de Letícia, relatando a ele a conversa que tivera com Lígia.

— Prometo que é a última vez que me intrometo na vida de vocês. Confesso que não me sinto bem ficando entre vocês. Gosto dos dois e não quero tomar partido.

— Não é interferência nenhuma. Estou querendo muito ver o meu filho, só não sabia como fazer. Você bem sabe como é a Lígia e o drama que ela causa por pouco.

— Fique tranquilo. Ela está em silêncio, não comentou com ninguém sobre a separação — fez uma pausa. — Fábio, tem uma condição.

— Qual? — perguntou apreensivo, imaginando ser um pedido fora do seu alcance.

— Ela pediu para você levá-lo para casa.

— Lógico — Fábio riu aliviado, pensando no sofrimento antecipado. — Letícia, muito obrigado.

A manhã passou lenta, pelo menos para Fábio, que a todo instante consultava o relógio na esperança de estar no horário de ver o filho. Nesse ínterim, tentou falar com Emílio, mas Ivone foi categórica:

— Fábio, se você quer conversar com ele hoje sobre algum problema, esqueça. O homem está mais difícil que nos últimos dias. Um mau humor daqueles. Você sabe por quê?

— Não faço ideia, algum negócio da empresa não saiu a contento?

— A saída do Pedro, Fábio. Ele não engoliu isso direito ainda.

— E esses jornais, Ivone? Para onde vai tudo isso? Classificados? — perguntou Fábio ao ver os jornais sobre a mesa da secretária.

— São para o Renan, outro mal-humorado — finalizou a frase baixinho, tanto que Fábio não conseguiu ouvir.

— O que disse, Ivone?

— Nada. Esses jornais são um pedido do Renan. Estou aguardando o boy trazer os outros que não encontrou na banca daqui debaixo e eu pedi para buscar em outra. Sabe como é, se eu chegar e estiver faltando um sequer, já viu, não é?

— É — pausa. — Faça-me um favor, Ivone, agende um horário para mim com doutor Emílio. É importante e eu não vou escolher o dia para isso, prefiro acreditar na disponibilidade da sua agenda.

Fábio saiu meia hora antes do previsto. Estava ansioso para ver o filho. Estacionou o carro na porta da escola, que estava silenciosa, com pouco movimento. Tudo acabou em minutos, após o sinal tocar. Eram crianças saindo, filas paralelas de carros congestionando o tráfego, enfim, uma agitação.

Fábio desceu do automóvel e, atento e ansioso, procurou o filho. Sorriu assim que o viu.

— Papai! — exclamou o garoto uniformizado, com diversos materiais, indo em sua direção. — O que faz aqui? A mamãe disse que você estava viajando.

— Papai não viajou, resolveu passar a tarde com você. A menos que não queira.

— Deixe-me ver a agenda.

— Agenda? — perguntou Fábio rindo.

— É, o vovô me deu uma agenda. Ele me disse que homens importantes têm de ser organizados. Olha só: depois do dever, tenho que brincar com os carrinhos que a tia Laís me deu, depois tenho que assistir a um programa na televisão — fechou a agenda e olhou para o pai. — Mas posso pedir para a minha secretária adiar tudo para ficar com você.

Os dois começaram a rir e se abraçaram. Fábio o levou para almoçar, foram também a um parque. Ao lado do filho passou uma tarde tranquila, amena, diferente das que preenchiam os seus últimos dias. Conseguiu esquecer os problemas ao ver a alegria do filho.

No carro, a caminho de casa, o menino indagou:

— Você e a mamãe se separaram, papai?

— Como?! — surpreso, Fábio não esperava ser questionado assim, de repente.

Rodrigo, sem receio, insistiu:

— Vocês se separaram?

— O que sua mãe conversou com você?

— Disse, durante o café, quando o vovô perguntou, que você estava viajando. Eu estava brincando quando a vi chorando e contando para a tia Letícia que você tinha ido embora.

Fábio parou o carro e, depois de uma pausa, falou, olhando para o garoto:

— Mesmo que isso aconteça, quero deixar registrado uma coisa: sua mãe e eu amamos você. Separados ou não, nosso amor por você não muda. Estamos combinados?

— Estamos.

O menino logo mudou de assunto e começou a contar sobre um jogo que tinha no computador, os novos amigos da escola etc.

Fábio o deixou na porta da mansão. Não quis entrar. Receava ter algum atrito com Lígia.

Lígia passou a manhã toda em frente ao guarda-roupa, tirando peças, experimentando, colocando maquiagem e removendo. No momento em que achou estar pronta, a porta se abriu e ela se deparou com Rodrigo, todo falante.

— Mamãe, o papai foi me buscar na escola, almoçamos, fomos ao parque, olha só o que ele me deu!

— Cadê seu pai, Rodrigo?

— Foi embora. Olha isso.

Lígia correu até a janela e pôde ver o carro de Fábio passar pelo portão. Ainda conseguiu ver a mão dele acenando para o homem que estava na guarita, depois o carro desapareceu.

Ivone entrou na sala de Renan como se estivesse entrando num campo minado, prestes a explodir a qualquer passo.

— Trouxe o que lhe pedi, Ivone? — Renan estava visivelmente perturbado, com um aspecto horrível. — Que demora, hein! Foi fabricar os jornais?

— Não tinha na banca próxima. Estão como você pediu. Parece que só você está com problemas no acesso à internet...

— Tá, tá. Ah! É bom você começar a me chamar de senhor, Ivone — ele começou a rir. — Logo, muito em breve, ocuparei a cadeira da vice-presidência e terei de ser respeitado. Não vou tolerar intimidades.

— Por você, o Pedro já estava fora, não é? — perguntou assustada.

— É a rotatividade natural das empresas. Ele é um velho. Está na hora de visitar cemitérios para reservar o local para o seu repouso.

— Credo!

— É a verdade. Coloque esses jornais na mesa e suma daqui.

A secretária obedeceu. Quando já estava na porta, Renan a chamou novamente.

— Ivone, não estou para ninguém. Desmarque qualquer reunião — em silêncio, percebeu a mulher estática, segurando a porta, e logo disparou: — Anda, mulher, faça o que eu mandei, não fique aí parada, olhando para minha cara. Suma de uma vez.

Ele passou um bom tempo debruçado sobre os jornais, ou melhor, sobre os classificados, tomando cuidado para escolher um apartamento próximo da empresa, pequeno, simples, que atendesse às mentiras contadas para Laís.

Pegou uma caneta de cor vermelha e circulou diversos anúncios. Fez alguns contatos por telefone, conseguiu, finalmente, consultar a internet. Agradeceu em voz alta o avanço da informática, depois de receber e-mails com propostas, fotos e tudo mais para visualizar o apartamento ao seu gosto.

Logo descobriu um apropriado. Renan fechou negócio com o corretor por telefone, registrou-se por e-mail e, meia hora mais tarde, um portador entrou em sua sala.

— Com licença, doutor Renan.

— Pode entrar — falou com o ego nas alturas. E mentalmente repetia para si: "Doutor Renan! Doutor Renan!"

Era isso! Muito em breve as pessoas teriam de chamá-lo dessa maneira.

Renan apanhou o envelope, assinou as cópias do contrato e, como havia combinado com o corretor, apanharia os demais documentos na imobiliária no fim da tarde.

O rapaz ficou alguns minutos rodando a chave nas mãos, namorando as fotos pela tela do computador, logo depois se levantou e saiu. Passou, como de costume, rapidamente pela recepção, sem dar a mínima para a voz de Ivone.

— Perfeito! — foi o que Renan disse ao entrar no apartamento por ele alugado.

O apartamento não era muito grande. Entretanto, estava todo mobiliado, somente os armários, as gavetas e as prateleiras estavam todas vazias. Correu para tirar os lençóis dos móveis. Em seguida, lembrou-se das palavras de Laís:

"É o seu lugar, onde você dorme, tem suas coisas, seus CDs, filmes, livros, entende? Preciso sentir isso".

Ele consultou o relógio e pensou no pouco tempo que tinha para deixar o apartamento com a sua cara e ainda com um jeito convincente para o olhar atento de Laís. Nada poderia sair errado, tinha de convencer a noiva de que aquela era a sua casa.

Decidido, apanhou as chaves do carro e saiu.

Renan entrou na primeira loja de cama, mesa e banho que encontrou. Caminhava feito um louco, apressado, recolhendo tudo o que podia. A vendedora, uma mulher beirando os quarenta anos, apareceu para auxiliá-lo com uma cesta na mão, que em segundos ficou cheia. Ela, com dificuldade, cesta cheia, a ponto de impedir sua visão, corria para acompanhá-lo, tanto que, quando ele parou, ela, esbaforida, sentou-se num banquinho que tinha próximo de uma das araras e perguntou:

— O senhor deseja mais alguma coisa?

— Não — respondeu ele prontamente.

A mulher disparou num texto decorado:

— Pode fazer em cheque, cartão de crédito, tudo em seis vezes, com a primeira parcela para daqui a trinta dias, lembrando que cheques somente após consulta e...

— Em dinheiro.

— O senhor tem cadastro nessa loja?

— Não. E não pretendo fazer.

— O senhor deseja...

— Desejo que seja rápida, sem mais perguntas — retrucou, olhando friamente para a mulher, num tom ríspido. — Estou com pressa, qual é o caixa mais rápido?

— O senhor pode me seguir, por favor — pediu a mulher, entendendo o recado.

Após pagar, Renan não teve paciência de esperar a moça do pacote, que lentamente fazia os embrulhos enquanto falava com o namorado ao telefone.

— Não, meu amor, hoje não vai dar, tenho aula. Do quê? Não lhe disse? Estou fazendo aula de cabeleireira, não vejo a hora de sair desta vidinha de empacotadora. Seis anos nessa vida. Se você estivesse trabalhando, eu saía hoje mesmo daqui. A gente podia até se casar. Ah!

Você sabe meu sonho, quero montar o meu salão aí na vila. Estou cheia de pegar trem lotado.

— Mocinha, mocinha? — chamou Renan, já irritado com a lerdeza da moça. — Você pode acelerar? Estou com pressa.

Vendo que não surtia resultado, Renan recolheu seus pacotes, pegou o papel que tinha num deles, destacou, carimbou e jogou sobre a moça.

— Ei, moço, vou chamar o gerente. Não pode fazer isso.

— Chame, chame mesmo. Assim, poderei fazer uma reclamação da mocinha.

— De mim, moço?

— Isso mesmo, aí você vai ter de começar a cortar cabelos no subúrbio onde mora muito antes do que imagina.

Renan saiu da loja com as sacolas. A mulher que o atendeu estava na porta, feliz e satisfeita com a comissão que ganhara.

— Obrigada, volte sempre!

Ele fez ar de mofa, colocou os óculos escuros, ignorando a mulher.

No interior do carro, percebeu que tudo aquilo, tão novo, despertaria curiosidades em Laís. Parou o carro numa lavanderia e saiu de lá em cinco minutos, depois de dizer para o rapaz que o atendeu:

— Passo no fim do dia. Quero tudo pronto.

— Só fica pronto amanhã, moço — retrucou o rapaz, com uma goma de mascar na boca. Gesto que Renan interpretou como uma vaca comendo capim.

— Pago o dobro, rapaz. Agora cuide disso para mim — finalizou, jogando uma nota sobre o balcão.

— Sim, senhor. Hoje, após as seis horas da tarde.

A próxima parada de Renan foi no apartamento onde morava com Patrícia. Lá, ele apanhou alguns livros, CDs e algumas peças de roupa. Colocou tudo numa sacola. Estava fechando a porta quando Cida aproximou-se, debochada:

— Vai viajar, Renanzinho? Para onde está levando essas roupas?

— Não é da sua conta. Agora sai da minha frente que não estou com tempo. Tenho muito que fazer.

— Nossa! Não é assim que se faz com os vizinhos, principalmente comigo, que sou sua amiga, esqueceu, Renanzinho? Mais que amiga, confidente. Guardo segredos, coisas de amigos.

Renan parou e a fulminou.

— Tudo bem, estou levando para um amigo meu. A casa dele pegou fogo, então vou levar algumas coisas para ele.

— Que bom coração, que menino de ouro! E por que não o trouxe para sua casa. Coitado, imagino como deve ter ficado.

— Está no hospital. Agora se me dá licença, tenho pouco tempo.

— Deixe-me ver isso — Cida começou a mexer na sacola de Renan. — Olha só! Que camisa linda, de grife, você não se importaria se eu a desse para os meus filhos, não é? Linda! Eles vão adorar. Vou pegar essa também.

— São para o meu amigo, Cida — ressaltou, tentando controlar o nervoso que sentia.

— Adoro quando você me chama de Cida. Soa tão verdadeiro! — de repente, num outro tom de voz, emendou: — Renan, também sou sua amiga, esquece sempre disso, não é? Fazer meus filhos felizes é me fazer também. Eles vão adorar essas camisas — depois saiu sorrindo com as camisas nas mãos.

Renan foi embora possesso.

Capítulo 19

A chegada de Patrícia ao litoral, como não poderia ser diferente, surpreendeu Ana Maria, que na ocasião regava suas rosas.

— Meu Deus, não posso acreditar! Patrícia, minha Patrícia! — largou a mangueira e foi em direção da filha. — Como estou feliz em revê-la! Quanto tempo! Por que não me avisou? Poderia ir apanhá-la na rodoviária.

— Para que preocupá-la? São só duas quadras daqui — largou as malas no chão e correu para abraçá-la. — Mãe, quanta saudade! Mesmo nos falando sempre ao telefone.

— Não tem como sentir a pessoa, olhar nos olhos e ver como está a alma. Só com os próprios olhos isso é possível.

As duas riram.

Ana Maria, depois que ficou viúva, mudou-se para aquela casinha simples, mas próximo do mar. Lá, ela vivia bem. Aposentada, acordava cedo para fazer caminhada, passava as manhãs numa creche onde ajudava nas refeições das crianças e, duas vezes por semana, ia a um centro espírita, também perto de sua casa.

Logo após o café servido por Ana Maria, Patrícia convidou a mãe para caminhar pela orla da praia. E assim fizeram, juntas, braços dados, aproveitando cada instante.

— Você é feliz, mãe? — Patrícia perguntou.

— Não tenho do que me queixar, meu bem. Só de acordar todas as manhãs e apreciar toda essa natureza, para mim é um presente.

— Tenho muita admiração por você, mãe. Vive num cenário que eu consideraria infeliz, se estivesse sozinha.

— Não! De forma alguma, não vivo sozinha — Ana Maria era sempre risonha, divertida. — Não vou esconder de você que já tive meus maus momentos. Aqueles em que nos sentimos a mais solitária das criaturas, porém foi uma fase, curta, que passou.

— Quando eu fui embora?

Ana Maria parou, virou-se para Patrícia e interpelou:

— Minha menina, está se sentindo culpada?

— Não! — retrucou sem jeito. — É que fui embora contra sua vontade. Logo depois papai morreu, mas aí eu já estava ainda mais ligada ao Renan e não tive como deixá-lo.

— Você fez o que tinha de ser feito. Não poderia se prender a mim. E, como você bem sabe, eu me casei muito nova. Passei anos tentando ter filhos e eles não vieram. Quando descobri que o problema era do seu pai, eu parei de incomodá-lo com essa história. Foi quando decidimos adotá-la. Você era linda, e continua sendo, justiça seja feita. Seu pai e eu ficamos apaixonados por aquela criança de quatro anos que vimos chorando no portão. No dia seguinte, voltamos com todos os papéis necessários para levá-la com a gente. Foi um dos dias mais felizes da nossa vida.

— Eu adorava ouvir o papai contando essa história para mim.

— Foram momentos muito felizes.

— Até eu trazer o Renan aqui em casa.

— Patrícia, você sabe que eu nunca interferi em sua vida, exceto quando conheci esse rapaz.

— Ele não agradou você, não é?

— Ele não agradou meu coração, Patrícia. Eu via a ambição estampada nos olhos dele. Era arrogante, bonito, devo admitir, mas de um semblante escuro. Você não combina com ele.

— Você e papai sofreram muito com a minha decisão. Às vezes me pergunto se ele não morreu de desgosto pelo que fiz.

— Não, minha flor — prosseguia numa voz doce, apoiada no braço de Patrícia enquanto andavam. — Quando você foi embora com aquele rapaz, ele já estava doente e pediu para não contar nada para você.

— Se eu soubesse, não os teria deixado.

— Foi o que ele disse, não queria prendê-la. Era sua vida, Patrícia. Nem sei por que estou falando tudo isso, já faz tanto tempo.

— Então, depois que fui embora, que o papai morreu, você se sentiu sozinha?

— Revoltei-me com a vida. Achava que Deus havia sido injusto comigo, não me dera filhos, tirou-me o meu marido, você... Minhas tardes, assim como todo o dia, eram tristes. Eu, sentada no banquinho, sozinha, diante de um mar imenso. Um dia, caminhado pela praia, tomei conhecimento do centro espírita que frequento até hoje. Aquilo mudou minha vida, a forma de ver as coisas, meus valores, entende?

— Você se tornou mais forte.

— Mais forte, pode ser, nunca pensei assim, mas me tornei mais útil para outras pessoas. Compreendi Deus e, sobretudo, entendi a minha vida e as transformações pelas quais ela havia passado. Foram transformações necessárias para o meu amadurecimento, para minha evolução, compreende? O espiritismo amenizou as dores da minha vida, deixou-a mais leve, trouxe respostas. Por tudo isso, digo, com segurança, que não me sinto uma mulher solitária, como eu mesma me via naquela época.

Patrícia parou e abraçou Ana Maria. Emocionadas, ambas permaneceram ali, diante do mar, observando o horizonte.

— Vamos mudar de assunto, menina! Sabe bem que não gosto desse saudosismo todo. Não me faz bem. Olha ali — Ana Maria apontou para um parque de diversões, onde várias crianças brincavam. — Você se lembra daquele lugar?

— Meu Deus! Lógico que me lembro. Adorava passear aqui com você e papai. Ele dizia que era ali que tinha me recolhido.

— Realmente. Lá ficava o orfanato onde pegamos você. Foi rápido, quando a notícia correu, já estavam desapropriando o prédio. Muitas pessoas demitidas, e as crianças foram destinadas para outros abrigos. Seu pai e eu viemos até aqui para adotar mais uma criança, mas já estavam todas recolhidas. Foi tudo muito triste. Demoliram na manhã seguinte e, em poucos dias, o prefeito veio inaugurar a praça. Todos os moradores ficaram revoltados e ele não foi reeleito.

— Mais o local é doce. Sempre preenchido por crianças — nesse momento Patrícia viu Valter e acenou para ele.

— Você o conhece? — perguntou Ana Maria, curiosa ao ver o homem um pouco distante retribuindo o aceno.

— Ele me pediu informação hoje pela manhã. Estava na praia quando chegou. Disse ter vindo a trabalho.

— Deve ser corretor de imóveis. Têm vários por aqui. Bom, é hora de voltarmos. Vamos ao supermercado? Vou preparar um prato que há muito tempo não faço, e o preferido de alguém que gosto muito.

— Mãe. O que vai fazer, hein?!

Logo após cumprimentar Patrícia, Valter pegou o celular e ligou para Pedro.

— Olá, Valter! Tudo bem?

— Tirando o calor. E que calor! Liguei para passar o boletim do dia.

— Novidades? — interrogou Pedro, ansioso.

— Fui ao endereço onde o Miguel se instalou quando chegou aqui ao litoral. Ficou pouco tempo. Todos se sensibilizaram com a história dele. Era, a princípio, visto com muita tristeza, pois era um senhor gentil, viúvo, sem a filha, e com uma neta nos braços. Entretanto, ele bebia demais, o que acarretou denúncias contra ele. Acabou entregando a criança a um orfanato. Encontraram-no morto, meses depois, na casa onde morava. Fui até o lugar onde era o orfanato.

— Por que era? Não existe mais?

— Não. Foi desapropriado. O prefeito, na época, alegou falta de verba e instalou no local um parque de diversões.

— Voltamos ao princípio, Valter?

— Mais ou menos. Tenho três endereços dos abrigos para onde as crianças foram deslocadas. Tenho esperança de que algum funcionário, alguém, dê uma pista. Pedro, temos de ter paciência. Vamos encontrá-la.

— Tenho fé — finalizou Pedro sorrindo.

Fábio adiava a ideia de ir de vez para a casa da mãe. Se bem conhecia Helena, faria de tudo para não sair mais do seu lado. Por ser muito família, por se sentir a mais solitária das mulheres, principalmente após a viuvez, Helena pedia a Deus os filhos à sua volta. Pensando nisso, Fábio preferiu chamar o irmão no flat onde estava morando temporariamente.

— Muito bacana! Esse lugar é muito bom — foi o que André disse logo que entrou no apartamento do irmão. — Só não entendi o que houve. Por que você pediu para a gente se encontrar aqui?

— Meu irmão, venha cá, dê-me um abraço — Fábio abraçou o irmão e foi até o frigobar onde apanhou refrigerantes para os dois. — André, separei-me de Lígia.

— Separou-se de verdade, Fábio? — indagou surpreso.

— Você foi testemunha de tudo o que foi o nosso casamento. Muito ciúme, muita briga. Lígia, gradualmente, tornou-se uma mulher difícil de conviver.

— Você não a ama mais, é isso? — André foi direto. — Você conheceu outra mulher?

— Não! — rebateu ele, prontamente. — Esse sentimento foi desaparecendo a cada cena por ela criada. Lamento pelo meu filho. O Rodrigo vai sofrer muito. Por outro lado, penso que talvez não. Passei a tarde com ele, é uma criança astuta. Conto ainda com a presença das minhas cunhadas.

— Ex-cunhadas, meu irmão. Vai custar a se acostumar com essa nova realidade.

— É verdade. Ex-cunhadas.

— E como elas reagiram?

— Letícia foi uma irmã. Muito amistosa, tem me ajudado bastante. É claro o quanto gosta de mim, o quanto me quer bem, assim como o Robert. Ele até me ligou, conversamos muito, disse que estará de volta muito breve.

— E a mamãe, ela será a última a saber?

— Por isso pedi para conversar com você aqui. Primeiro eu gostaria de desabafar. Desculpe-me.

— Não tem por que pedir desculpas, Fábio. Não temos dessas coisas, você sabe, precisando é só chamar, a qualquer hora. Depois, você já fez tanto por mim, sinto que está na hora de retribuir e fazer algo a seu favor.

— Obrigado -- Fábio retribuiu satisfeito, lágrimas nos olhos. Tudo estava nitidamente difícil. — Estou pensando em ir morar com vocês por um tempo. Quero deixar isso claro, é só o tempo de me instalar num apartamento, resolver os papéis do divórcio.

— Não tem volta?

— Numa conversa que tive com o Pedro, ele me disse algo em que fiquei pensando: que o tempo se encarrega das respostas. Elas, as respostas, vêm no tempo certo, na hora certa. Temos de ser pacientes. Por tudo isso, meu irmão, não tenho como precisar essa resposta. Quero agora, com calma, aos poucos, conversar com a mamãe. Quero que entenda que vou ficar somente por um tempo por lá.

— É tudo muito recente. Compreendo. Vou ajudá-lo a fazer dona Helena, a dramática, compreender isso também.

Os dois começaram a rir.

— Agora me conta de você, não quero alugá-lo — falou Fábio, animado. — Como está a faculdade? E as mulheres, namorando?

André começou a rir. Fábio era conhecedor da dona do coração do irmão. Era Laís, sua cunhada. André era apaixonado por ela, desde quando se conheceram, ainda crianças. Entretanto, soubera do romance dela com Renan e por essa razão escondia o sentimento. Na verdade, André transformar todo o amor que tinha no coração em uma amizade sincera por Laís.

Fábio e André ficaram horas ali, sentados, conversando. Fábio pediu uma pizza e algumas bebidas para abastecer o frigobar.

Renan estava ansioso pelo encontro com Laís. Mais que a moça. Ele chegou à portaria do prédio e fez um sinal para o porteiro abrir o portão. O porteiro, não habituado ao novo morador, pediu que ele parasse o carro.

— Bom dia, sou Renan Valência. Morador do...

— Sim, senhor, estou sabendo. Desculpe, é que não reconheci o seu carro.

— Posso ir? Mais alguma coisa?

— Não, senhor — respondeu com simplicidade e um sorriso de boas-vindas. — Queria apenas dizer que seja bem-vindo, a vizinhança é muito boa, costumam até fazer festas.

Renan fez um gesto estranho que Adenilson interpretou como pressa, deu um sorriso distante, um olhar frio, movimentos que fizeram o porteiro perceber, nesse primeiro contato, a arrogância do novo morador. Renan fechou o vidro e deu partida no carro. Enquanto conduzia o carro na garagem, que ficava no subsolo, murmurou:

— Infeliz, eu com pressa e ele com conversa fiada. Inferno! — resmungou.

Subiu e entrou no apartamento esbaforido. Tratou de desfazer os embrulhos, sacolas, enfim tudo o que havia providenciado para tornar o ambiente familiar e convincente para Laís.

Colocou as camisas novas no armário e, nesse momento, lembrou-se das camisas que nem havia usado e Cida as pegou da sacola. O ódio era tanto que amassou outra camisa nova nas mãos, sem perceber, quando sentiu uma picada. Acabou soltando um grito, era um alfinete. Tirou todos os alfinetes, etiquetas e, mesmo amassadas, guardou as peças e fechou o guarda-roupa.

No centro da sala, ventilador de teto ligado, Renan pensou estar tudo pronto, mas não. As prateleiras estavam vazias, pegou uma sacola, tirou os livros usados que comprara num sebo. Misturou os que havia pegado em sua casa e os colocou nas prateleiras, todos bem alinhados, ao lado colocou os CDs. Pronto!

Ele consultou o relógio e viu que estava atrasado. Apanhou as chaves e saiu apressado. Passou pela portaria cantando pneus, de vidro fechado. Pôde, de relance, ver os olhos do porteiro procurando o rosto do motorista, mas o vidro escuro não permitiu, assim como também não permitiu que visse o mau humor estampado no rosto do rapaz.

Renan estacionou o carro no meio-fio, aproveitando o sinal fechado e fez sinal para Laís. A moça, toda elegante, perfumada, entrou no carro de Renan, dando um colorido àquele universo.

— Quase liguei para você, Renan — disse Laís, após beijá-lo. — Pensei em adiar o nosso encontro.

— Como?! — perguntou possesso por tudo o que havia passado nas últimas horas.

— Pois é, mas a Letícia falou para eu não me preocupar e cumprir meus compromissos.

— O que aconteceu? — quis saber, tentando controlar seu nervosismo. — Diga de uma vez, algo com o seu pai? Pergunto porque não fui trabalhar na parte da manhã.

— Não, meu bem — o riso deu lugar a um ar triste, preocupado. — O Fábio, ele saiu de casa. Ele e Lígia estão se separando.

Renan ficou tão radiante com a notícia que passou com o carro pelo sinal vermelho, por pouco não batendo em outro veículo. Disfarçou, naturalmente, fez cara de preocupado e solidário.

— E o pequeno Rodrigo, como está? — interrogou cinicamente.

— Está reagindo bem. Pensei que poderíamos pegá-lo para passear, dar uma volta, sei lá, poderíamos levá-lo ao cinema, passear num parque.

— Claro — concordou sem interesse. — Laís, chegamos.

Laís apreciou a fachada do prédio com um sorriso e, ainda sorrindo, cumprimentou o porteiro que, da portaria, acenou para Renan, que nem olhou.

— Renan, o rapaz o cumprimentou.

— Querida, depois falo com ele, nem vi. Estava pensando na separação da sua irmã.

— É, eu estive pensando no que fazer para reaproximá-los.

Renan apenas acariciou sua perna enquanto pensava: "Em que poderei ajudar para manter essa separação? Isso é ideal para conquistar o posto do Pedro. Emílio não confiaria o cargo de vice-presidente a um ex-genro. Se bem conheço o velho, iria, muito em breve, colocá-lo para fora da empresa".

— Seja bem-vinda, querida — Renan abriu a porta e deu passagem para Laís entrar. — Não repare, moro sozinho, não é grande o lugar, como onde você vive. Digo sempre aos amigos que aqui vêm que se trata de uma moradia modesta, mas acolhedora.

— Adorei! — percorreu todos os cômodos, como uma criança num parque de diversões. Na sala, apreciou a vista para a avenida e foi, instantes depois, para as prateleiras. — Quais livros você tem?

Lá da cozinha, onde foi preparar alguns lanches, ele ouviu de Laís:

— Renan, diga-me: quem é Patrícia?

Capítulo 20

— Onde ele está, Helena? — gritou Lígia.

— Ele quem, criatura? — replicou a outra inocentemente.

Lígia acordou decidida e com um único objetivo: trazer o marido de volta para casa. Nem tomou o café com a família, como tinha por hábito. Aliás, o único hábito que não deixou de cumprir foi o de pegar o carro de Letícia sem autorização. Depois de meia hora com as portas do guarda-roupa abertas, ela decidiu colocar uma roupa clara, uma maquiagem leve, e deixar os cabelos soltos. Olhou-se no espelho, estava pronta para recuperar o que era seu.

— Não se faça de boba. Ele está aqui e eu vim buscá-lo — começou a percorrer os cômodos da casa da sogra, subiu as escadas, abriu as portas dos quartos. Um deles estava trancado. Ela começou a bater. — Vamos, Fábio, abra esta porta, precisamos conversar.

— A moça podia me explicar o que está havendo? Eu não estou entendendo nada. Essa invasão na minha casa. Você está com mandado de busca?

— Sem piadas, Helena.

— Aconteceu alguma coisa com o meu filho?

— Aconteceu. Algum santo resolveu atender os seus pedidos, os inúmeros e insistentes pedidos, para ter o Fábio de volta. Deve estar contente. Também imagino que deve ter feito tantas promessas que vai passar o resto da vida pagando.

— Continuo sem entender — fez uma pausa e, alegre, disparou: — O Fábio deixou você, Lígia?

— Ele saiu de casa — respondeu Lígia com pesar na voz.

— Não posso acreditar! Vou ter o meu filho de volta.

— Eu vim buscá-lo. O lugar dele é ao meu lado — começou a bater na porta novamente, dessa vez mais insistente.

— Pare de bater, sua louca! Esse quarto é o da Sandra. Você está perturbando a moça.

— Mais um motivo para abrir a porta. Agora eu entendi, Helena. Como fui burra. Você armou tudo direitinho, manteve a amante do Fábio aqui, até ele tomar coragem de largar a mulher e o filho. Você não tem vergonha de patrocinar uma desunião, Helena?

— Sua louca! — Helena partiu para cima de Lígia e mais uma vez André, depois de acordar com o barulho, correu para separá-las. — Não fala nem bom dia e já entra na casa dos outros dizendo desaforos.

— É verdade.

— Loucuras que você cria e em que acredita.

— Acalmem-se, vocês duas, por favor — André pediu. Entre as duas, acabou machucado nas costas, por estar sem camisa.

Sandra abriu uma brecha da porta e perguntou numa voz suave e falsamente desentendida:

— Algum problema, dona Helena?

— Todos — tornou Lígia, escancarando a porta do quarto de Sandra e vasculhando cada espaço. Abriu a porta do guarda-roupa, olhou atrás, não dispensou de verificar o banheiro e, por fim, examinou embaixo da cama, certa de que o encontraria. Depois concluiu:

— Deve ter fugido pela janela.

— André, tire essa mulher da minha frente, da minha casa, ou eu não me responsabilizo pelo que pode ocorrer.

André, com a prática das últimas visitas, saiu arrastando a cunhada. Ele a colocou no carro e a fez dar partida, sem dar crédito aos seus comentários. Ficou parado na calçada para certificar-se de que Lígia estava distante. Foi quando percebeu que estava só de short e sem camisa, sendo alvo dos vizinhos. Entrou correndo em casa, lá ligou para o irmão.

— Vem para cá, Fábio.

— O que houve, André?

— Aconteceu o que a gente imaginou. A Lígia esteve aqui em casa — disse rindo.

— Não acredito.

— Veio buscá-lo, bonitão. Eu estava planejando conversar com a mamãe no café da manhã, tranquilamente para prepará-la, mas a Lígia foi mais rápida que o meu despertador. A sensação que tive foi que acordei sufocado pela fumaça de um incêndio.

— E a mamãe, como está?

André olhou à sua volta e pôde ver Sandra amparando Helena e oferecendo um copo d'água com açúcar. Helena se queixava:

— O que aquela louca fez com o meu menino? Deve tê-lo matado e agora está aqui para despistar e infernizar. Eu não vou suportar.

André, então, completou, rindo:

— Está bem, encenando, mas bem. Nada como ter uma mãe atriz. Agora eu, se fosse você, correria para cá, antes que a dona Helena vá até a mansão, ou até a empresa fazer um show à parte.

— Patrícia?! — perguntou Renan corado. Veio da cozinha como uma flecha, apavorado. Por que pergunta?

Laís permaneceu sentada no sofá, folheando um livro, desatenta à aflição de Renan.

— Ah! Esse livro... é... Patrícia era uma amiga de faculdade. Ela me deu de presente, faz muitos anos.

Laís leu em voz alta: "Ao Renan, meu grande companheiro, beijos carinhosos, Patrícia. Observação: sem data para não virar passado".

— Uma amiga da faculdade — tornou ele, tomando o livro das mãos de Laís, sem que ela se desse conta. — Éramos amigos no curso de Direito. Um livro jurídico muito bom, não quis me desfazer dele.

— Por que se desfazer? Foi tão gentil! E por onde ela anda, Renan? Desistiu do curso?

— Virou do lar — rebateu prontamente, justificando: — Soube por outro amigo em comum, éramos do mesmo grupo. Parece que não quis saber de exercer o ofício, casou-se com um cara bem de vida.

— Teve filhos? É, com filhos a pessoa acaba dedicando-se a outras coisas.

— Isso eu já não sei — aproximou-se dos lábios de Laís. — Agora chega de passado, estou com fome e ele, o passado, não me alimenta. Vem cá, vou obrigá-la a saborear um prato que eu mesmo preparei, espero que goste.

Renan levou Laís para a cozinha e de lá pôde ver o livro sobre o sofá. Não iria se esquecer de jogá-lo fora. Com certeza, não era um amuleto de sorte para a casa nova.

Passaram o resto do dia juntos. Renan ligou para a empresa e avisou Ivone que resolveria assuntos particulares. No fim da tarde, Laís saiu do banho apressada, vestiu-se rapidamente, o corpo ainda molhado, cabelos soltos e óculos escuros.

— Laís, você bem que poderia ficar mais um pouco comigo.

— Não posso, quero chegar em casa e ficar um pouco com o Rodrigo.

— Que situação, meu Deus! — exclamou Renan, de repente, num tom sério.

— O que foi, meu amor? — perguntou Laís, preocupada, acariciando seu rosto.

— Olha só, eu, trocado por um sujeito mais novo — brincou Renan, rindo.

— Seu bobo, você ocupa um espaço que é só seu no meu coração. Depois, meu sobrinho está precisando do carinho das tias. Vou de táxi.

— Espere um pouco. Vou levá-la, é só eu...

— Não, não precisa. Fique aí, tranquilo. Posso pegar um táxi, depois você acaba me levando para casa, eu resolvo esticar até um barzinho, lá ficamos, e, agora que sei onde mora, viro a noite aqui. Não! Pode ficar onde está, você é uma ameaça para os meus compromissos. Por você sou capaz de desmarcar todos, sem resistência.

Renan a levou até o elevador, foi só até onde Laís permitiu que ele a acompanhasse. Ainda assim, foi responsável por ela ter perdido três elevadores que pararam. Motivo: além dos beijos, aquela frase melosa: "Fica mais um pouquinho".

— Ei, o táxi que você pediu já deve ter ido embora. Tchau!

Na portaria, o porteiro se encantou com a beleza e simpatia de Laís. O rapaz chamou o táxi, visto que o primeiro solicitado acabou partindo com outro passageiro, também morador do prédio.

— A senhora também é moradora nova do prédio?

— Não. Meu nome é Laís, sou namorada, ou melhor, noiva, do morador. Do Renan, o senhor sabe... já mora há tanto tempo aqui...

— O seu Renan? Não, ele é morador novo.

— Não, ele mora há muitos anos neste prédio — insistiu Laís.

— Trabalho há cinco anos aqui, dona Laís. Digo com segurança para a moça. O seu Renan mora aqui há dois dias. Olha lá, o seu táxi chegou.

— Obrigada — Laís entrou no táxi desconcertada com a revelação.

— Estive pensando, mãe... — disse Patrícia, durante o almoço, sentindo a brisa do mar no rosto.

— O quê, minha querida?

— Podíamos decorar aquele quarto da bagunça para mim. Poderíamos, com móveis novos, torná-lo...

— Não entendi, Patrícia — questionou Ana Maria surpresa.

— É, mãe, eu estava pensando em arrumar o quarto para mim.

— Arrumar o quarto para você? Patrícia, eu não quis perguntar, até porque não tenho nada a ver com sua vida, só que agora, com essa proposta, eu me sinto no direito de saber — fez uma pausa, procurando a melhor forma de tocar no assunto. — Está separada daquele rapaz?

— Não — respondeu sem jeito. — Ainda não, mas estou pensando a respeito. Na verdade, eu propus a separação ao Renan. Foi bom...

— Foi bom enquanto durou.

— É isso, mamãe. Acho que acabou. Estou confusa ainda, mas decidida a romper esse casamento. Se eu a tivesse escutado. Papai e você foram sempre tão claros e, eu, apaixonada, hipnotizada, não via outra coisa na minha frente, senão Renan. Mas acho que ainda é tempo de mudar tudo isso.

— Sempre é tempo, minha querida — frisou Ana Maria entre risos.

— Eu estava vindo para ficar, não apenas por pouco tempo — revelou Patrícia confiante. — Só que ele me convenceu a passar alguns dias, pensar a respeito, começou a me tratar de forma diferente, mais amável...

— Por quê? Ele não a estava tratando bem, Patrícia?

— Desgaste, mamãe. O tempo modifica tudo, você sabe — Patrícia respirou fundo, não teve coragem de contar detalhadamente sobre o tratamento que vinha tendo de Renan. De que adiantaria relatar o descaso, as brigas, as agressões dele? Preferiu silenciar. — Cheguei a um ponto que resolvi mudar.

— Nossa vida é uma estrada, uma estrada grande para uns e pequena para outros. Nela temos várias ruas paralelas, prontas para serem seguidas, só depende de nós escolhermos a certa, o caminho a ser tomado, que nos conduza a tão almejada felicidade.

— Por tudo isso, pensei em retornar e ficar com você — havia lágrimas no olhos de Patrícia.

— Meu anjo — considerou Ana Maria amavelmente, pousando suas mãos sobre as de Patrícia —, é isso que você busca para sua vida? Já que está nesse momento de novas experiências de que necessita para desenvolver seus potenciais, quero lembrá-la uma jovem bonita, sonhadora que entrou em casa toda feliz porque havia passado no vestibular. Dizia que seria juíza, seu pai e eu embarcamos na festa. Éramos felizes. Agora pergunto: onde anda essa jovem? O que você deixou aquele jovem fazer com a sua vida, minha querida? Ele ofuscou todo o seu brilho, seus sonhos. Você se anulou para ele se tornar o homem bem-sucedido que é hoje. E você?

— Quero me retratar com o passado, com você, com papai, com os meus sonhos. Quero resgatar essa jovem de que você falou e eu nem me lembrava mais.

— A vida caminha para a frente, Patrícia. Não que eu não a queira comigo. Você deve estar se culpando por tudo o que não deu certo, mas foi sua escolha. Certa? Errada? Foi sua escolha e, acredite, você escolheu o que era melhor para você naquela ocasião.

— Fui egoísta. Pensei somente em mim.

— Não podemos trilhar nossa vida em razão de outras pessoas. Você tem de reagir. Para que voltar a morar aqui? Sufocar seus sonhos, esconder-se? Porque é o que está querendo fazer: esconder-se nas ondas.

Patrícia começou a rir. Ana Maria continuou:

— Fique em São Paulo. Lá está a possibilidade de realizar todos os seus sonhos, projetos. Ainda há tempo. O seu grande amor está lá também.

— Mas, mãe...

— Sim, meu bem, está lá. Para que dificultar tudo? Vai esperar que ele venha aqui para achá-la. Não! — fez uma pausa e depois prosseguiu sorrindo: — A vida é assim, para algumas coisas não devemos retornar. Se você perceber que o seu casamento com aquele rapaz não vai mais para a frente e não tem como dar certo, entenda como um atalho que não deu certo, uma estradinha esburacada e sem saída, procure a estrada principal e siga seu coração, ou melhor, as placas certas.

Capítulo 21

Renan, logo após a saída de Laís, correu para as prateleiras. Folheou livro por livro dos que trouxera do apartamento em que vivia com Patrícia. Encontrou fotos de Patrícia e ele abraçados, sorrindo, felizes. Havia bilhetes também. Todas as fotos e todos os bilhetes foram rasgados e jogados no lixo. Sentiu-se aliviado e agradecido por Laís não ter visto nada.

Aquele apartamento não serviria somente para mostrar a Laís onde morava, serviria também para se encontrar com Sandra. Foi o que fez, ligou para ela e marcou de encontrá-la mais à noite. Antes disso, resolveu ir ao apartamento e ligar para Patrícia.

— Estou com muita saudade de você. Volte logo, meu amor. Tenho sentido sua falta — com essas palavras e um texto pronto, Renan deixou o recado na caixa de mensagens de Patrícia. Nas duas últimas ligações tinha feito isso, pois não conseguira falar com ela.

Renan estava pronto para sair, quando Cida bateu à sua porta.

— O que foi? — perguntou, já irritado.

— O meu gás acabou. Você poderia emprestar o seu?

Ele respirou fundo, lembrou-se de que não podia dizer um não. Respondeu por fim:

— Claro — abriu o caminho para ela. — Está na cozinha, pode pegar.

— Ah, Renan, meu amigo, estou com uma dor no braço, não posso fazer força, você se importaria de levar para mim?

"Lógico que sim!", pensou ironicamente. Tinha acabado de sair do banho. Estava todo arrumado para sair, isso significaria se sujar todo. Importava-se, e muito. Mais uma vez, sem responder à altura do que pensava, Renan apanhou o botijão de gás e seguiu os passos vagarosos de Cida que, pacientemente, resolveu acenar para as vizinhas. Esse gesto fez Renan jogar o botijão ao chão. Antes, porém, pensou em jogá-lo na direção dela.

Cida abriu a porta do seu apartamento e, numa voz dengosa, completamente desproporcional àquele corpo desengonçado, prosseguiu:

— Os meninos não estão em casa — abriu um sorriso. — Você se importaria em colocar o gás ali e ligá-lo? É muito apertado, sempre peço para alguém fazer isso.

— Você pode pedir para outra pessoa, porque...

— A Laís pode esperar, Renanzinho.

Ele sentiu a força da frase, o que ela queria dizer. A chantagem.

— Tudo bem. Onde fica?

— Ali — apontou, fazendo beicinho.

Renan entrou no apartamento todo bagunçado, deu alguns passos até a cozinha e parou completamente perplexo com o que viu. A camisa nova estava na porta da cozinha, servindo de pano de chão.

— O que você fez, Cida?

— Ah, aquela camisa que você deu para os meninos, eles não gostaram. Acharam feia — falou num tom de deboche. — A cor dela, eu acho. O modelo também não é dos melhores.

— Feia?!

— É.

— Você sabe quanto custa uma camisa dessas? Vale mais que o sofá onde você se senta — vociferou irritado.

— Realmente, você tem razão, estou precisando de um sofá novo. Você é tão caridoso com os amigos incendiados, poderia dar um de presente para sua vizinha e amiga aqui, não é?

Renan respirou fundo e tentou se controlar.

— Onde fica o botijão? — perguntou baixinho, vermelho a ponto de explodir.

— Aqui, querido — Cida encostou-se na pia e encheu um copo de óleo. — Estou fazendo torta de liquidificador, quer esperar?

— Não — retrucou num tom ríspido.

Enquanto Renan trocava o botijão, Cida saiu derramando o óleo no piso da cozinha. Depois observou:

— Olha que desastrada que sou! Derramei óleo no piso.

Renan, que acabava de trocar o gás, olhou tudo aquilo assustado, o chão estava todo lambuzado. Cida apanhou um balde, encheu de água e dentro mergulhou a camisa que servia de pano de chão. Caminhou com o balde até Renan e acrescentou:

— Lindinho, você poderia passar o pano para mim? É que a dor no braço está me incomodando muito. Não consigo...

— Você está louca! Nem pensar numa coisa dessas.

— Você tem razão. Os empregados da Laís poderiam fazer isso divinamente.

Furioso, Renan saltou em direção de Cida. Os dois caíram no chão. Ela conseguiu deslizar para longe e gritou, massageando o pescoço.

— Acho melhor você começar o serviço, Renanzinho. Depois que secar não tem nada que tire o óleo.

— Não vou fazer isso. Vou acabar com você — partiu de novo na direção dela e acabou escorregando,

Cida apanhou um rodo quebrado e aproximou-se com o balde nas mãos, colocou-os ao lado do rapaz e declarou:

— Renanzinho, comece logo, vai. Ah, tem um aviso: se você encostar o dedo em mim de novo, vou até a Delegacia da Mulher e acabo com você. Faço por mim e pela Patrícia, minha amiga. Depois falo com a Laís, ou falo primeiro com ela e depois vou à delegacia, essa segunda opção é melhor, pois agrava sua situação — começou a rir. — Sou solidária às mulheres, não vou permitir que você as faça sofrer. Parece ser esse o seu divertimento, não é? Comece logo, vai.

Renan, entre tombos e derrapagens, levou quase uma hora para limpar o chão. Saiu muito irritado da casa de Cida, com dores nas costas, em razão do rodo quebrado e do pano da camisa, ambos não eram apropriados para aquela tarefa. Ele não conseguia nem olhar na cara dela.

— Obrigada, querido — fechou a porta e a abriu logo depois. — Ah! Não se esqueça do meu sofá, meu bem. Quero vermelho para combinar com as cortinas. Olhe bem — abriu a porta, Renan tomou um susto ao ver as garras dos lençóis vermelhos amarrados na janela. — Nesse tom, Renanzinho, vê se não se esquece.

A porta foi fechada novamente.

Helena estava debruçada na janela quando viu o carro de Fábio chegar. Ela desceu correndo ao encontro do filho.

— Como é que você está? Onde dormiu, por que não veio para casa? Nem ao menos ligou. Nossa, como está abatido, não tem comido bem? Você não dormiu no carro, não é? — Helena dizia enquanto examinava o filho. Tinha esse costume com os filhos, desde crianças, quando iam para escola, e na época da adolescência também, quando passavam o fim de semana fora. Era sempre a mesma cena, mal chegavam em casa e ela só faltava deixá-los nus para ver se estavam bem.

— Mãe, mãe, ouça-me. Está tudo bem, calma.

— Não. Como você pôde ficar sem dar notícias para sua mãe, Fábio? Sem ligar.

— A gente se falou ontem, mãe.

— E você não disse nada para mim.

— Que drama, mãe. Parece que estou chegando de uma guerra.

— E não é? Aquela casa é um quartel, e aquela mulher é um general. Controladora.

André saiu no quintal, comia uma maçã e não perdeu a oportunidade de cumprimentar o irmão e lançar uma piadinha:

— Tem certeza de que quer voltar para casa, mano? — perguntou rindo. — Você está só mudando de quartel.

— Isso é coisa que se fale, menino? — repreendeu Helena, que depois acabou rindo.

— Mãe, ouça-me — Fábio começou a explicar, num tom sério. — É só por uns tempos. Não pretendo ficar morando aqui.

— Tem tanto espaço. O seu quarto ainda está do jeito que você deixou. Hoje, depois que aquela maluca apareceu aqui, eu troquei toda a roupa de cama, limpei. Está tudo em ordem, só você vendo!

Fábio percebeu que não era o momento. Abraçou a mãe e o irmão, e entrou na casa.

— E suas malas, meu filho? Onde estão?

— No porta-malas, mãe. Depois o André me ajuda a pegar.

Renan estacionou o carro na entrada da estação do metrô, havia combinado com Sandra, que entrou radiante no veículo. A moça estava, como não poderia ser diferente, maravilhosa.

— Desculpe-me pelo atraso, mas tive um contratempo — deu partida no veículo.

— Problemas na empresa? — perguntou Sandra, procurando ser prestativa. — Liguei para o seu celular, mas estava na caixa postal. Imaginei que fosse reunião.

— Não. Antes fosse — inclinou-se até o rosto de Sandra e a beijou. — Não vamos falar sobre isso. Quero que conheça o apartamento que aluguei.

— Ela gostou?

— Caiu feito um patinho — desatou a rir. — Eu falei que morava havia muito tempo lá. Precisava passar essa credibilidade. Depois, o que eu inventaria para ela? Onde estava antes de morar nesse apartamento? Estamos chegando.

Renan, como de costume, entrou sem olhar para o porteiro, que, sempre prestativo aos moradores, fazia questão de acenar para todos.

— Espero que goste — disse ele, abrindo a porta para Sandra.

Sandra vasculhou cada canto do apartamento. Adorou tudo. De repente, parou e comentou:

— Você já soube da última?

— O quê? — indagou curioso.

— O Fábio e a Lígia estão separados. Ele está de mudança para a casa da mãe. Dona Helena, quando saí, estava na expectativa de vê-lo chegar.

— E eu, ansioso para que ele saísse da mansão da família Prieto. Eu estava sabendo, sim. A Laís me contou. Ainda me perguntou o que poderíamos fazer para que ele voltasse — começou a rir, mas sentiu uma forte dor nas costas, tão forte que não conseguiu disfarçar e soltou um grito.

— O que foi, Renan? — interrogou alarmada.

— Culpa da Cida.

— Cida? Quem é essa?

— É uma longa história. Vou lhe contar — fez uma pausa, procurou uma posição adequada e continuou: — Ela é minha vizinha e está fazendo chantagem comigo. Sabe do meu envolvimento com a Laís, e esse nome passou a ser a senha para ela me extorquir.

Exausto com tudo, satisfeito por poder desabafar, acabou contando todos os detalhes para Sandra. Confiando plenamente na moça, que depois de ouvir tudo, num tom diferente e não conhecido por Renan, desabou:

— Das duas, uma: ou você acaba com ela, ou ela acaba com você.

Emílio saiu da sala e Ivone levantou-se rapidamente de onde estava na intenção de auxiliá-lo no que fosse preciso. A moça parecia uma estagiária no seu primeiro dia de trabalho, não sabia como proceder, o que falar.

Atrapalhava-se, simplesmente com um cumprimento de Emílio, e naquele dia não foi diferente.

— Ivone, o Pedro está na sala dele?

— Sim, doutor Emílio. Ele acabou de atender um prestador que saiu há pouco. Daqui a meia hora, tem uma reunião.

— Eu não pedi a agenda do Pedro, só preciso saber se ele está.

— Sim, está — confirmou.

— Providencie café, água e leve na sala do Pedro, por favor. Qualquer ligação transfira para sala dele.

Emílio já estava distante, entrando na sala de Pedro.

— Tudo bem? Atrapalho?

— Não, não atrapalha. Sente-se, vou pedir um café, ou prefere outra coisa para beber?

— Já pedi para Ivone providenciar — foi direto ao ponto. — Eu vim até sua sala saber se mudou de ideia.

— Mudar de ideia? Sobre o quê, Emílio?

— Ora, Pedro. Sua saída da empresa, você bem sabe o quanto isso está me angustiando — fez uma pausa e disse algo que por anos não foi capaz de admitir: — Você sabe o quanto é importante para a empresa, o quanto preciso do seu apoio para determinadas decisões.

— Você tem pessoas competentes que darão conta do recado, Emílio — tornou Pedro sorrindo.

— Não! — havia tensão em sua voz. — Confio em você. É mais que aquela expressão que dizem por aí, você é mais que o braço direito para mim. Você está desfalcando meu quadro de funcionários.

— Não é para tanto, Emílio. Acho que está exagerando. Há pessoas maravilhosas que farão, como já mostraram, um trabalho maravilhoso. O Fábio é um excelente rapaz, um exemplo, tenho certeza de que vai surpreendê-lo.

É ágil, tem compreensão do negócio. Por vezes, antes de fechar qualquer acordo, eu o consultei e não me arrependi. Tem visão, Emílio.

— Sei disso. Mas é muito jovem.

— Também fomos, ou você já se esqueceu de quando herdou a empresa. Era um jovem ambicioso.

— Eu mudei muito, Pedro?

— Não, você não mudou. Envelheceu, e já não tem a mesma força da juventude, mas ainda é dominador; se não fosse, não levaria essa empresa como leva, na força que tem.

— Você acredita no Fábio? Pensei no Renan para ocupar o seu cargo. O que acha? Gostaria da sua opinião, apesar de sentir que seu voto é exclusivo do Fábio.

— Não, o Renan também é um ótimo profissional, não tenho dúvidas. Você tem a força jovem, Emílio — começou a rir. — Pessoas brilhantes, competentes, de ideias arrojadas e muito precisas dentro da empresa.

— Com licença, o café que o doutor Emílio pediu — interrompeu Ivone, timidamente, acomodando a bandeja sobre a mesa.

— Obrigado — agradeceu Pedro, continuando a conversa: — Por que você não experimenta o Fábio nessa cadeira? Acredito que será um sucesso, um desafio e tanto para um profissional como ele.

— Mais alguma coisa? — perguntou Ivone, atenta à conversa.

— Não, Ivone, pode sair. Obrigado — dessa vez foi Emílio quem respondeu, sem tirar os olhos do rosto de Pedro. — É, talvez você tenha razão, Pedro.

Capítulo 22

Laís acordou cedo, decidida a ir ao apartamento de Renan, já que passara a noite pensando se acreditava no porteiro, ou não. Preferiu, por algum tempo, acreditar que o porteiro havia confundido os moradores; por outro lado, o funcionário do prédio parecia atento. Laís não conseguia imaginar por que Renan teria mentido.

Laís pegava a moto quando viu Letícia.

— Bom dia, Lê, tudo bem?

— Bom dia, Laís. O dia seria mil vezes melhor se a Lígia não tivesse pegado meu carro sem o meu consentimento. Mas esse parece ser o seu divertimento, não é?

— Sobe aqui na moto, eu lhe dou uma carona. Se você não tiver medo, nem for da mesma opinião do doutor Emílio.

— Passa o capacete. Você me deixa na clínica, Laís?

— Sem problemas, eu vou passar no apartamento do Renan antes de ir à faculdade.

Assim Laís fez, deixou Letícia na porta do consultório, recusou um cafezinho oferecido pela irmã e partiu para o seu objetivo: apartamento de Renan.

Depois que tirou o capacete, o porteiro abriu um sorriso e correu a cumprimentá-la. O homem, naquele momento, retirava os sacos de lixo e os levava para o repositório que ficava na calçada.

— As pessoas não sabem colocar o lixo no lugar devido, e me dá um trabalho daqueles! Já reclamei com a síndica, mas parece que não adiantou.

— Questão de conversar. Você sabe se o Renan está?

— Sim. Agora há pouco saiu uma moça do apartamento dele.

— Moça? Que moça? — perguntou Laís, certa da confusão do porteiro.

— Não a conheço. Como eu lhe disse ontem, ele mora há pouco tempo aqui, só dois dias. Tem morador que mora há muito tempo, então conheço toda a família e os amigos, mas com o seu Renan eu não troquei mais que um ou dois cumprimentos.

— Você disse que ele mora aqui há pouco tempo. Será que estamos falando do mesmo Renan? — questionou Laís cismada.

— Não tenho dúvidas, moça. O mesmo que entrou com a senhora de carro — Adenilson não parava, transportando sacos de um lado para o outro.

Foi quando o cachorro de uma moradora do segundo andar escapou, e ela, a moradora, lá do alto, começou a gritar para que ele segurasse o animal. O porteiro, sempre prestativo, lançou o saco longe para agarrar o bicho. Nesse momento o saco caiu no chão e abriu. Depois que o porteiro devolveu o animal para a dona, foi apanhar o lixo, então reparou numa foto de Renan abraçado com outra mulher. O rapaz ergueu a foto, um pouco rasgada, como um troféu, pouco se via quem estava ao lado de Renan, e mostrou-a para Laís.

— O que é isso? — indagou ela curiosa.

— A foto do seu Renan que estava no saco de lixo, olha bem, não é ele?

— É. Ele mesmo — confirmou Laís examinando a foto.

— Então.

Laís, sem querer acreditar, leu o verso da foto. Lá tinha uma mensagem de amor, escrita a mão. Era de Patrícia para Renan.

— Por que você mentiu para mim, Renan? — foi a pergunta de Laís logo que ele abriu a porta, tonto de sono.

— Laís? O que faz aqui tão cedo, meu amor? Que surpresa!

Ela lançou a foto em sua direção e num desabafo começou a falar sem parar, deixando-o confuso.

— Espere, amor, o que está havendo? — interrogou ele, procurando ganhar tempo para formular uma resposta plausível.

— Ontem você me disse que era morador antigo e descobri que não é. Vi essa foto com dedicatória. Patrícia. Ela não era sua amiga da faculdade?

— Era.

— E por que tem uma dedicatória amorosa no verso, Renan?

— Amorosa?

— Amorosa, Renan. De um ano juntos. Vai negar?

— Não, nós fomos namorados, Laís — tornou sem jeito. — Não ficamos juntos mais de um ano. Acredito até que o livro foi para me reconquistar, o que não aconteceu. Eu queria me dedicar ao curso, e ela me pressionava para casar. Depois, eu não gostava tanto dela assim para chegar ao matrimônio — inventou.

— Por que você mentiu? Por que não me contou a verdade?

— Queria poupá-la, meu amor. Assim como também queria poupá-la ao dizer que era morador antigo aqui nesse prédio.

— Por quê? — perguntou mais calma.

— O lugar onde eu morava era menor, simples, não queria que soubesse ou ficasse com pena. Uma espelunca, pequeno, apertado, com uma vizinhança que não devo nem dizer a você como era.

— Meu querido, não precisava ter mentido.

— Queria e quero, sempre, poupar você.

— Vai me poupar também de saber quem era a moça que saiu daqui hoje cedo?

— Meu Deus, Laís! — gritando, completamente irritado. — A moça é secretária de um amigo meu, ele havia deixado um relatório para eu analisar, e foi o que fiz. Ele pediu para a secretária passar aqui antes de ir ao escritório e pegar o documento analisado, foi isso. Que interrogatório! O que houve, quem lhe contou tudo isso?

— O porteiro — respondeu envergonhada.

— Então está explicado. O porteiro. Ele falou que sou morador novo, anda vasculhando o meu lixo e descobriu uma história do passado? Anda dando relatório de quem vem ao meu apartamento...

— Não fique bravo com ele. Foi sem querer. Eu o questionei sobre o que ele havia me dito ao me conhecer. Então, ele começou a falar.

— Pegou a foto e confirmou o que estava falando?

— Não! O saco de lixo estourou e eu vi a foto. A foto estava rasgada, nem dava para ver direito o rosto da moça, mas a sua foto estava nítida, havia um braço de mulher no seu pescoço — fez uma pausa e completou num tom baixo: — Como fui idiota, senti-me como a Lígia. Uma possessiva.

— Não, minha querida, não se sinta assim.

— Uma ciumenta, e pior: ciúme do seu passado. De uma história que para você não tem mais significado.

— Sabe que gostei desse seu ciúme? — acrescentou Renan, cínico, abraçando Laís por trás. — Provou que gosta muito de mim, teme me perder.

— Meu querido, você me desculpa?

— Não sei, você tem meia hora? — quis saber rindo e finalizou: — Podemos tomar um café.

Lígia conversava com Letícia, que estava muito preocupada com o estado em que ela se encontrava. A jovem estava desesperada.

— Acabou, Lê! Acabou — lamentava chorando nos braços de Letícia. — Hoje tive certeza. O Fábio não volta mais para casa, e o pior: ele não me ama mais.

— Minha irmã — replicava calmamente, procurando ampará-la —, falei para não ir atrás dele, que entregasse para o tempo essa responsabilidade de esclarecer todas as angústias que atormentam seu coração.

— De que jeito? O tempo se tornou imenso, como o vazio que sinto dentro de mim sem ele, compreende? Uma sensação estranha de que ele não volta mais.

Letícia, pacientemente, conversou com a irmã e viu que Lígia não desistiria facilmente de Fábio, o que era natural, diante daquele sentimento que insistia em chamar de amor.

— Por que você não o convida para um diálogo?

— Não foi o que tentei fazer?

— De forma errada. Pelo que me contou, invadiu a casa da Helena para trazê-lo de volta e mais: sem saber se ele estava realmente lá.

— Você está certa! Devo procurá-lo e dizer o que sinto.

— Não é o bastante, minha irmã. É preciso demonstrar que está tentando mudar.

— Mudar? — perguntou Lígia surpresa.

— Você bem me conhece e sabe que não acredito que ninguém muda ninguém da noite para o dia. É uma questão de postura, compreende? Atitude. Colocar-se em primeiro lugar. Como pretende amar tão intensamente alguém se não é capaz de amar a si mesma? Se tivesse amor-próprio, observaria atentamente o que tem feito da sua vida.

— É isso, Lê! — o rosto pareceu animado, indiferente ao que a irmã falava. — Esses seus espíritos devem ter cochichado no seu ouvido, não é? Como não pensei nisso antes? — correu para o telefone. — Vou ligar para ele agora.

— Não é assim. Não pode chegar de repente e dizer que mudou, principalmente depois do que fez na casa dele.

— Não tenho tempo, Lê — murmurou numa voz triste, que fez Letícia entender o sofrimento da irmã.

E foi o que Lígia fez, discou para a casa de Helena. E, mais uma vez, houve a interferência de Letícia.

— Não — interrompeu a ligação, depois de vê-la consultar na agenda a letra H. — Você não deve ligar para a casa de Helena.

— Mas é lá que ele está!

— Ligue no celular. Você acha que a Helena vai deixar você falar com ele?

— É verdade.

Na primeira tentativa, Lígia conseguiu conversar com Fábio.

— Fábio — sibilou em voz firme. Buscou essa confiança nos olhos de Letícia. — Gostaria muito de conversar com você.

— Lígia, você esteve hoje na casa da minha mãe.

— Só nós dois. Podemos?

Ela desligou o telefone feliz. Saiu correndo, pegou a bolsa, as chaves; Letícia se colocou na frente dela e advertiu:

— Não. Não é assim que deve chegar, desse jeito afoito, aflito. Vá com calma, minha irmã. Sem cobranças e promessas que não pode cumprir. Não o pressione, não é o momento. Mostre que está disposta...

— ... a mudar — complementou Lígia.

— Não, apenas mostre que está disposta a resgatar o sentimento que um dia os uniu — sorriu. — Boa sorte!

Fábio não teve dificuldades para localizá-la no restaurante, avistou-a logo que passou pela porta.

— Você fez uma ótima escolha. Muito simpático este lugar. Não conhecia — falou ele, depois de se inclinar e dar um beijo no rosto de Lígia. Acomodou-se na frente dela, que o escutava em silêncio.

— Tudo bem?

— Em que momento eu deixei de ocupar o seu coração? — Lígia foi direta, olhando nos olhos dele.

— Como?! — perguntou, pego de surpresa.

— Quando você deixou de me amar?

— Em nenhum momento eu disse isso.

— Suas ações, Fábio. Elas, suas ações, foram o bastante.

— Nossa história foi bonita, linda, mas acabou.

— Rodrigo, nosso filho, precisa muito de você. Uma criança não pode ser abandonada assim.

— Eu não estou abandonando meu filho. Não dramatize a situação, Lígia. Não estou me separando dele, e sim de você.

— Não posso admitir — nesse momento, Lígia lembrou-se das palavras da irmã. Fez uma pausa e procurou modificar a conversa. — A gente não pode se separar assim, no primeiro desentendimento. Depois de uma briguinha sem importância.

— Primeiro? — riu alto. — Briguinha sem importância! Então é assim que você pensa depois... não posso acreditar. Lígia, você tem ideia das cenas de ciúme que criou? Do ridículo a que nos expôs? Do quanto me magoou e duvidou de mim?

— Estou disposta a mudar.

— Você colocou o meu amor em prova, constantemente.

— Se eu pudesse, voltaria no tempo e removeria tudo isso — havia um tom emocionado na voz dela. — Arrancaria do seu peito todo esse sentimento, mostraria o quanto o amo, de verdade.

— Você deixou que as cobranças que aconteciam entre quatro paredes, que já eram insuportáveis, tomassem proporções externas, e por vezes deu shows a plateias. Envolveu pessoas que não tinham nada a ver.

— Por amor!

— Doença, isso sim! Tomada por um ciúme doentio — acabou explodindo.

Silêncio.

— Desculpe-me — falou Fábio, ao vê-la cabisbaixa. — Não queria magoá-la.

— Na verdade, isso tudo é muito recente em nossa vida. Passamos muito tempo juntos para nos adaptarmos e, repentinamente, estamos sozinhos — Lígia pousou as mãos nas de Fábio. — Não me desampare. Dê-me uma chance de tornar a nossa vida tão atrativa como um dia já foi. Dê-me a oportunidade de resgatar o amor que um dia você sentiu por mim. Vamos encerrar esse episódio, o que acha? Volta comigo?

Capítulo 23

Renan despediu-se de Laís todo romântico, na realidade, satisfeito por convencê-la do mal-entendido e fazê-la acreditar em sua versão.

— Seu aniversário está chegando. Estava pensando, a gente podia viajar.

— A Letícia me convenceu a realizar uma festa, querido — informou-lhe toda amável. — Penso numa coisa simples, sem muitos fogos. Eu pensei num lugar tranquilo, mas a Letícia insiste em fazer lá em casa, se o doutor Emílio concordar. Há meses minhas irmãs vêm tentando fazê-lo concordar com a ideia — finalizou irônica.

Renan abraçou a noiva e esperou o elevador desaparecer para fechar a porta. Caminhou até a janela onde viu o porteiro, conversando com três mulheres, era provável que viessem do supermercado, pois carregavam sacolas. Ele pensou alto:

— Miserável! Isso não vai ficar assim, pode ter certeza.

Com o aparelho de telefone no colo, Renan fez duas tentativas e, na última, conseguiu falar com dona Rosa, a síndica. Repleto de simpatia, elogios, Renan combinou um encontro, que foi aceito sem rodeios pela mulher.

Renan apareceu na porta do apartamento de Rosa quinze minutos depois. Carregava não só um agrado como pães diversos e frutas numa cesta, mas também um pedido que a pegou de surpresa.

— O quê?! Despedi-lo? É um excelente porteiro, não tenho como.

Rosa era viúva, pensionista e, sobretudo, conservadora, prova disso foi que, embora grata à gentileza de Renan, não foi capaz de convidá-lo para entrar em seu apartamento. No seu ponto de vista, não era decente uma mulher sozinha convidar um homem para entrar em seu apartamento.

— O senhor sabe, eu moro sozinha, não fica bem recebê-lo assim. O que os outros moradores vão dizer?

Renan se divertiu com a situação.

— Não posso despedi-lo simplesmente porque ele errou a entrega das correspondências. Isso não é motivo.

— Não foi só uma vez, foram várias.

— Não mesmo — continuou a velha senhora, irredutível. — Até porque os moradores têm de pegar as correspondências na portaria, não é obrigação dele levá-las aos respectivos apartamentos, e isso ficou acertado na última assembleia.

— Assembleia?!

— Sim. Assembleia — confirmou Rosa, cruzando os braços.

— Então, dona Rosa — pensava rapidamente, procurando alternativa. — Nem sei como falar isso para a senhora, como vai encarar esse fato.

— Por Deus, homem, fale! — insistiu diante das voltas de Renan.

— Outro dia eu vi, quando cheguei... Fiquei trabalhando até tarde e cheguei fora do horário normal... — Renan observou a cabeça da senhora aprovando sua história e continuou: — Eu vi o porteiro com uma mulher na portaria.

— Com uma mulher?

— Isso mesmo, e não era a mulher dele, pois eu a conheci por foto. Era outra, uma loira.

— Também conheço a mulher dele. Essa mulher que o senhor fala deve ser uma amiga — rebateu desconfiada.

— Não, dona Rosa. Ela estava... como posso dizer para a senhora? Ela estava nua. Perdão, mas foi o que vi. Não quis lhe contar de imediato, por respeito. Não gostaria de tê-lo por perto. Considero essa atitude um desrespeito aos moradores.

— Não consigo compreender. Ele é um homem casado, tem dois filhos, a mulher está grávida. Todos gostam dele. Como a gente se engana com as pessoas.

Renan continuou com a armação:

— Como sei que a senhora pretende se reeleger, acho bom preservar a moral do condomínio. Essa ação de despedi-lo só vai acrescentar a admiração que começo a ter pela senhora e, por consequência, o meu voto.

O apartamento de Rosa era repleto de fotos da filha que morava em Brasília. Havia toda essa veneração pela filha, porta-retratos, álbuns. A filha retribuía o carinho fazendo um depósito mensal em sua conta corrente, e isso era o bastante para ela, que não a encontrava havia anos. A pensão do falecido marido era uma miséria, então o dinheiro da filha ajudava nas despesas com alimentos e remédios, e sendo síndica não pagava condomínio, uma despesa a menos.

— O senhor está certo, seu Renan. Vamos zelar pelos bons costumes — viu o rosto sorridente de Renan iluminar o corredor. — Conto com seu voto.

— E do que mais a senhora precisar, dona Rosa, pode contar comigo. Não vão tirá-la dessa função de síndica. Ah! Eu preciso pedir mais uma coisa.

— Pois não, o quê?

— Não comente que eu lhe falei sobre isso. Creio que ele percebeu que eu havia visto a cena.

— Pode ficar tranquilo, seu Renan, não direi nada a ninguém.

— Obrigado pela discrição.

No mesmo dia, o porteiro foi despedido por dona Rosa. Foi para ela uma missão muito difícil, mas ser síndica novamente era questão de sobrevivência.

O porteiro, triste, pego de surpresa, arrumou seus pertences e foi de apartamento em apartamento se despedir, agradecer, lamentar-se e não deixou de passar no apartamento de Renan.

— Oi, tudo bem? — perguntou Renan, num tom cínico ao abrir a porta.

— Vim me despedir — esclareceu o rapaz com lágrimas nos olhos.

— Está indo embora? Arrumou um lugar melhor? — perguntou num sorriso falso.

— Não. Fui demitido. Quatro anos maravilhosos, muitos amigos.

— Sei.

— E o pior é que minha mulher está grávida. Tenho mais filhos. Todos dependem de mim.

— Logo você arrumará algo melhor, noutro lugar.

— Estão pedindo diploma para ser porteiro, seu Renan. Eu não tenho. Bom, estou indo, são alguns chegando, outros saindo.

Renan fechou a porta e se jogou no sofá, o riso alto veio logo depois. Tal comportamento fez com que Renan atraísse espíritos inferiores, desconectados do bem e com o mesmo grau de vibração. Muitos desses espíritos já o acompanhavam algum tempo, influenciando seus pensamentos, induzindo e comemorando suas atitudes. O rapaz, tomado pelo orgulho, pela vaidade e ambição, não percebia o mal que fazia a si mesmo ao prejudicar o próximo.

Cida estava, como de costume, na calçada, descalça, camiseta amarrada na altura do seio, piercing à mostra, auxiliando o motorista do caminhão-baú a fazer a manobra. As crianças todas em volta, várias pessoas debruçadas nas janelas apreciavam o movimento.

— É o meu sofá novo, gente — gritava ela toda animada enquanto saltitava ansiosa. — Acabou de chegar. Não, moço, vem mais para a direita, a rua é estreita, isso, assim está melhor.

Depois de estacionado, o motorista e o ajudante tiraram a encomenda do caminhão. As crianças fizeram a festa, queriam sentar, tirar o plástico para brincar, e Cida, brigando, por fim, sem êxito em afastar as crianças, acabou ligando a mangueira sobre a molecada, espantando todos do seu mais novo bem.

O sofá era grande e não pôde seguir pelas escadas, teve de ser içado pela janela até o seu andar. Mais uma vez, Cida orientou, reclamando, para que o seu produto chegasse perfeito a sua sala.

— Dona Alenca, feche essa janela, não está vendo que o meu sofá está passando por aí?! A corda vai enroscar no seu cabelo. Sai daí, mulher! Seu Clodoaldo, tire esse varal daí, homem, vai rasgar o sofá. Cuidado, moço... — reclamava com o motorista que, embora cansado, puxava o sofá com força. — Vai raspar na parede! Dona Cremilda, do terceiro andar, é a senhora mesmo, por favor, dá para tirar essas plantas da parede?! Se não tirar, eu mesma vou arrancá-las. Povo sem educação! Não liga não, moço, são todos assim, sem classe.

Depois de o sofá instalado na sala, Cida foi acompanhar o motorista e o auxiliar até o caminhão. Estava acenando para os homens, como se fossem amigos de velha data, quando um táxi parou sobre a calçada e Patrícia desceu.

— Patrícia?! — exclamou Cida, toda feliz ao vê-la.

— Cida, saudades!

Cida foi abraçá-la e ajudá-la com as malas.

— Que bom tê-la de volta.

— Por que essa agitação toda, Cida? Aconteceu alguma coisa?

— Um acontecimento, sim, meu bem — respondeu toda prosa. — O meu sofá novo acabou de chegar.

— Ele apareceu?! — perguntou Patrícia toda empolgada.

— Não. Não foi ele que me deu o sofá — replicou Cida num tom triste. Passou a mão no braço da amiga e, rindo, continuou: — Foi resultado de um servicinho. Será que um dia ele vai voltar?

— Ele? Quem, Cida, seu ex-marido?

— O pai dos meus meninos, Patrícia! De quem você achou que eu...

— Você sabe onde ele está? Por onde anda?

— Não — fez uma pausa. — Quer saber? Deixa para lá, vamos entrar que eu vou lhe mostrar o meu sofá.

Renan chegou à Prieto & Confecções todo animado, disposto, sorridente, tanto que surpreendeu Ivone, que havia tempos não o via daquela forma. Naquele dia, foi capaz de cumprimentá-la, o que não costumava fazer.

Ivone, facilmente seduzida pelo sorriso do moço, fez questão de acompanhá-lo com as correspondências e a agenda nas mãos.

— Aqui estão suas correspondências. Quanto às reuniões, eu passei por e-mail os horários, as salas e os temas. Aquele sofá encomendado pela internet, então, teve sua entrega confirmada.

— Ótimo.

— Desculpe-me minha curiosidade, mas o sofá foi presente?

— Doação. Foi doação, Ivone. Um amigo meu indicou-me uma casa de necessitados, e eu vi uma família vítima de incêndio. Ver aquelas crianças sentadas no chão, sem tapetes, diante de uma televisão em preto e branco, minúscula, foi de partir o coração.

Ivone não pôde acreditar no homem que via em sua frente, não parecia, nem de longe, o estourado e prepotente Renan de todos os dias.

— Bom, obrigado por tudo — concluiu para ver se a secretária saía de sua sala.

— Ok, Renan, estou à disposição.

— Obrigado — ele observou Ivone sair da sala e a chamou de volta.

— Pois não, Renan.

— O dia que eu ocupar a cadeira do Pedro, o que não está distante de acontecer, vou levá-la comigo, você será minha secretária exclusiva. O seu ofício para mim é de grande importância, um sacerdócio, tem que haver cumplicidade, sigilo.

— Obrigada por confiar em mim — respondeu, satisfeita, sonhando com a possibilidade de poder lidar com um único membro da diretoria, não tendo a necessidade de se desdobrar em várias salas. Tanto que não hesitou em contar o que ouvira na sala de Pedro. — Renan, já que você tocou no assunto, acho que devo lhe contar. O Pedro apoia o Fábio para ocupar a cadeira dele.

— Como?! — esbravejou ele, perplexo, iniciando uma tensão. — Como você sabe?

— Ouvi Pedro e o doutor Emílio conversando. O Pedro vê o Fábio como um jovem promissor, que encara os desafios.

— O doutor Emílio não pode dar ouvidos para esse velho.

— Não duvido que o doutor Emílio dê esse cargo para o Fábio. Desde quando cheguei aqui, tudo o que o Pedro diz, no dia seguinte, vira lei. Pode reparar. O doutor Emílio confia muito nele.

— É, você está certa. Eu não vou permitir que o Fábio leve essa. Tudo bem, Ivone, pode sair. E, por favor, fique atenta às novidades, gostaria de ser informado — forçou um sorriso. — Eu não vou me esquecer de você, pode ter certeza.

A secretária saiu se desmanchando, como se tivesse recebido uma promoção.

Renan ficou pensativo, cabeça jogada para trás, olhos percorrendo o teto. De repente, levantou-se e saiu da sala, passou pela recepção como um furacão. Foi para a sala de Emílio.

Depois de duas batidas na porta, abriu-a.

— Entre — disse Emílio.

Emílio apreciava essa atitude de Renan, ainda que não declarasse. Ele era o único que entrava em sua sala sem ser anunciado previamente. Arriscava bater em sua porta e ia entrando.

— Desculpe-me vir assim, sem ser anunciado, mas tenho assuntos para resolver, sobre alguns clientes, que eu gostaria de discutir com o senhor.

— Claro, vamos lá — tornou Emílio prontamente, deixando o jornal que estava lendo de lado. — Li seu e-mail sobre o último projeto, está ótimo.

Renan sorriu. Sentiu uma esperança se instalando. Ficaram alguns minutos discutindo sobre processos jurídicos, assuntos diversos, até que Renan começou a lançar seu veneno.

— Doutor Emílio, eu lamento muito o que aconteceu — iniciou numa voz sem jeito, meio tímida.

— Lamenta? Lamenta o quê, Renan? — quis saber Emílio, jogando o corpo sobre a mesa para ouvi-lo melhor.

— A separação de Fábio e Lígia — disparou sem rodeios.

— O quê?! — perguntou surpreso.

Renan pensou: "Então o velho não sabe. Estão escondendo o assunto, protegendo o Fábio. Mas não por muito tempo, vou logo dizer o que está havendo".

— O senhor não sabia? Eu não devia ter lhe contado... pensei... bom, enfim, não acho justo você estar fora desse assunto. O Fábio até saiu de casa, parece que brigaram.

— Não posso acreditar. Ninguém me contou. Eu... eu ainda hoje conversei com o Pedro sobre ele, um jovem que pensamos...

— Mas ele só separou da Lígia, não está deixando a empresa, doutor Emílio — envenenou Renan, triunfante com a reação de Emílio, a qual ele já esperava.

— Um absurdo! Olha o cargo que ocupa dentro da empresa — apertou o aparelho que tinha sobre a mesa, voz alteada: — Ivone, peça para o Pedro vir até a minha sala.

Impaciente, Emílio digitou o ramal de Pedro e colocou no viva-voz:

— Pedro, você sabia que o Fábio se separou da minha filha?

— Sim, eu sabia — respondeu ele, tranquilamente.

— E não me disse nada? Você pode vir até a minha sala?

— Estou indo, Emílio.

Emílio desligou o aparelho e olhou triste para Renan.

— Por que não me contaram?

— Eu não devia ter lhe contado, não sabia. Bom eu vou para minha sala. Se precisar de mim, estou à...

— Não. Pode ficar, Renan.

Pedro entrou instantes depois, após ser anunciado por Ivone.

— Por que não comentou comigo no nosso último encontro? — Emílio inquiriu sem rodeios.

— Não vinha ao caso falar sobre isso — Pedro respondeu, olhando para Renan. Entendeu como Emílio soubera de tudo assim que entrou na sala e viu Renan.

— Como não?! Estávamos discutindo sobre um cargo de extrema confiança dentro da empresa.

— E que o Fábio tem todos os requisitos para ocupar.

— Um absurdo, Pedro! Separado da minha filha, não é mais meu genro.

— Eu nunca fui casado com nenhuma das suas filhas e ocupei o cargo por mais de trinta anos.

— Você é diferente.

— O doutor Emílio tem medo de deixar essa cadeira nas mãos de um estranho — interferiu Renan, antes de reter seu pensamento.

— Não vejo assim, Emílio. Você pensa dessa forma? — Pedro olhou para Renan, que o fuzilava com o olhar. — E, além do mais, o Fábio não vai deixar de ser o pai do seu neto, não terá intenção de destruir o patrimônio que um dia será dele. Não compreendo sua preocupação. Agora, se me dá licença...

— Lógico — assentiu Emílio, observando Pedro sair. — Eu vou para casa, tenho que saber como está minha filha.

— Claro, doutor Emílio. Se precisar de mim, no que eu puder ajudar... — teve uma ideia repentina, pois tinha o desejo de ver com os próprios olhos o fim de Fábio. — O senhor se importaria de me dar uma carona, vou encontrar com a Laís, o meu carro está com um barulho, falei com o mecânico que virá buscá-lo.

— Sim, vamos — Emílio concordou, desnorteado, pois não esperava por aquele desfecho, mesmo sabendo do ciúme de Lígia.

Emílio dispensou o motorista e Renan foi guiando o carro. Renan não serviu somente como motorista, foi também seu ouvinte, conselheiro, seu veneno.

— Não posso admitir, Renan. Como o Pedro pode ver essa situação com tanta frieza?

— O Pedro não teve filhos, doutor Emílio. Por isso o desapego, o desprendimento. Eu também não tenho filhos, mas posso entender seu sentimento.

— Você tem sensibilidade.

Renan mantinha o aspecto sério, fiel, amigo, entretanto, por dentro, estava radiante. Cada palavra de Emílio a seu favor era vista como um elogio, um passo a caminho da sala de Pedro e a ocupação da cadeira da vice-presidência.

— Não vou manter o Fábio na empresa. Lamento que esse jovem esteja saindo assim, mas não tenho outra saída.

— Ele é muito competente, doutor Emílio. Não seria precipitado tirá-lo de repente? A separação simplesmente não é um argumento plausível para removê-lo da empresa.

— É isso, Renan — acrescentou tomado pela ira. — Removê-lo, é o que vou fazer com o Fábio. Não posso ter ao meu lado um homem num cargo de confiança, sendo ele o responsável pela tristeza da minha filha. Não é justo.

Renan parou o carro diante da varanda da entrada principal da casa de Emílio, que desceu apressado, enquanto ele entregou as chaves para um dos seguranças, depois seguindo o futuro sogro.

— Lígia! Lígia, minha filha, onde você está?

Apareceu uma empregada na sala, assustada, preocupada em atender o chamado do dono da casa.

— Dona Lígia está lá em cima, quer que eu vá chamá-la?

— Não há necessidade.

— O que foi, papai? — quis saber Lígia, descendo as escadas. Estava com um perfume que invadiu todo o ambiente. Tinha o rosto tomado por um ar sério, alarmado. — Aconteceu algo?

— Por que não me contou que aquele moleque a deixou?

— Deixou-me? Moleque? — tentou rir para se descontrair. Aproximou-se do pai e estalou um beijo em seu rosto, fazendo o mesmo em Renan. — Como assim, papai, não o estou entendendo.

— O Fábio deixou a nossa casa, separou-se de você e eu sou o último a saber. Não vou permitir que continue na empresa.

— Ele não se separou de mim, pai — afirmou Lígia, rindo.

— Não adianta mais esconder — interveio Renan, num tom gentil. — O Pedro confirmou tudo lá na empresa.

— Papai, eu ia conversar com você, explicar-lhe.

— Está do lado do Pedro, é isso. Vai querer que eu o mantenha na empresa? — questionou Emílio, irritado.

— Nós não nos separamos.

— Que espécie de amor é esse? Que amor é esse, minha filha, que faz você omitir para o seu pai o seu sofrimento? Pode admitir, o Fábio partiu, ele a deixou.

— Parece que ouvi o meu nome. Como vão todos? — interveio Fábio, descendo as escadas. Cabelos molhados, abotoando a camisa. Deixou todos paralisados. Seguiu até Lígia e, além de abraçá-la, beijou-a.

— Bom, desculpe-me — iniciou Emílio todo desconcertado. Olhou para Renan que estava pálido. — Fiquei sabendo que, bom... não tem importância o que eu, um velho, fiquei sabendo.

— Eu avisei a Ivone sobre minha ausência hoje, ela lhe deu o recado, doutor Emílio?

— Não — replicou irritado. — Acho que devo demiti-la por essas falhas.

"Também acho", pensou Renan, nervoso por ter dado atenção às conversas da secretária.

Capítulo 24

Renan abriu a porta do apartamento extremamente possesso. Entretanto, teve de demonstrar muita felicidade, pois Patrícia estava de volta em casa. Abriu um sorriso e correu para abraçá-la. Ela pareceu distante, mas Renan insistiu:

— Que saudades, meu amor! Como foi de viagem?

— Tranquila. Assim como voltei, tranquila — respondeu, caminhando até a cozinha. — Eu preparei o seu jantar.

Jantaram juntos. Trocaram algumas palavras. Renan notou a rejeição, cobrou atenção, percebeu-se ríspido, então tomou uma voz suave para seduzi-la.

— Desculpe-me, mas estou cansada. Deve ter sido a viagem — falou e começou a apanhar os pratos.

Não demorou, Renan foi se deitar e a chamou.

— Vou daqui a pouco.

Três batidas na porta e Patrícia foi atender. Era Cida, escandalosa, falando alto, tanto que Renan pôde ouvi-la do quarto.

— Patrícia, preciso do auxílio do seu marido. Ele está? — perguntou esticando os olhos para todos os cantos do apartamento.

— Olha, Cida, ele já foi dormir. É algo em que eu posso ajudá-la?

— Não — tornou em voz alta. — Preciso da força de um homem para trocar o meu chuveiro. Está duro, sabe? Nós, mulheres, não conseguiríamos trocar. Patrícia, será que ele está mesmo dormindo?

— Acho que sim, faz um tempo que ele...

— Tudo bem, troco amanhã. Tomo um banho gelado hoje.

— Pode tomar banho aqui, se quiser. Banho frio?! Está esfriando, você pode pegar um resfriado. Vem tomar banho aqui.

— Não, não há necessidade, Patrícia. Depois, banho gelado faz bem à pele, sabia? Descobri esses dias numa revista de famosos — dizia quase gritando. — Você conhece a Laís Prieto?

— Laís Prieto? Não, não a conheço.

— Sim! Lógico que você conhece, ela é uma das filhas do dono da empresa onde seu Renan trabalha. Ele não trabalha na Prieto & Confecções?

— Trabalho, Cida — interrompeu Renan, aparecendo com o rosto sonolento. — Você quer falar comigo?

— Pois é. O meu chuveiro queimou.

Havia um cinismo no rosto de Cida que só Renan conseguia desvendar, e isso o irritou, muito. Cida prosseguiu:

— Eu comprei outro, mas não consigo trocar, será que posso contar com sua ajuda?

— Lógico. Vamos lá — respondeu totalmente contrariado.

Patrícia, diante dos fatos, imaginou que Renan havia mudado e pensou que talvez ela estivesse muito distante dele. Talvez ele não merecesse. Renan, na concepção dela, estava mudado, visto até que estava auxiliando a vizinha. Antes, era notório seu sentimento de ódio por Cida e agora estava prestando favores.

Renan, novamente, seguiu Cida até o apartamento dela.

— O que foi desta vez?

— Olha ali — disse ela, apontando para o sofá coberto de roupas.

— O sofá novo? Já vi. Boa noite — replicou, voltando-se para a porta.

— Não, meu querido. Você tem um serviço para fazer.

— O quê? — perguntou no momento em que tocava a maçaneta da porta. Virou-se para Cida e não acreditou no que viu.

— Aqui está o ferro, Renanzinho.

— Ferro?

— É, ferro. Aquela dor, meu amigo — murmurou numa voz dengosa —, não quer ir embora. Não consigo passar as roupas. Faz mais de duas semanas que não as passo. Como amigo, sei que você pode fazer isso para mim, por mim.

— Você é louca, só pode ser — disparou Renan rindo. — Eu vou embora.

— Renan... — era uma voz de alerta. — ... se você sair por essa porta, eu vou com você, e a Patrícia ficará sabendo quem de fato é Laís Prieto. Você é quem sabe. Não sei se você teria um lugar na cama de Patrícia se ela descobrisse que sua amante posa em revistas.

O rapaz, que naquele momento estava com a porta aberta, entendeu a mensagem e voltou, asseverando:

— Não vou ficar aturando seus desaforos, Cida.

— Vai, sim, você é um bom menino, já aprendeu até a me chamar pelo nome. Bom, agora chega de papo, vamos ao que interessa.

— Não sei passar roupas.

— Meu Deus! Ninguém nasce sabendo, nunca falaram isso para você, meu querido?

— Isso é um absurdo! Não posso acreditar.

— Tive uma patroa que sempre dizia: "Não se pode dar confiança para esses empregados, porque, quando começam a falar, reclamar, não param mais". Aqui está a tábua de passar roupa e o ferro. Pode começar. Fique tranquilo, as crianças estão na escola, vão chegar tarde, acho que até as onze da noite você termina.

Renan deu passos curtos até ela, seus olhos verdes pareciam saltar de ódio. Ele apanhou o ferro e rapidamente esticou o cabo, enrolando-o no pescoço da mulher. Foi uma luta de rolar no chão. Cida conseguiu se livrar de Renan e ganhar distância.

— Você nunca mais vai fazer isso, Renan, ou melhor, você pode fazer, mais vai ser preso logo depois. Pode até me matar, mas o seu cantinho na cadeia estará à sua espera — Cida estava vermelha, tensa, o pescoço marcado. — Tenho provas a seu respeito, rapaz, você esqueceu? Provas dos seus crimes. Elas estão bem guardadas, num lugar bem longe daqui. Lá tem tudo a seu respeito, dossiê completo. Agora chega de palhaçada e comece o serviço, você está me irritando.

Renan levantou-se com dificuldade. Não se conformava em estar nas mãos dela.

— Você não queria que eu trocasse o chuveiro? — perguntou furioso. — Por que agora...

— Bem lembrado! Depois que você passar a roupa tem o chuveiro para trocar. Assim que eu gosto, um garoto de boa memória — Cida aproximou-se dele e, ao pé do ouvido, sussurrou: — Use essa boa memória, Renan, e nunca mais se esqueça do que eu sei a seu respeito e do que sou capaz de fazer. Estamos entendidos?

Renan começou a passar a roupa. Cida de tempos em tempos passava perto dele, com um cigarro entre os dedos, uma caneca de café numa das mãos. Olhava as roupas e, numa espécie de teste de qualidade, aprovava ou reprovava as peças. Não demorou para ela pegar uma pilha de camisetas e jogar de novo no monte para passar.

— Estão feias. Podem ficar melhor. Você ainda vai me agradecer por isso, é um aprendizado, querido. Quem passa as roupas dos presos?

— Ai, ai! — gritou Renan num determinado momento, depois de se queimar no ferro quente. — Droga, o ferro me queimou.

— Coisa de desatento. Como você é desastrado! — emendou ela do sofá, enquanto folheava uma revista. — Tem de tomar cuidado, prestar atenção. Detalhe: nem pense em queimar minhas roupas, viu?

No dia seguinte.

— Renan, nem o vi voltar — admirou-se Patrícia logo que o viu aproximar-se da mesa.

— Não estava fácil trocar o chuveiro — falou no momento em que levantou o braço para pegar o leite.

— O que foi isso? — perguntou Patrícia ao ver o braço machucado manchando a camisa.

— Nada.

— Tire essa camisa. Eu vou buscar outra. Não pode sair assim.

— Está tudo bem, não se preocupe.

Patrícia apareceu de volta com uma camisa limpa, passada e uma pomada. Começou, toda prestativa, a passar a pomada sobre o ferimento. Renan, pela primeira vez, em muito tempo, percebeu todo o seu carinho.

— Parece que queimou com ferro.

— Esqueceu-se de que você me abandonou, mocinha? — brincou ele, rindo.

Patrícia ainda estava ressentida, revivia todas as recordações tristes que teve nos últimos meses naquele casamento. Estava farta de tudo. Ela apanhou a pomada e a colocou num saco de papel.

— Olha, leve-a para passar mais tarde. E espere um pouco antes de colocar a camisa, deixa a pele absorver primeiro. A pomada é um pouco oleosa, pode manchar sua camisa.

Renan, em silêncio, estudava seu rosto.

— Você voltou diferente, Patrícia. Parece outra. O que sua mãe fez com aquela Patrícia que eu amava, que me amava?

— Minha mãe, Renan?! Ela não fez nada, você, sim, matou aquela mulher apaixonada por você.

— Não posso acreditar que sua mãe, mais uma vez...

— Aquela Patrícia não existe mais — olhou para o relógio, viu o trem passar e sacudir o apartamento. — Você está atrasado — alertou, saindo depois de apanhar uma sacola.

— Aonde você vai? Estou saindo, posso levá-la.

— Não, eu prefiro as caminhadas matinais.

— Posso acompanhá-la.

— Sozinha. Sozinha, Renan — finalizou firme.

Pedro estava saboreando pães de queijo num café, a duas travessas da Prieto & Confecções, quando Fábio, de carro, o viu e não resistiu, pôs o carro no estacionamento ao lado e foi acompanhá-lo.

— Meu jovem, que prazer vê-lo logo cedo — disse Pedro sorridente. — Estava até pensando em chamá-lo para almoçar num restaurante que abriu aqui perto.

— É só falar a que horas — retribuiu Fábio o cumprimento. — Meu caro, estou em lua de mel com a Lígia.

— Não me diga, voltaram? Fico feliz com essa novidade.

— O que me preocupa é até quando. Você bem conhece Lígia, sabe como é, o gênio que ela tem.

— Você resolveu dar uma chance a ela? — perguntou Pedro.

— É. Se bem que, embora ela fale que os fantasmas partiram, eu, do tempo que a conheço, vejo que ela só os colocou para dormir. Logo eles despertarão e voltarão a assombrar o nosso relacionamento.

— Mesmo sabendo disso, você resolveu voltar, Fábio?

— Eu propus a ela que se tratasse, procurasse a ajuda de um especialista. Foi uma das condições para eu voltar. Isso não é normal, Pedro. — Fábio virou-se para a atendente e fez o pedido: — Por favor, quero um chocolate quente e pães de queijo, assim como os do meu amigo.

— Só um instante, senhor.

— Estou ficando paranoico como ela, Pedro. Você acredita que conversar com estranhos, mulheres, em especial, faz-me pensar que Lígia vai saltar de trás das cadeiras para me surpreender?

— Por causa dos últimos acontecimentos, Fábio — divertia-se Pedro. — Vai passar, com certeza. Ah! É provável que tenhamos a presença de Letícia no nosso almoço, se não se importar.

— Claro que não. Gosto muito da Letícia. Admiro-a muito, ela é sempre tão compreensiva!

O telefone de Pedro tocou, ele pediu licença e atendeu. Era Valter.

— Qual é o nosso boletim do dia, meu amigo?

— Você não sabe o que descobri, Pedro! — a voz do homem era toda animação.

— Conte-me, por favor, estou ansioso.

A ligação caiu.

— Alô?! — Pedro virou-se para Fábio: — A ligação caiu.

— Algo importante?

— Sim, um detetive particular que contratei.

— Detetive? — Fábio começou a rir. — Para quê?

— É, eu planejei o almoço para falar sobre esse assunto e quero fazer isso com você e a Letícia — abriu um sorriso. — Mas posso adiantar para você, Fábio.

— É algo grave? Estou ficando preocupado.

— Não, ou, pelo menos, suponho não ser. Mas vou deixar de mistério, Fábio. Estou procurando sua cunhada.

— Cunhada? Quem você procura? A Letícia não é porque vamos almoçar juntos — fez uma pausa. — Meu Deus, a Laís, ela desapareceu, Pedro? — indagou alarmado.

— Não, meu caro — respondeu Pedro pacientemente, com um ar de riso. — Procuro pela outra filha do doutor Emílio. A filha que ele pensa estar morta.

— Nossa! Que história é essa? — quis saber Fábio, interessado. — O doutor Emílio tem outra filha? Nunca soube disso.

— Vou lhe contar, mas gostaria de ter o seu sigilo, por enquanto. O Robert sabe e vem me ajudando, foi ele, inclusive, que me indicou o Valter, o detetive.

O celular voltou a tocar. Era Valter novamente.

— Pedro, desculpe-me, mas caiu, acho que alguma interferência.

— Provavelmente. Agora não me deixe nessa angústia, diga o que apurou.

— Então, depois de descobrir que o orfanato virou parque de diversões, fui até as diversas centrais para onde foram distribuídas as crianças remanescentes, assim como as pessoas que trabalhavam naquele local na época. Consegui encontrar a ficha dela, Pedro. Encontrei a ficha da Patrícia.

— Que boa notícia, Valter!

— Ela foi adotada.

— Tem o nome e endereço dos pais adotivos dela?

— Sim.

— Meu Deus! Precisamos encontrá-la, devo muito a ela. Quais os nomes dos pais adotivos dela?

— Júlio Andrade e Ana Maria Andrade — respondeu Valter. — Estou indo para a casa deles agora.

Pedro, depois de agradecer pelas novidades, desligou o telefone e virou-se para Fábio, emocionado:

— Essa moça está mais perto do que a gente pode imaginar.

Capítulo 25

Renan ficou um bom tempo no ponto de ônibus onde Sandra costumava descer. Assim que a viu, saiu correndo para abordá-la.

— Que susto, Renan! — exclamou, com uma aparência amedrontada ao sentir seu braço sendo puxado.

— Desculpe-me, Sandra, mas... — fez uma pausa, olhou em volta e continuou: — Podemos conversar? Tomar um café, sei lá, eu tentei falar com você pelo celular, mas caiu na caixa postal.

— Acabou a bateria — esclareceu com um sorriso que tornou o seu rosto ainda mais bonito. — O que aconteceu? Você está tenso.

— A gente pode tomar alguma coisa e conversar?

— Tenho quinze minutos.

— Ótimo.

Minutos depois estavam sentados um na frente do outro, sendo servidos por um rapaz sonolento.

— Não posso acreditar que essa mulher fez isso com você — comentou Sandra, rindo. — Renan, não consigo imaginar você passando roupa. É muito engraçado.

— Deboche, pode debochar. Olhe aqui — mostrou o ferimento para Sandra —, culpa daquela infeliz.

— Culpa sua, querido — rebateu, jogando os cabelos para trás. — Já lhe disse, se você não fizer alguma coisa, ela...

— E se não bastasse isso — forçou uma risada —, parece fase mesmo, aqueles dois voltaram. Ficou sabendo? O Fábio e a Lígia voltaram.

— Passei a noite consolando a chata da Helena. Uma pena ter acontecido. Era minha chance de ficar com o bonitão do Fábio.

— É isso! — Renan fez uma pausa como se estivesse organizando seus pensamentos. — Você me deu uma ideia. Você me inspira, Sandra! É incrível. Parece até que eu estava adivinhando que ao encontrá-la eu poderia...

— Então aproveite, porque não costumo dar ideias por aí, costumo cobrar por elas, entendeu? — acrescentou Sandra toda graciosa.

— Vou precisar da sua ajuda. Meu Deus, como não pensei nisso antes? Prepare-se, Sandra, é chegada a hora de você sair daquele emprego de recepcionista e decolar.

— Nossa! — rebateu irônica. — Decolar? Por acaso você vai me dar uma passagem para Nova York, querido? Ou melhor: alguém soprou nos seus ouvidos os números da loto e você resolveu dividir comigo, Renan?

— Não. Vou lhe explicar — disse empolgado. — Vou colocar você no caminho que tanto quer.

— No caminho do Fábio? — perguntou ansiosa.

— Não! Melhor, muito melhor, vinte, mil vezes melhor — as pessoas que estavam no bar começaram a olhar para ele que não se importou e prosseguiu: — Sandra, escute-me. Tenho um plano que não vai só ajudar a mim, mas a você também.

— Diga logo, homem. Tenho cinco minutos para a sirene da “fábrica” tocar, não posso ficar aqui de papo o dia inteiro não, viu? Não sou como você que não bate cartão. Um minuto de atraso, a Letícia fica no meu pé. Quando não está na clínica antes de eu chegar, coisa rara, ela liga do celular.

Os dois começaram a rir.

— Vou jogar você no caminho do Emílio Prieto.

— Como, Renan?

— Isso mesmo que você ouviu. Para que ficar com o peão, se você tem talento para ter o dono?

— Em que você está pensando? Tenho dois minutos, Renan, é sério. Não posso chegar atrasada.

— Hoje, ao meio-dia, você vai se apresentar na empresa Prieto & Confecções como corretora de imóveis.

— Você está de brincadeira? Não sei nada de imóveis. O que vou falar? Não, pode mudar de plano. Pense noutra coisa.

— Já ouviu falar em internet? Jornais, classificados?

— Já.

— Você tem quatro horas para se inteirar desse universo. Vou conversar com o velho e você pode aparecer por lá quinze para meio-dia. O velho não suporta atraso.

— E o trabalho? Esqueceu? Estou trabalhando.

— Atestado médico. Dentista. Sei lá, Sandra. Você é sempre tão criativa. Ah! Ia esquecendo, quando passar na banca, aproveite e pegue as revistas especializadas. O foco são os terrenos para construções empresariais. Entendeu?

Renan finalizou saindo da mesa.

— Vou passar no caixa e pagar. Agilize. Temos pouco tempo.

Sandra levantou-se lentamente e foi em sua direção.

— Não consegui entender o que você está armando. Pode me explicar?

— Dentro da empresa eu tenho um rival. É voto certo a favor do Fábio e contra mim. Preciso de você para fazer minha indicação. O velho Emílio está sozinho há muito tempo, não vai resistir a seu charme. E, além de fazer minha indicação para aquela cadeira, falando bem de mim, você vai tirar proveito de muito luxo que o velho tem represado. Tudo pode ser seu, meu bem.

Renan entrou no carro e deu partida. Sandra ficou estática, com duas opções: ir para o trabalho na próxima quadra, ou aliar-se ao plano de Renan e arriscar a sorte.

Patrícia voltou carregada do supermercado. Sua ausência resultara na despensa vazia. E, para repor os produtos, teve de fazer um esforço maior naquela manhã. Nem bem pousou as sacolas no batente da porta, pôde ouvir a voz de Cida aproximando-se.

— Cida?! — exclamou surpresa.

— Preciso de um favor seu — havia um tom preocupado em sua voz que alarmou Patrícia, pois era acostumada a tê-la sempre alegre, cheia de piadas.

— Lógico! O que houve? — abriu a porta e fez o convite: — Vamos entrar, Cida.

Minutos depois, já sentadas no sofá, Cida, também depois de certificar-se de que Patrícia estava sozinha, declarou:

— Olha aqui — tirou do bolso uma chave e entregou para a amiga. — Esta chave aqui é muito importante, Patrícia.

— Chave?! — Patrícia começou a rir. — Para que essa chave, Cida?

— É de um cofre que tenho no banco.

— Cofre?

— É. Vou explicar: se acontecer alguma coisa comigo, quero que você entregue esta chave para a polícia.

— Polícia? — o rosto de Patrícia foi tomado pela preocupação. — O que você está me escondendo, Cida? Polícia, isso é sério. Você está em apuros, o que aconteceu?

Cida começou a rir, para aliviar a tensão e despistar as suspeitas que Patrícia pudesse captar.

— Você sabe que vivo sozinha com os meus filhos. Vivo praticamente sozinha, principalmente depois que o meu amor foi embora. Se bem que penso que ele pode voltar. E você sabe como é a nossa vida, uma vela acesa, como dizem por aí. Então, não queria deixar os meus meninos sozinhos, desamparados, não que eu tenha muito, mas tenho algumas economias que vão ajudá-los, enfim, você entende, não é? Tem também alguns endereços que deverão procurar — fez uma pausa. — Fui exagerada em falar em polícia, você mesma fica encarregada de abrir o cofre e direcionar o dinheiro aos meus filhos.

— Claro — Patrícia apertou a chave na mão. — Pode deixar que vou guardá-la comigo como um tesouro. Cida, eu fico muito feliz por você confiar em mim.

— Não confiaria em outra pessoa — assegurou pousando a mão sobre a da amiga, também emocionada.

— O que aconteceu para você ter essa atitude. Entendo que é pelo bem de seus filhos, mas o que poderia acontecer a você?

— Vou lhe contar o que vem me angustiando: venho tendo uns pesadelos horríveis. Sempre me vejo partindo, indo para longe.

— Viajando?

— Sem malas, Patrícia. Você entende?

— Morrendo? — Patrícia observou a confirmação de Cida e prosseguiu, num ar inocente, rindo: — Você é tão jovem, não pense nessas coisas.

— Vejo os meus filhos chorando, sozinhos.

— Chega! — Patrícia levantou-se e puxou a amiga pelo braço. — Vamos para a cozinha, vou preparar um café para a gente. Agora levanta esse astral. Nada de ruim vai lhe acontecer.

— Promete guardar essa chave?

— Que dramática que você acordou hoje, Cida. Está bem, fique sossegada, vou guardá-la muito bem.

Renan chegou a Prieto & Confecções e foi direto para sua sala, colocou a pasta sobre a mesa, caminhou apressado até o espelho e arrumou o cabelo, dizendo sozinho, em meio a um sorriso:

— Tem tudo para dar certo. E vai dar. Só preciso descobrir um jeito de convencer o velho a atender Sandra. Melhor não chegar apresentando. Vou descobrir outra maneira.

Ajustou a gravata no colarinho e alinhou sua ponta no cinto. Muito elegante e em movimentos leves, caminhou até a recepção.

Ivone estava, o que não era novidade, enlouquecida com toda aquela papelada sobre a sua mesa. Naqueles dias costumava falar sem olhar para as pessoas, pensava que agindo assim poderia economizar tempo.

— Onde está o doutor Emílio, Ivone?

— Numa reunião. Estou correndo porque quando ele voltar vai ser uma confusão!

— Reunião? — Renan murmurou.

Ele ficou alguns segundos estático, observando Ivone trabalhar e pensando em como conseguir uma entrevista de Sandra com Emílio. Olhou no relógio, faltavam duas horas para o horário combinado com Sandra. Tinha de ser rápido. Lembrou-se da agenda. Perguntou para a secretária:

— Ivone, preciso saber dos meus compromissos de hoje.

— Estão no seu e-mail, Renan — interrompeu Ivone, numa voz tensa. — Encaminhei hoje cedo o arquivo relacionando todos os seus compromissos.

— Sei — falou desconcertado. — Meu computador travou, eu não consegui acessá-lo. Acho que é a senha.

— Já ligou para o departamento técnico? Os meninos são rápidos, vêm em menos de duas horas. Doutor Emílio estabeleceu prioridade agora...

— Duas horas?! Você sabe o que eu posso perder em duas horas?

— Passe-me o número do pedido que eu converso com eles, peço prioridade da prioridade.

Não havia número, não havia pedido, muito menos computador quebrado.

— Um absurdo! Somos da diretoria — Renan enfatizou, representando um homem extremamente aborrecido. — O doutor Emílio sabe disso?

— Acho que não tem conhecimento do prazo. Quando ele precisa, os meninos descem na hora. Os outros funcionários têm o prazo.

— Não posso acreditar, Ivone!

Ela levantou a cabeça e informou:

— Está na circular divulgada pelo Pedro. Foi, inclusive, pauta de reunião.

— Sei, sei. Sempre o Pedro. Acontece que não posso esperar, preciso ver agora a minha agenda. Mostre-me.

— Não dá, agora estou...

Renan se colocou na frente do micro dela e a fez mostrar. Como se não bastasse, passou a fazer diversas perguntas.

— Minha agenda fica aqui? — perguntou, apontando para a tela do computador. — Nesse ícone, ao lado do Fábio?

— Isso. Essa é a agenda do Pedro, essa a do Fábio, essa...

— Essa é a do Emílio?

— É — confirmou Ivone, apressada em passar para Renan sua agenda. — Bom, vamos lá, você tem uma reunião às treze horas. Não poderá se estender, porque logo às...

— Tudo bem. Era tudo o que eu precisava. Acho que depois do almoço o meu computador estará consertado.

Renan tomou distância e foi para sua sala. Minutos depois voltou com um papel na mão.

— Ivone, vou precisar usar sua máquina.

— Minha máquina? Tem computador reserva na sala do Fábio.

— Não vou aborrecê-lo. Depois, preciso de uma máquina com senha, e a sua já tem. É rápido, preciso só digitar um documento que tem de ser impresso ainda na parte da manhã.

— Pode deixar comigo, eu posso digitar.

— Não! — Renan explodiu, depois da resistência dela e, tentando consertar, explicou: — É que não fiz rascunho, tenho de bolar na hora que for digitar.

— Entendo.

Silêncio.

— Então saia para eu começar, criatura — completou com dificuldade. — Por favor.

Ivone levantou-se em silêncio e ficou olhando Renan se instalar em sua cadeira. Ele, incomodado com a presença de Ivone ao seu lado, com os olhos fixos na tela do computador, disse:

— Vai ficar aí, criatura, me olhando? Não tem vontade de ir ao banheiro, tomar um café?

— Não tomo café — respondeu categoricamente.

— Mas eu tomo, vai buscar um para mim. Ah! Quente, não me venha com café frio que eu faço você tomar.

Renan certificou-se da saída de Ivone da recepção e começou a mexer na agenda de Emílio. A agenda estava repleta no período da manhã. Sairia ao meio-dia e meia para o almoço e retornaria às catorze horas para abrir uma reunião no departamento financeiro. Renan não teve dúvidas, encaixou o nome de Sandra Souza, corretora de imóveis, no horário de meio-dia e meia. Salvou o arquivo e o fechou.

Satisfeito, jogou o corpo para trás, sorrindo. Não demorou e Ivone apareceu com o café.

— Aqui está o café, Renan.

— Terminei — concluiu o rapaz, levantando-se da cadeira, todo sorridente e indo para sua sala.

— Renan?

— O quê? — indagou, virando-se para a secretária.

— O seu café — tornou Ivone, com o copo numa das mãos.

— Ah! — voltando para apanhar o café: — Obrigado, Ivone.

Já na sala dele, jogou o café no lixo.

Capítulo 26

Os fumantes, certos dias, determinam-se a parar de fumar, numa tarde qualquer, diante do espelho, durante o banho, numa segunda-feira, atendendo aos conselhos de algum amigo, da televisão, de um livro. Para tanto, têm de se esconder do tão arriscado vício, ou melhor, escondê-lo de seus olhos, para não cair em tentação. Por tudo isso, enterram, jogam pela janela todos os cigarros, fósforos, isqueiros.

E para Lígia não foi diferente. Estava certa de que tinha de controlar seu ciúme, do contrário, perderia, e desta vez para sempre, o seu amado Fábio. Foi então que juntou o celular, as chaves do carro e chamou o pequeno Rodrigo para uma brincadeira.

— Meu filho, está vendo isto aqui? Então, vamos brincar de esconder. Você terá de esconder da mamãe.

— Oba! Já sei, vou esconder e você terá de encontrar.

— É, quase isso. O melhor seria eu não encontrar — falou sem jeito.

— E que graça tem? — indagou o pequeno tão sério, que a fez sorrir.

— Se eu não achar, você será recompensado, meu querido. Um presente. Um presente fora da data especial.

— Legal! Presente extra?

— É. Agora pegue e esconda, antes que eu me arrependa — olhou as mãos pequenas de Rodrigo juntas, tentando amparar o celular e as chaves do carro e completou: — Ah! Meu filho, espere, leve isto também.

— O quê?

Lígia aproximou-se do guarda-roupa e o trancou, dando a chave para a criança.

— Isso é tudo.

Rodrigo, com dificuldade, pegou as chaves do carro, do guarda-roupa e o celular, e saiu feliz da vida. Antes de fechar a porta do quarto, avisou:

— Mamãe, você não pode me seguir, viu? Não vale olhar.

— Vou tentar.

— É sério — firmou o menino, levando a brincadeira para valer.

— Tudo bem, vai lá, querido — forçou um sorriso e finalizou: — Seja o que Deus quiser.

Assim como os viciados num momento de abstinência, Lígia teve sua crise horas depois do acordo realizado com Rodrigo. Sentia-se acorrentada, aflita; se fumasse, teria fumado até a embalagem que envolvia os cigarros, tamanho era o seu desespero. Cada minuto que passava, mais sua angústia aumentava. Não demorou em revirar a bolsa em busca do celular, quase quebrou a porta do guarda-roupa em busca de uma roupa apresentável.

O estado de desequilíbrio emocional de Lígia deixava uma porta aberta para que ela sintonizasse com espíritos de baixíssima vibração. Espíritos trevosos passaram a sussurrar em seus ouvidos comentários sombrios, que Fábio estava acompanhado de outra mulher e, ao lado dela, fingia o quanto a amava, fazia planos, acarinhando suas mãos, e ainda a criticava. Essas imagens passaram a frequentar o imaginário de Lígia cada vez com maior intensidade, fazendo-a acreditar ser tudo verdade, incentivando um comportamento infantil.

— Meu Deus! Vou enlouquecer — exclamou com as mãos na cabeça. Estava no meio do quarto, tomada por um vazio, uma solidão inexplicável.

Uma hora mais tarde, ainda mais perturbada, Lígia, como um oficial durante uma missão, apanhou todos os empregados da casa e os colocou a procurar seus pertences que, horas antes, haviam sido escondidos por Rodrigo. Depois de vasculhar dentro de casa foram todos para o jardim. Foi uma cena patética, Lígia, em pé no banco, ordenando onde cada um teria de procurar.

— Achei! Dona Lígia, encontrei o celular — gritou a cozinheira no meio das roseiras.

— Ótimo! Corra aqui, mulher, anda — bradava alucinada.

Lígia pegou o equipamento igual a uma criança que recebe um brinquedo novo. Estava todo enlameado. Ela não deu importância, tratou logo de acionar a tecla e ligou para Fábio, porém não obteve resposta. A cozinheira, também componente da missão, horrorizada com a situação, falou para Lígia:

— Dona Lígia, está descarregado.

— É. Está descarregado — tornou triste, afastando o aparelho lambuzado de terra da orelha e ainda preso em alguns fios de cabelo.

A cozinheira, assustada, correu para dentro da casa e ligou para Letícia.

— O que você está dizendo? Minha irmã está doente, só pode ser. Por que ela as fez procurar o celular se temos os telefones fixos?

— Então, eu falei, mas ela não me ouviu, parecia outra pessoa. Estava completamente cega. Liguei para a empresa para conversar com o seu cunhado.

— Fez bem, conseguiu? — perguntou Letícia.

— Não. Ele não estava e a secretária não tinha autorização para dar o número do celular.

— Tudo bem. Obrigada por me avisar, estou indo para casa. Por favor, avise os seguranças para não deixá-la sair. Dentro de meia hora estarei aí.

Renan estava em sua sala, ansioso. Consultava o relógio a todo momento. Sua cabeça não parava, pensava em cada passo, arquitetava cada movimento. Prometeu para si mesmo que investiria o máximo que pudesse para obter a cadeira, a posição e o status de Pedro. Já podia se ver ocupando a sala de Pedro e usufruindo de todo o conforto que ele possuía. O celular tocou no meio de seu devaneio.

— Sandra?!

O nome de Sandra soou como um despertador para a realidade, tanto que ele saltou da cadeira. Estava, como não poderia ser diferente, diante de uma grande expectativa: seu plano daria certo?

— Onde você está? — completou Renan.

— Trabalhando, meu bem, onde mais poderia estar? — respondeu numa voz doce.

— Como?! — esbravejou Renan.

— Calma! — sorriu. — Estou brincando. Não fui trabalhar, mas, olha, esse troço tem de dar certo, do contrário posso perder o meu emprego.

— Que susto você me deu! Uma notícia dessas, faltando uma hora. Quanto ao plano, tem tudo para dar certo; se fizer como estou planejando, nada vai sair errado — asseverou Renan confiante. — Fez o que falei? Pesquisou o material?

— Tudo e mais um pouco. Estou com tudo nas mãos, repassando alguns pontos. Não sabia que alguns terrenos eram tão disputados.

— Corre muito dinheiro nisso. Que barulho é esse? Onde está?

— Estou fazendo um dia da noiva — respondeu Sandra.

— Dia da noiva?! — perguntou sem entender nada.

— Num salão de beleza, meu bem. Saí agora há pouco de uma banheira de sais maravilhosa. Agora estou numa cadeira que faz uma massagem incrível, depois vou para o secador.

— E você conseguiu ler, mesmo fazendo tudo isso? — questionou Renan se divertindo.

— Confesso que você me deu poucas horas, tive de unir o útil ao agradável. Prepare-se para a conta, meu querido.

— Conta?!

— Lógico! E ainda consegui um desconto alegando ser noiva! — começou a gargalhar. — Mas não liguei para falar disso. Diga-me: qual é o hobby do velho?

— Hobby? Para que você precisa saber? O que pretende fazer, Sandra?

— Não vou ficar conversando com o empresário somente sobre negócios, não é? Preciso saber o que ele gosta de fazer no tempo livre, o que aprecia, entende?

— Ele gosta de pescar, colecionar selos — entregou Renan.

— Ótimo! Adoro pescar, entendo tudo sobre iscas, anzóis, varas — gargalhava a moça. — E você sabia que até fiz uma viagem à Europa para participar de um leilão de selos?

— Não! — rebateu pasmado.

— Nem eu, querido, acabei de inventar. Que horas a princesa tem de chegar ao castelo?

— Meio-dia. Está marcado para meio-dia e meia, mas é melhor chegar antes. Sandra, esse leilão de selos existe?

— Leilão de selos raros? Na Europa? Caso ele desconheça, eu vou deixá-lo conhecedor dos fatos e, se ainda não participou desse primeiro encontro, eu farei questão de tê-lo como companhia para esse evento. O que acha?

— Fantástico, fantástico, Sandra — acrescentou todo empolgado. — Nossa parceria está saindo melhor do que eu planejava.

Renan desligou o celular e, um pouco depois, ouviu uma batida na porta. Ele pediu para a pessoa entrar. Era Emílio.

— Bom dia, Renan. A Ivone disse que você queria falar comigo.

— Doutor Emílio, que prazer! Quer sentar-se?

— Não, obrigado — respondeu num tom amargo.

— Pensei, se o senhor estiver livre, que podíamos almoçar juntos.

— Claro, podemos. Algum assunto da empresa?

— Não, não vamos falar sobre a empresa, não quero aborrecê-lo com esses assuntos. Poderíamos ir àquela churrascaria próximo...

— Ok. Meio-dia e meia, pode ser? Não posso me demorar, porque tenho compromisso na primeira hora da tarde. Você já pediu para a Ivone fazer as reservas?

— Eu mesmo fiz, doutor Emílio. Duas reservas — afirmou Renan prontamente.

Emílio saiu. A porta se fechou e Renan deixou-se afundar na cadeira. Ele estava radiante, sorria olhando para o teto e imaginando o quanto Sandra seria responsável pelas mudanças que estavam por ocorrer na vida do velho empresário.

A respeito do encontro de Renan e Sandra, diante dos comentários de Sílvia, Gilda esclareceu:

— Livre-arbítrio. Cada um tem o seu.

— Fico triste ao perceber pessoas ruins na vida deles. Percebo que são oportunistas.

— Refere-se a Sandra e Renan? — observou a confirmação e prosseguiu: — São espíritos que, assim como os demais, estão em crescimento, porém ainda são muito apegados às ilusões, a exemplo das vidas anteriores que tiveram, e não conseguem ver além da matéria. São gananciosos e caminham para a perdição; não espere algo diferente deles. Sempre há tempo de mudar os caminhos e depende de cada um fazer isso.

— O comportamento que têm abre espaço para a aproximação de espíritos semelhantes.

— Exatamente.

— Eu me sinto impotente ao se tornarem vítimas das armações do Renan.

— Não há vítimas!

— Sei disso. Somos responsáveis por tudo o que nos acontece.

— Sim, minha querida. Temos que ter cuidado ao colocar determinadas pessoas em nossas vidas e com o valor que damos a elas. A força e a energia que damos ao outro podem ser ferramentas para nos alimentar, ou não — Gilda ficou mais alguns minutos conversando com Sílvia, quando finalizou: — Tudo o que tem presenciado servirá, com certeza, para ter uma maior compreensão do que aconteceu.

— Alô! Quem fala? — perguntou Pedro, ao atender o celular.

Ele tinha chegado havia cerca de dez minutos ao restaurante. Pedira ao garçom uma mesa para no máximo quatro pessoas. Depois de pedir uma bebida, ficou ali, aguardando Fábio e Letícia.

— Sou eu, Letícia. Nossa, a ligação não está das melhores.

— Oi. Tudo bom? Algum problema? Imagino que o trânsito.

— Eu não poderei ir ao almoço. Estou de saída aqui da clínica. Hoje está sendo um dia daqueles. Minha secretária não veio, parece que amanheceu febril, foi uma correria sem ela. O pior veio depois.

— O que houve? — quis saber, preocupado.

— A Lígia. Parece que entrou numa crise, depois eu lhe conto os detalhes. Estou indo para casa, vou ver como ela está. Vou almoçar lá, levá-la para sair, conversar, vou distraí-la.

— Então o Fábio também não virá?

— Não avisei nada para ele. Estava pensando, Pedro. Até quero sua opinião se devo agir assim, ou não. Eu resolvi poupá-lo desse acontecimento. Lógico que ele é o pivô dessa situação, ainda que sem querer. Gosto do Fábio e confio nele, tudo isso só vai aborrecê-lo. Vou para casa, converso com a Lígia...

— Sabe o que me preocupa?

— O quê? — perguntou realmente curiosa.

— Essa sua necessidade de levar essa família nas costas. Você não precisa disso. Até quando vai suportar essa carga? Ou melhor, essa condição de amortecedora das crises familiares?

— Tem razão. Preciso desvincular-me deles. Parar de absorver os problemas alheios.

— Desculpe-me por dizer isso, mas é como eu a vejo — falou com cuidado. — Gosto muito de você, Letícia, não quero vê-la sofrer. Pense em Robert, ele está para chegar, como ele vai encontrá-la? Mais tarde eu pretendo ir ao centro espírita, podemos conversar melhor, o que acha?

— Formidável — fez uma pausa. — Pedro?

— Oi.

— Obrigada — Letícia estava emocionada.

— Minha prima — confessou num tom doce —, eu a tenho como uma filha, você sabe. O Fábio está chegando, não vou comentar sobre o assunto, mas acho que seria bom deixá-lo ciente da situação.

Desligou o aparelho e esperou Fábio aproximar-me da mesa.

— Pedro, estou atrasado? Estava num encontro com um cliente fechando um negócio.

— Não, está tudo bem. A Letícia não virá. Está com problema na clínica. Vamos lá, está preparado para assumir o meu lugar? — sorriu ao fazer a pergunta.

Capítulo 27

— Então está combinado, Laís — Renan fez uma pausa e mudou o aparelho de telefone de lado, depois continuou: — Daqui a meia hora nos encontramos no shopping. Podemos marcar no local de sempre, lá na praça de alimentação, o que acha?

Desligando o telefone, ele fechou os olhos, respirou fundo, na intenção de controlar sua ansiedade. Nada poderia dar errado. Ficava, constantemente, repassando o plano que era ver Sandra chegar na hora do almoço, obrigando Emílio a atendê-la. Como Renan era conhecedor dos seus hábitos, sabia que ele a convidaria para um almoço, costumava fazer isso quando se reunia próximo ao horário do almoço. Deixaria as reservas com o velho empresário.

Meio-dia em ponto Renan recebeu uma mensagem no celular. Era Sandra, avisando que estava aguardando o elevador. Ele esperou cinco minutos e foi à recepção. Sandra estava sentada na recepção, e Ivone, atrapalhada, não conseguia entender a agenda de Emílio.

— Bom dia — disse Renan assim que se aproximou da mesa de Ivone. O cumprimento também foi para Sandra, que agiu como se não o conhecesse, mas isso não a desobrigou de piscar para Renan, que retribuiu com ar de riso.

— Pelo amor de Deus, você não veio me pedir nada, não é? — perguntou Ivone sem tirar os olhos da tela do computador.

— Algum problema? — perguntou num tom cínico.

— Passei, como de costume, a agenda do dia para o doutor Emílio. E lá estava escrito que ele estaria livre após as doze horas, com compromisso agendado somente após às catorze, só que apareceu essa moça dizendo ser representante de uma imobiliária. Achei impossível, mas, quando consultei a agenda, lá estava o nome dela.

— E agora, o que você vai fazer, Ivone? — interrogou Renan.

— Vou marcar outro dia para ela voltar. Não posso chegar para o doutor Emílio e dizer que tem uma pessoa à sua espera.

— Não! — exclamou Renan, quase aos berros. — Você não pode fazer isso, Ivone. Que imagem ela levará da empresa? Desorganização? Somos uma organização de respeito, não podemos agir assim. Depois, ela pode sair ressentida com o tratamento e oferecer o projeto para o concorrente. Já pensou?

— É, você tem razão — assentiu a secretária angustiada. — Renan, você poderia atendê-la?

— Eu. Não, não posso — Renan respondeu apressado. — Tenho um compromisso.

— Vou ver se o Pedro pode atendê-la — tornou Ivone, pegando o aparelho de telefone.

Renan pousou a mão sobre a de Ivone e advertiu numa fala mansa:

— Melhor você assumir o erro. Vá até a sala do doutor Emílio e explique a situação, será melhor para você.

Não se esqueça de que somos seres humanos, passíveis de erros. Diga-lhe a verdade.

— É, você está certo. Vou assumir o ocorrido. Seja o que Deus quiser — Ivone levantou-se e caminhou, nitidamente desconcertada, até a sala de Emílio. Antes de entrar, virou-se para Sandra e disse: — A senhora espera só mais um minuto, por favor.

— Senhorita, querida — Sandra fez a correção.

— Sim, desculpe-me — Ivone finalizou e desapareceu na sala de Emílio.

Renan correu em direção de Sandra e sussurrou:

— Está dando tudo certo. Agora é com você.

— Pode deixar comigo, querido — Sandra encostou os seus lábios nos de Renan.

Emílio irritou-se sobremaneira ao saber da falha da secretária.

— Eu posso, doutor Emílio, se o senhor quiser, pedir para ela voltar outro dia — prontificou-se Ivone numa voz chorosa.

— Já devia ter feito isso. Você sabe dos meus hábitos. E se eu tivesse assumido outro compromisso no horário do almoço, Ivone? — fez uma pausa e depois completou: — Desapareça da minha frente. Marque para outro dia e não se esqueça de consultar a agenda.

— Sim, senhor, isso não vai mais se repetir — concluiu Ivone enquanto se dirigia à porta.

Ela saiu da sala e se deparou com o mesmo cenário que havia deixado. Sandra sentada na sala de espera e Renan em pé, próximo à sua mesa.

— Então, o doutor Emílio vai recebê-la? — perguntou Renan.

— Não. Ele mandou marcar outro horário, tem um compromisso.

— Não é possível — interrompeu Renan. — Você explicou a gravidade dessa desfeita?

Sandra folheava sem interesse a revista; embora discreta, estava atenta aos acontecimentos.

— Ele não me pareceu preocupado em não atendê-la, Renan. Se bem que ele estava tão furioso comigo que nem me deu ouvidos. O pior é que vou ser lembrada dessa falha até o apocalipse.

— Realmente, esse tipo de procedimento é considerado como removedor de qualidades — frisou Renan.

— Como?! Removedor?

— É. Vão se esquecer das suas qualidades e ressaltar os seus defeitos. Mas não se preocupe, Ivone, eu mesmo vou conversar com o doutor Emílio. Não fale com a moça ainda. Espere. Vou ajudá-la, livrar sua cara desse mal-entendido.

— Renan — disse a secretária emocionada —, você vai fazer isso por mim? Obrigada.

— Se o doutor Emílio recebê-la e fizer algum negócio, ele vai até esquecer o fato, Ivone — tornou Renan, forçando um tom amigo. — Confie em mim.

Emílio colocava o paletó quando Renan bateu em sua porta.

— Entre — respondeu num tom mal-humorado.

— Doutor Emílio, o senhor está pronto para o almoço?

— Sim — replicou o velho secamente.

— Parece aborrecido — Renan começou a especular.

— Nada grave, nada importante. Vamos?

Renan parou na sua frente e iniciou o assunto, temendo não ter êxito no plano.

— Já sei o que houve. Ivone comentou sobre o erro que cometeu.

— Não tolero esse tipo de falha. Isso me irrita, e muito.

— Acho interessante o senhor recebê-la, doutor Emílio — Renan notou o silêncio do velho e prosseguiu num tom firme, enumerando os argumentos já apresentados à Ivone e acrescentando outros. — O senhor já pensou que ela pode ter reservado um projeto perfeito para nosso crescimento, digo como empresa, projeto esse que pode suprir a nossa necessidade de implantação e ampliação numa região?

Emílio, como se estivesse hipnotizado, sentou-se em sua cadeira, atento às palavras.

— Penso até que ela pode apresentar o projeto aos nossos concorrentes e então será a perdição, adeus aos projetos.

— Realmente, você tem razão — manifestando sua irritação. — Ivone poderia...

— Esqueça, doutor Emílio. Depois, o senhor pode adverti-la, sei lá, eu mesmo posso cuidar disso junto ao RH, mas agora acho que o melhor seria atender a moça.

— E o nosso almoço?

— Teremos outros dias, quem sabe para comemorar esse acontecimento? — Renan falava num tom simpático. — Fiquei sabendo por um amigo que ela é uma pessoa muito requisitada, conhece o universo imobiliário como poucos.

— Você a conhece?

— Não, senhor — a resposta saiu apressada. — Um amigo me falou.

Emílio curvou-se sobre a mesa, na intenção de alcançar o aparelho de telefone. Apertou uma tecla e ordenou, logo após ser atendido:

— Ivone, por favor, peça para a moça entrar.

Instantes depois, a sala, carregada de aspecto conservador, opaco, foi invadida pelo perfume e frescor da jovem Sandra.

— Doutor Emílio, essa é a senhorita Sandra Souza.

Apertaram as mãos e, antes de se sentarem, Emílio virou para o genro e fez a apresentação.

— Sandra, esse é o Renan, meu genro. Renan Valência, ele é um dos diretores da organização.

Os dois apertaram as mãos como se fossem desconhecidos.

— O senhor precisa de mais alguma coisa, doutor Emílio? — perguntou Ivone.

— Providencie um café — virou-se para Sandra e perguntou: — Aceita um café, uma água?

— Aceito uma água, sem gás, por favor — respondeu Sandra polidamente, numa voz rouca.

Renan até se espantou com a mudança no tom de voz que ela usou, toda sensual.

Depois que Ivone saiu da sala, foi a vez de Renan se manifestar.

— Bom, doutor Emílio, também estou saindo. Já ia me esquecendo de comentar com o senhor, a Laís passou uma mensagem para nos encontrarmos para um almoço, eu disse que estava comprometido com o senhor, mas vejo que não vai se importar se eu for encontrá-la.

— De forma alguma — tornou o velho num rosto animado. Emílio observou Renan sair e comentou com Sandra: — Jovens e apaixonados.

Emílio sentiu-se encantado por Sandra desde o início. Não conseguia nem atentar ao que ela dizia, apenas apreciava seu gestual, sua beleza, seu comportamento admirável.

A jovem, muito astuta, não deixou por menos. Aplicava gestos propositais, jogava os cabelos, cruzava as pernas, pousava as mãos bem tratadas sobre a mesa, folheava, delicadamente, os papéis sobre o colo; noutro momento procurava o pingente que tinha pendurado na corrente suspenso sobre o decote do vestido. Abria um sorriso e fixava os olhos sobre os de Emílio.

— O que o senhor acha?

— O quê? Desculpe-me, o que disse? — indagou Emílio, totalmente desconcertado.

Sandra repetiu, internamente satisfeita com o resultado que estava conquistando.

— Como estava dizendo, doutor Emílio, a área é fantástica! — argumentava com um entusiasmo contagiante. — Estou abrindo com o senhor em primeira mão. É um lugar privilegiado, pouco explorado, mas está sendo procurado por muitos empresários que têm o propósito de instalar suas empresas.

O assunto imobiliário já não despertava mais nenhum interesse em Emílio. Não tardou para o assunto se estender ao universo da pesca, assunto responsável pelos minutos que correram rapidamente e só foram interrompidos por Ivone.

— Doutor Emílio, desculpe-me, é só para deixar um recado do Renan. Ele pediu para informá-lo de que as reservas do restaurante estão comigo, o senhor quer que eu as cancele?

Emílio apertou um botão do aparelho que estava no viva-voz, rapidamente, olhou para Sandra e fez o convite.

— Como vê, vou almoçar sozinho, gostaria de me acompanhar?

— Seria um prazer — aceitou discretamente.

— Ivone, não as cancele. Vou ao restaurante. Peça para o motorista tirar o carro, vamos descer daqui a dez minutos.

Sandra sorriu, retribuindo o gesto de Emílio.

Horário de almoço, praça de alimentação do shopping repleta de gente. Laís, no meio de várias pessoas, ocupava uma mesa, aguardava Renan. Estava distraída, lendo um artigo do jornal. De repente, levantou os olhos e pôde vê-lo.

Renan estava saindo da escada rolante, todo alinhado, terno e gravata, óculos escuros e um maço de rosas nas mãos. Logo que viu Laís acenando, retribuiu e caminhou em sua direção.

— São para você.

— Renan, que lindas! — tornou agradecida ao recebê-las. — Tenho novidades.

— Quais, meu amor?

— Conversei agora há pouco com a Letícia e parece que o doutor Emílio vai deixar realizar o meu aniversário na mansão.

— Que bom! Parece que agora você está aceitando bem essa festa.

— É. No início só a Letícia queria, mas, depois que falou que ele estava concordando, pensei que poderia ser um bom dia para a gente marcar a nossa união.

— Nosso casamento?! — Renan ficou visivelmente apreensivo.

— É, meu querido. Acho uma data apropriada. Pensei em marcar para daqui a dois meses, o que acha?

— Nossa! Você pensou em tudo — forçou um sorriso. — Que bom!

— Sabia que você ia adorar a notícia — vibrando, Laís aproximou-se do rosto do noivo em busca de um beijo.

Depois de beijá-la, Renan perguntou:

— Já pediu alguma coisa?

— Não — respondeu com um sorriso cativante, sincero, apaixonado. — Pensei numa massa, o que acha?

— Seu pedido é uma ordem. Vamos de massa — Renan levantou-se. Antes de se dirigir até o local para fazer o pedido, selou outro beijo nela.

Pouco depois, Laís, da mesa, pôde vê-lo na fila, aguardando sua vez de ser atendido. Acenou para ele e voltou ao artigo que estava lendo.

— Com licença — disse uma voz feminina interrompendo sua leitura.

— Pois não.

— Desculpe-me chegar assim, você nunca me viu, mas é que eu estava sentada ali e senti que tinha de lhe falar algo — justificou-se a estranha ao seu lado.

— Falar-me? A gente se conhece?

— Não. Eu vim alertá-la — a mulher expressava sinceridade.

— Alertar-me? — questionou Laís, num misto de surpresa e susto.

Renan chegou nesse momento, trazia uma bandeja nas mãos e atento a ela não percebera que Laís estava acompanhada. Ao sentar-se, ficou desconcertado e perguntou:

— O que foi, Laís? Algum problema?

— Não. Eu só estava pedindo uma informação — antecipou-se a mulher, saindo.

— Não, espera — pediu Laís, um pouco impressionada. — Você falou que queria me alertar. O que você queria me dizer?

A mulher sorriu e declarou:

— Nem tudo é o que parece ser.

— Que absurdo! A senhora quer sair daqui, por favor — esbravejou Renan pálido.

— Uma frase tão vaga... — Laís sentiu que havia alguma verdade e insistiu: — O quê? O que a senhora está querendo dizer?

— Você vai se casar, minha jovem, ter filhos, mas não será com esse que a acompanha.

Renan ficou tenso. Não demorou em destratá-la, chamando a atenção de quem almoçava ao redor. A mulher se afastou em silêncio, sem devolver a agressão.

— Calma, meu amor — tentou confortá-lo Laís.

— Como você pode dar crédito a uma mulher dessas?

— Eu não acreditei nela, querido. Ela chegou assim, sem mais nem menos, falando essas coisas.

— Como deixam entrar uma mulher dessas aqui, toda maltrapilha, num shopping! Vou fazer uma reclamação. Não se pode ter paz nem durante o almoço.

Laís abraçou-o no intuito de confortá-lo. Renan fechou os olhos, pôde sentir seu coração descompassado. Ao abrir os olhos novamente, viu Cida descendo a escada rolante, havia em seu rosto um sorriso vitorioso. Cida não deixou de acenar para o vizinho. Esse gesto o deixou ainda mais preocupado.

Capítulo 28

O restaurante era suntuoso, muito bem decorado. O local enchia os olhos de seus visitantes ávidos por novidades. Era notório ainda, entre duas janelas, um aparador confeccionado em madeira rústica, que ficava sob um espelho que apontava até o teto, e sobre o qual, dentro de um recipiente de vidro, havia uma joia.

— Gostou? — perguntou Emílio ao ver Sandra seduzida logo na entrada do restaurante.

— É muito linda! E o restaurante também!

— O dono é meu amigo. Ele tem algumas peças em exposição. Depois, podemos percorrer o local — comentou o velho sorrindo. — Aqui já funcionaram leilões também, mas tudo é realizado num circuito fechado, reservado para poucos.

— Entendo.

— Você já conhecia aqui?

— Vim duas vezes, acho — respondeu Sandra. — Faz tempo.

— Deve ter sido antes da reforma. Este lugar ficou quase dois anos fechado, mas, quando reabriu, foi para colorir nossa vida e esvaziar nosso bolso.

Os dois riram.

Emílio, delicadamente, puxou-a pelo braço, direcionando-a para a mesa reservada, que estava sendo indicada pelo maître. O empresário pousou a mão nas costas de Sandra, fazendo que ela ficasse à sua frente.

O almoço seguiu agradável. Sandra colocou em prática tudo o que havia aprendido em revistas e livros de etiqueta. É verdade também que sua habilidade com talheres e copos era resultado de muito treino com os talheres velhos e copos de massa de tomate da casa de Helena. Mas, com certeza, valera a pena ter ficado algumas noites em claro treinando. Emílio ficou encantado com a sua intimidade com a mesa.

— Você conhece aquele rapaz que está na terceira mesa à nossa esquerda? — perguntou Sandra, incomodada com os olhares nada discretos que vinham da outra mesa.

— Sim — respondeu Emílio, acenando para o jovem. — É jornalista. Acho que o nome dele é Jarbas, muito competente, um jovem promissor. Ele fez uma entrevista comigo para uma revista direcionada — fez uma pausa. — Você deve ter visto essa publicação, não? Saiu há cerca de dois meses.

— Lamento, eu não vi. Nessa época eu estava muito envolvida com o trabalho, estive viajando. Acho até que é um defeito meu, mas, quando estou focada num trabalho, não consigo desviar a atenção.

— Viajando? Fora do país? — interrompeu Emílio, curioso.

— Não. Na verdade não estava nem fora do Estado. Viajei para o interior, realizando pesquisas de terras férteis, compreende? — completou a mentira.

— Nossa, você é apaixonada pelo que faz!

Conversaram a respeito de negócios durante alguns minutos, logo depois sobre outros assuntos, música, arte, cinema e, quando o tema fugia do entendimento de Sandra, Emílio, muito atento, tratava de mudar. Ele sentia-se bem ao lado dela, procurava não decepcioná-la e menos ainda deixá-la constrangida. Por vezes Emílio utilizou-se desse método para dispensar oportunistas de plantão, mas com Sandra era diferente, não havia insinuação gratuita, forçada. Assim como sua beleza, tudo soava natural e necessário como o ar.

Na hora de ir embora, Emílio sugeriu:

— Posso deixá-la na empresa, se preferir. Deixou seu carro lá?

— Não. Vim de táxi.

— Então posso levá-la até seu escritório.

— Não. Muito obrigada, doutor Emílio. Não quero trazer problemas. Depois, o senhor sairá do seu roteiro e não será uma carona.

— Primeiro não gostaria de vê-la me chamando de senhor novamente. Depois, não será problema algum, diga-me onde posso deixá-la — propôs empolgado.

— Tudo bem.

Emílio, que já havia dispensado o motorista, tomou a posição no veículo e deu partida. Acrescentou:

— Vou deixá-la em seu escritório.

— Não! Vou para casa — Sandra falou, mas na mesma hora se arrependeu.

— Ótimo! Então eu posso levá-la. Onde fica?

— Boa tarde! Eu preciso falar com o senhor Júlio Andrade e a senhora Ana Maria Andrade. Pode chamá-los, por favor? — pediu Valter.

Valter estava radiante, certo da resolução do caso. Ainda há pouco tinha conversado com a sua secretária, o que tomou parte do seu tempo.

— Dona Elaine, boa tarde. Como estão as coisas por aí?

— A cafeteira chegou, seu Valter — informou ela, direta como uma metralhadora giratória.

— Que bom! — afirmou contente.

— Junto, a conta. Um absurdo, seu Valter! Dava para comprar outra novinha. Depois, estava na hora de aposentar essa porcaria, jogá-la no lixo.

— Tudo bem, depois a gente vê isso. Agora me diga, estamos com muitos contatos?

— Vários contatos agendados. Teve um abusado que não queria deixar o telefone, disse que só deixava se fosse com o senhor, ou com a secretária, pode? Só porque eu estava passando uma vassoura no escritório, ele pensou que eu fosse a faxineira.

— Ele não quis deixar o contato?

— Não. Depois eu expliquei para ele que eu era o tipo faz-tudo e ganha pouco, sabe? Esclarecidos os fatos, ele deixou o recado para o senhor entrar em contato.

Valter não conseguiu controlar o riso e continuou:

— Dona Elaine, estou prestes a concluir este caso, ou seja, logo estarei de volta.

— Ainda bem, seu Valter, porque as contas estão chegando, e o salário que o senhor me paga não dá nem para as minhas despesas, imagina cobrir as suas. Estou pensando seriamente em trabalhar com a minha prima Daliene no andar de cima. Como diarista, ela ganha mais que eu, e melhor: não precisa nem trabalhar aos sábados...

Valter desligou o aparelho esboçando um sorriso, já estava acostumado com a espontaneidade de Elaine.

Nem dava créditos aos seus comentários, pois não vinham do coração.

— Júlio? Não senhor, não é daqui não — disse a mulher vestida num avental molhado, tomada por uma voz distante, triste.

Depois de Valter insistir, a vizinha do lado foi acionada.

— Conheço, conheço demais, ou melhor, conhecia. O seu Júlio faleceu depois que a Patrícia foi para São Paulo.

— São Paulo? — perguntou Valter ansioso por notícias.

— Pois é, depois que ela se casou, o pai morreu, acho que de desgosto. O marido dela não prestava, era bonito, muito, mas também era mau-caráter — bombardeava a vizinha gorda, de cabelos enrolados e muitos gestos.

— Então você os conhece?

— Sim. Minha tia morava aqui nesta casa onde estou. Eu vinha passar férias e brincava com a Patrícia. A dona Ana Maria era um doce de mulher, recebia-me muito bem, com guloseimas.

— Onde elas estão?

— A Patrícia está em São Paulo, e a dona Ana Maria, depois que enviuvou, vendeu a casa e mudou-se. Essa casa virou de veraneio, assim como a maioria das casas da região. Não é, Val? — virou-se para a mulher que permanecia muda, olhando os dois.

— Para onde se mudaram, você sabe? — perguntou Valter agitado, procurando justificar a necessidade de saber o paradeiro delas. — Desculpe minha urgência em saber notícias, fui muito amigo do Júlio, cheguei a ser padrinho de casamento dele, depois, com o decorrer da vida, os anos, eu perdi o contato. Tanto que estou abalado com a notícia da morte dele.

— Sei como é, mas não tenho o endereço, não. Assim como o senhor, eu perdi o contato. Depois da adolescência, eu deixei de vir para o litoral. O senhor sabe como é, a gente começa a namorar, fica difícil acompanhar a família para viagens e deixar o namorado para trás.

— E sua tia? Posso falar com ela? Pode ser que saiba do paradeiro.

— Minha tia, pois é, ela sabe, com certeza. É muito amiga da dona Ana Maria, tem, com certeza, o endereço — afirmou a gorda sorrindo.

— Você pode chamá-la?

— Não. Ela não mora mais aqui. Os anos a fizeram dependente das noras, coitada, ela mora em São Paulo, dividida, dias na casa do filho caçula, dias na casa do mais velho. Os meus primos alugaram esta casa para mim, porque meu marido foi transferido de trabalho para cá.

— Sei — disse impaciente, pouco interessado na vida particular da mulher. Compreendia sua necessidade em falar, pois vivia ali, numa rua de poucos vizinhos fixos, a maioria das casas de veraneio e, para completar, aquela vizinha de poucas palavras, quase muda. Situação compreensiva. — Será que você poderia me dar o telefone da sua tia? Minha esposa e eu temos muita vontade de retomar aquela amizade da juventude, compreende? Precisamos nos retratar com a Ana Maria.

— Lógico. Vou pegar um papel para anotar.

A gorda voltou avisando:

— Minha tia não está em casa, viu, moço. Ela está viajando para a Bahia, parece que volta daqui a um mês.

— Um mês? — perguntou aflito enquanto recebia o papel da mão da gorda. — Tudo bem, muito obrigado.

— O senhor não repara a Val, viu? — cochichou próximo ao ouvido de Valter. — Minha amiga está em depressão, coitada. O marido a deixou...

Valter já estava virando a rua quando se voltou para trás e pôde ver a gorda gesticulando, rindo, enquanto a vizinha permanecia estática, cabeça baixa, alisando o avental molhado.

— Nem tudo está perdido — murmurou Valter.

O semáforo passou de vermelho para verde. Renan deu partida, na quadra seguinte virou e entrou no estacionamento. Minutos depois ele estava sentado numa mesa na frente de Sandra.

— Como foi com o velho?

— Perfeito, querido — respondeu ela, sorrindo. — Só teve um problema, ele insistiu em me levar para o escritório, pois eu disse que estava sem carro. O pior é que não fui rápida na desculpa e acabei falando que estava indo para casa.

— E o que você fez? — perguntou Renan apressado.

— Não deu para desviar o itinerário. Fiz ele me deixar na porta do seu prédio.

— Como? — o tom dele era agora nitidamente nervoso.

— Não tive escolha. Depois eu falei que estava de mudança, procurando outro local e consegui convencê-lo. Ele pediu o meu cartão, suei frio, inventei que estava noutra bolsa, essa desculpa de mulher que vive trocando de bolsa, e passei o número do celular. Eu ainda joguei charme de difícil, não fiz o convite para ele entrar. Seria muito apressado para o comportamento de uma moça.

Renan não deixou de rir.

— Sem problemas, depois, só a Laís sabe daquele apartamento. Não vejo nada de mais. A gente arruma isso. Você não faz ideia do que aconteceu no almoço.

— Do almoço com a Laís, a princesa do império?

— É. Estava no shopping e adivinha quem chegou? A Cida. Aquela encardida veio com um papo de vidente para cima da Laís, e na minha frente. Ela não tem noção do perigo.

— Já lhe disse, essa mulher vai ser sua perdição — Sandra lançou a profecia rindo. — Cada dia ela vem com uma novidade.

— O pior é que estou nas mãos dela. As provas contra mim estão guardadas em outro lugar. Ela me ameaçou, se acontecer alguma coisa com ela, serei entregue à polícia. Se não fosse isso, eu dava um jeito. A situação está se tornando um beco sem saída, Sandra. A Laís hoje veio com a novidade de que quer marcar a data do casamento no dia do aniversário dela. Não posso adiar novamente.

— Adoro bolo de casamento — Sandra esbaldava ironia.

— Não estou brincando. Sandra, eu preciso me livrar da Cida, separar-me da Patrícia.

— Calma. Precisamos pensar. Essa Cida não tem nenhum ponto fraco?

— Não. Não que eu saiba.

— O que você sabe dela? — investigou Sandra tentando ajudá-lo.

— Além de encardida, intrometida? Mora com os filhos numa pocilga e vive na esperança de o marido, que um dia a abandonou, voltar para tirá-la de lá.

— É isso?!

— O quê?

— Você tem que entretê-la. Lance algumas cartas apaixonadas para essa cretina, amoleça o coração dessa ridícula.

— Você acha que assim eu vou... — Renan iniciou um deboche.

— Querido, você não entendeu. Na segunda carta, você envia uma passagem para o Estado do Acre. E aí, essa fulana some...

— É, realmente, ela pode sumir por uns dias — Renan começou a se animar —, e eu posso ganhar tempo tirando-a do caminho.

— Ou sumir com ela para sempre — finalizou ela num tom sério.

Capítulo 29

Letícia, a muito custo e com a ajuda de Pedro, convenceu Lígia a assistir a uma palestra. Lá chegando, todos foram muito bem recebidos. Havia harmonia, paz, uma energia pura, necessária. E Lígia começou a sentir essa energia, era o que precisava, e acabou confidenciando seu sentimento a Letícia e Pedro.

As últimas horas tinham sido de tormento. Lígia se viu presa numa energia fria, sem forças, tanto que Letícia, quando chegou em casa, encontrou-a caída no chão do quarto. Pacientemente, Letícia acomodou a cabeça da irmã em seu colo e, enquanto ela contorcia o corpo como uma criança indefesa, chorando, Letícia rezava, pedia proteção, força, para que ela suportasse aquele momento. Também não tardou em buscar o auxílio de Pedro, que, como sempre, prontamente, horas depois, estava na companhia das duas.

No centro, Lígia sentou-se à mesa entre Letícia e Pedro, e deu as mãos aos dois. Fechou os olhos num misto de paz, alegria e equilíbrio.

Em meio àquele silêncio, o espírito de Sílvia aproximou-se da mesa e, emocionada, passou a mão lentamente sobre as filhas. Em seguida, sobre Pedro, que muito sensível a sentiu.

Na saída, quando Letícia e Lígia esperavam o carro que Pedro havia ido buscar, uma sombra encostou novamente ao lado de Lígia. Não tardou para a jovem se manifestar.

— O que vocês fizeram comigo, Letícia? — quis saber como se fosse uma pessoa que tivesse acabado de acordar de uma anestesia. — Que lugar é esse?

Letícia compreendeu tudo e mais tarde comentou com Pedro, que se expressou num tom triste:

— Ela está emocionalmente mal.

— Precisa de muita oração.

— A oração ajuda bastante, mas não vai curá-la. Sua irmã precisa fazer a parte dela. Precisa rever conceitos e valores, mudar sua postura, ser uma mulher mais segura. O ciúme cega e afasta do verdadeiro caminho do amor.

— Creio que Lígia tenha condições de mudar. Seu espírito está muito vulnerável, por esse motivo, capta essa energia ruim, mas sinto que ela passará por uma mudança sem igual.

— É, e tudo vai melhorar — acrescentou Pedro. — Tenha confiança.

Ambos se abraçaram emocionados.

Renan adotou novos hábitos depois da volta de Patrícia. Sempre na intenção de não magoá-la, atendendo o pedido de Cida, sua estimada vizinha. Por esse motivo ele procurava, a muito custo, chegar mais cedo em casa, e mais: procurava ajudá-la nos afazeres domésticos. Secava louça, dobrava peças de roupas, fazia questão de colocá-las no guarda-roupa. Essa atitude dele fazia

Patrícia refletir se a separação que tanto vinha desejando era mesmo necessária.

Naquele dia, em especial, Patrícia estava na cozinha, preparando o jantar, quando Renan saiu do banho. Logo após, ele tratou de atuar como bom marido e, ao tirar a toalha da mesa, no propósito de trocá-la pela toalha de refeição, ouviu o barulho de algo caindo no chão. Ele se abaixou para apanhar e viu que era uma chave. Curioso, perguntou para Patrícia de onde era aquela chave. Ela respondeu prontamente:

— Essa chave é da Cida. Coitada, Renan, ela vem tendo sonhos que vai morrer, acredita? Então me deu essa chave para entregar para os filhos caso aconteça algo. Bobagem da cabeça dela.

— Entregar para os filhos? — interrogou ele, com a mão trêmula diante da chave.

— É. Primeiro ela falou para entregar para a polícia. Eu questionei, fiquei preocupada. Ela contou que suas economias estavam lá e, caso acontecesse algo com ela, era para eu entregar a chave aos filhos, para não passarem necessidade. Não é uma fortuna, pelo que comentou, mas é dinheiro suficiente para procurarem ajuda, ou até arrumar um emprego.

— Que bobagem! — murmurou, alisando a chave.

— Foi o que eu disse. Para ela tirar isso da cabeça, não dar importância para sonhos sem fundamentos — Patrícia caminhou até ele e sorrindo tirou a chave de suas mãos.

Renan, tentando disfarçar, indagou:

— O que você vai fazer, devolver?

— Não. Vou guardá-la. Se ela confiou a chave a mim, devo ser boa amiga.

O marido observou a esposa acomodando a chave num pote de enfeite que ficava sobre a estante. Ele não resistiu a mais uma pergunta, a principal.

— De onde é essa chave? — sorria para descontrair. — Parece ser de um cofre.

— É de um banco lá no centro da cidade — falou distraidamente, inclusive o nome. Prosseguindo, sem entusiasmo: — Você coloca os pratos, vou buscar as travessas que estão na cozinha. Renan, você está me ouvindo? — inquiriu num tom doce ao ver os olhos do marido perdidos, voltados para o infinito.

— Sim, estou. Pode deixar — fez uma pausa, depois prosseguiu: — Patrícia?

— Oi — disse voltando da cozinha.

— Não comente com ela que eu sei da chave. Se ela confiou a você, imagino que vai querer segredo. Pode ficar constrangida.

— Sim, você tem razão — Patrícia, feliz com a atitude do marido, não esperava essa reação. Sorriu e tratou de esquecer o episódio, tanto que fixou os olhos na mão esquerda do marido e interpelou: — E sua aliança, Renan? Perdida na sua gaveta?

— É, estranho. Eu jurava tê-la colocado na minha gaveta, mas não está lá — Renan abriu um sorriso. — Penso até em comprar outra, para substituir.

Renan ficou paralisado alguns segundos, com o olhar perdido no horizonte, pensando num assunto diferente do desaparecimento da aliança. Não podia acreditar na sua sorte. A chave com os seus segredos dentro da sua própria casa. Não precisou nem se preocupar em armar algum plano para obter as provas, elas caíram gratuitamente em suas mãos. Considerou aquilo como recompensa por ter sido um bom marido. Acabou gargalhando no meio da sala.

— O que foi? Por que está rindo?

— Eu me lembrei de uma piada.

Já estavam deitados. Renan, virando-se de um lado para o outro, estava bastante ansioso. Não conseguia dormir, resolveu levantar.

— Está se trocando? Vai sair? — quis saber Patrícia, com voz sonolenta.

Ele consultou o relógio e respondeu:

— Vou comprar sorvete. Estou com calor.

— Tem na geladeira. Comprei hoje.

— Do que você comprou?

— De morango, como você gosta.

— Estou com vontade de saborear um de flocos. Vou até a padaria buscar e volto já. Adoro morango com flocos.

Patrícia sorriu e virou-se para o outro lado. Renan respirou aliviado. Pegou a chave do carro e também a chave da Cida, pois tinha intenção de tirar uma cópia. Para não levantar suspeita, tratou de colocar outra chave, semelhante, no lugar.

Já no carro, Renan resolveu providenciar a cópia distante do bairro onde morava, para não levantar suspeita. E assim fez.

— Estou fechando amigo, se tivesse chegado antes. Amanhã eu abro cedo.

— Eu preciso dela hoje porque viajo daqui a poucas horas e preciso deixar com a minha esposa.

— Desculpe-me, moço, está fechado.

— Pago o dobro.

— Não paga nem a conta de luz e meu trabalho, o senhor entende? — argumentou o homem com cara de poucos amigos, irritado com a insistência.

— Está certo, é muito importante para mim. Pago cinco vezes o valor real.

O homem, ainda que cismado, lançou um valor absurdo para ver a desistência de Renan, porém, pelo contrário, o que obteve foi a concordância do jovem.

Uma hora mais tarde, Renan estava de volta ao seu apartamento, colocando a chave no lugar onde havia encontrado. O passo seguinte seria ir à agência do banco.

— Ué, cadê o sorvete? — perguntou Patrícia.

— Acordada? — indagou Renan assustado ao vê-la como uma sombra no escuro do apartamento.

— Perdi o sono.

— E eu perdi a vontade de tomar sorvete. Procurei e não encontrei, desisti.

— Você, desistindo fácil... Está mudando. Boa noite — finalizou Patrícia, indo para a cama.

— Boa noite. Excelente noite, querida — murmurou por fim rindo. Pousou a mão no bolso e certificou-se de que a chave estava ali. Teria uma noite muito agradável.

Lígia prometeu não só a si mesma, mas também a Letícia que ficaria comportada diante de Fábio e, principalmente, na sua ausência. Tudo para o bem do seu casamento. Para Lígia o primeiro dia havia sido horrível, mobilizou quase toda a família para não ligar para o marido e temia não suportar o dia seguinte.

Logo que Fábio chegou, Lígia não suportou e correu para seus abraços. Lamentou a sua ausência, sugerindo uma viagem a dois. Quando ia perguntar por onde ele andara durante o dia, ela percebeu o olhar controlador de Letícia e silenciou.

Assim que o jantar acabou, Rodrigo pediu para a mãe acompanhá-lo até o quarto. Foi essa a oportunidade que Fábio teve para conversar com a cunhada.

— Letícia, parece que ela está modificada. O que você acha? — Fábio perguntou animado, confiante na mudança da esposa.

— Você gosta dela, Fábio?

— Sim, gosto, Letícia. Por quê?

— Se você gosta, terá que ter muita paciência, muita. Lígia é muito frágil, completamente insegura. Eu não digo isso para que você fique com ela, mas para não alimentar algo que não existe ou ficar com ela por pena. Você entende o que quero dizer, Fábio?

— Sim, lógico. Eu gosto dela, o que me incomoda é aquela perseguição, a necessidade de ela ver mulheres onde não existem.

— Você acredita que ela esteja curada? Será que ela era assim, ou está se passando por outra pessoa para não perdê-lo?

— Ela está se esforçando para manter nosso casamento.

— Fábio, não se iluda achando que a Lígia mudou de ontem para hoje.

— Sei disso, cunhada — Fábio respondeu sinceramente e mudou de assunto: — E o seu pai? Estranho ele não vir jantar hoje.

— Tinha um recado dele informando que chegaria tarde, para não esperá-lo.

Nessa hora Rodrigo voltou correndo para apanhar os brinquedos que estavam num canto da sala. Letícia passou a observá-lo, foi quando viu, entre os brinquedos do sobrinho, uma aliança, e interferiu:

— Meu querido, deixe-me ver esse anel.

Rodrigo rapidamente entregou o objeto para a tia.

— Uma aliança? — questionou Letícia olhando para Fábio. Onde você conseguiu isso, Rodrigo? Sua mãe a deu para você brincar?

— Duvido, ela não faz nada sem aquela aliança no dedo — brincou Fábio. Depois, sério, voltou-se para a criança e interrogou: — Você não pegou de ninguém, não é?

— Não! Eu achei, pai — defendeu-se Rodrigo.

— Achou? — indagou Letícia. — Onde você achou, Rodrigo?

— Aqui, na sala de jantar, no chão — respondeu o menino rapidamente.

Letícia começou a examinar a aliança e observou:

— Tem um nome gravado aqui, olha, Fábio, está escrito Patrícia e tem uma data...

— Patrícia? — repetiu Fábio.

— Querido, deixe essa aliança comigo, pode ser de algum funcionário, então temos que entregá-la ao dono — explicou Letícia.

Fábio rebateu firme ao ver o filho reclamando ser um objeto importante para as suas brincadeiras de detetive.

— Não, Rodrigo, isso não é brinquedo. Quando encontramos algo que não nos pertence, temos de devolver ao...

Letícia, distante, olhava a aliança e pensava de quem seria.

— Minha primogênita — Sílvia falava com muito carinho da filha. — Letícia é tão sensata, me conforta com suas orações, com o seu otimismo diante da vida, capaz de compreender o marido distante, provando que o amor pode resistir a distância.

— Letícia já o prendeu muito, noutra vida, e não só com o amor, mas também com o poder. Ela e Robert foram noivos, porém a inveja de Renan, então irmão de Robert naquela vida, fez com que o rapaz abandonasse Letícia. A moça, desmoralizada diante da sociedade, vista como uma rejeitada, utilizou o dinheiro e o poder da sua família para manter Robert em cárcere numa casa de veraneio que possuía. Fez isso enquanto todos pensavam que o jovem partira atrás de fortuna noutra cidade. Certa vez foi visitá-lo e se surpreendeu com o jovem em péssima condição. Ela o soltou, arrependida, mas já era tarde demais. O rapaz faleceu.

— Ainda assim, Robert reencarnou apaixonado por ela?

— Sim, ele a perdoou porque o amor era maior. Voltaram esclarecidos, certos da necessidade desse encontro, e cientes de que o espírito precisa de liberdade. E têm cumprido isso.

— Isso também explica a rejeição que Letícia tem por Renan. Eles não se simpatizam.

— Sim, eles se conhecem de longa data. Ela é indiferente a ele, mas Renan tenta, por vidas, diminuir os sentimentos ruins que coleciona em seu coração. Ele a culpou pela morte do irmão e não conseguiu perdoar. Renan morreu e reencarnou na França, onde viveu até 1900, época em que ele e Letícia não se encontraram. Renan é um espírito muito ressentido. Vai precisar de tempo para ele deixar os sentimentos pobres de lado e desejar ser feliz de verdade — finalizou Gilda sorrindo.

Capítulo 30

Renan abriu a porta do apartamento para Sandra e a beijou longamente. Ele estava muito feliz, tudo estava saindo perfeitamente conforme seus planos. Naquela manhã, em especial, sua felicidade poderia ser resumida em ter conseguido, horas antes, o acesso ao cofre de Cida no banco e ter obtido as provas que decretariam o seu fim. Não houve mistério, fez tudo muito rápido, levou alguns papéis e substituiu o conteúdo da pasta que lá havia. Depois armazenou a pasta com os seus pertences numa prateleira qualquer do seu apartamento e, para comemorar, chamou Sandra.

— Confesso que a sua ligação foi responsável por ter me acordado hoje — falou Sandra numa voz melada.

— Senti sua falta — interrompeu Renan, visivelmente radiante. — Depois, ontem, conversamos tão rápido, nem tivemos tempo para comemorar o primeiro passo do nosso plano.

— Que restaurante era aquele! — exultou, enquanto se desfazia do abraço do rapaz. — Muito requintado, cheio de gente de grana. Tinha também um jornalista, parece que era Jarbas o nome dele, é da revista.

— Sei quem é, Sandra. Fugi desse cidadão por um bom tempo. Laís queria que eu saísse numa foto com ela, mas depois de muito custo eu a convenci de que era tímido e não era nada fotogênico.

— Ela acreditou? Com esses olhos, essa pose e elegância? — Sandra desatou a rir.

A campainha tocou nesse momento. Renan, desconfiado de que poderia ser Laís, tratou de esconder Sandra no quarto. Depois de atender a porta, Renan a chamou na sala.

— Quem era?

— Era para você — Renan se divertia ao entregar o buquê de rosas e uma caixa pequena. Ficou com o cartão e o leu em voz alta, num tom rouco e debochado: — "Sandra, raros são os momentos agradáveis. Obrigado por ter me proporcionado esses momentos, ultimamente tão adormecidos em minha vida". Adivinha quem assinou? — tomado pela empolgação, não esperou a resposta, e completou: — Emílio Prieto. Sandra, ele está no papo! — finalizou, gritando.

Ela jogou as rosas no chão e tratou, apressadamente, de abrir a caixa.

— É a joia que vimos ontem no restaurante. Eu elogiei essa peça. Se eu soubesse, teria apreciado a mais cara — disse rindo. — Olha que maravilha!

— É — respondeu ele, examinando a peça. Desviou o olhar lentamente da peça e ordenou: — Você vai devolvê-lo, Sandra.

— Como?! — berrou Sandra, puxando o colar da mão de Renan. — Você deve estar louco. Não vou devolver para o velho. De jeito nenhum, não vou mesmo. Se eu vender, vai dar para...

— Como você pensa pequeno! Isso é só o começo. Já pensou que pode ser um jogo dele? É, minha cara, o velho Emílio é muito esperto, pode estar testando você. Vamos devolver — determinou Renan, puxando a peça da mão de Sandra e acomodando-a dentro da caixa.

— Tem certeza? — havia um tom triste em sua voz.

— Absoluta! O velho vai lhe dar valor. Vou encomendar um serviço de entrega rápida para realizar essa devolução. Temos de ser ágeis — ele se abaixou, apanhou as rosas no chão, entregou-as a Sandra e concluiu: — Isso combina com a Sandra por quem o velho está apaixonado.

Emílio Prieto, meia hora depois, recebia a caixa de volta. Havia em seu rosto um ar de tristeza. Seus olhos emocionados pesaram sobre a caixa depositada sobre a mesa. Por um momento sentiu-se um velho estúpido por crer que despertaria em Sandra um grande amor. Culpou-se por ter dispensado a família para ir pessoalmente buscar o colar que havia agradado a jovem. Arrependimento era o que sentia. Só depois de algum tempo notou um cartão e começou a ler.

Era um bilhete simples, direto, carinhoso, sensível, escrito por Sandra e ditado por Renan. Enfim, palavras que o sensibilizaram e o fizeram sentir-se vivo, novamente, cheio de esperança, e necessário na vida de Sandra.

Emílio, num impulso, ligou para o celular dela.

Enquanto isso, no apartamento de Renan, Sandra não estava muito convicta.

— Você acha que vai dar certo, Renan?

— Tenho certeza — afirmou ele confiante. — Espere um pouco que ele vai ligar e, conforme conversamos, se isso acontecer, você vai se demitir da clínica de Letícia.

— Você sabe o significado desse emprego para mim? Minhas contas? — rebateu aflita. — Depois, ele está demorando a ligar, você achou que entraria em contato logo que recebesse a caixa.

— Fique calma — Renan pegou o telefone e discou os números rapidamente. Uma voz sonolenta atendeu depois do segundo toque.

— Prieto & Confecções, diretoria, Ivone, bom...

— É o Renan. Preciso de um favor. Eu vou me atrasar hoje, talvez não apareça no período da manhã na empresa — falava apressadamente. — Estou aguardando um documento importante para conferência, garantiram-me que seria encaminhado hoje de manhã. Você pode confirmar se chegou?

— De onde vem?

Renan citou o nome devagar. Na verdade falou o nome da empresa que havia sido encarregada de entregar a caixa para Emílio. A ligação era para ter certeza de que o serviço havia sido realizado.

— Não.

— Como não?! — explodiu. Respirou fundo e mais calmo repetiu todos os dados para a secretária e pediu para verificar.

— Não, Renan. Para você não chegou nada. Dessa empresa de serviço rápido, chegou somente uma encomenda para o doutor Emílio...

Renan desligou o telefone radiante. Era o que precisava ouvir.

— Ele já viu o colar. A secretária confirmou o recebimento da caixa.

— E? — perguntou Sandra.

— É só questão de esperar mais um pouco.

Sandra já estava desistindo. Pegou sua bolsa enquanto culpava Renan pelo fato de ter bancado a boa moça e ter devolvido o colar. No momento em que Renan retrucava, o celular dela tocou.

— É ele. O Emílio — anunciou Sandra feliz da vida.

— Deixe-me ver — Renan puxou o celular da mão dela e ordenou: — Você não vai atender, Sandra.

— Dá aqui esse celular! Chega de graça. Já me fez devolver o colar, agora isso, não! — Sandra falou e começou a correr atrás de Renan na intenção de recuperar o aparelho, até que ele silenciou. — Satisfeito, Renan?

— Perfeito. Agora me ouça: você vai até a clínica pedir demissão e depois de resolver isso você liga para o velho.

— Você está louco! Vou ficar bancando a difícil para o velho? Ele vai me descartar. A essa hora ele já jogou o meu telefone fora.

— Não. Pode confiar. Agora temos de agir. Você pede demissão daquela clínica de quinta, e eu vou para a empresa — Renan andava de um lado para o outro. — Isso mesmo, você vai pedir demissão, não vai ser bom ter você na clínica quando o velho assumi-la.

— Você não está fantasiando um pouco?

Renan continuava com os seus planos, sem dar ouvidos para ela.

— Vou rondar o velho, enchê-lo de histórias de amor bem-sucedidas...

— Esqueça. Não vou fazer isso — finalizou Sandra.

Renan desceu do táxi e caminhou a passos largos até a entrada da Prieto & Confecções. Era grato aos deuses por aquele dia, tudo saíra perfeito, até ser abordado por Cida.

— Você?! O que faz aqui? — perguntou Renan assustado, segurando-a pelo braço e puxando-a para a calçada.

— Vim visitá-lo.

Ele a olhou com desprezo. Cida usava uma roupa curta e chinelos de dedo. Os cabelos estavam desalinhados, presos com grampos.

— Estava demorando. Pensei até em subir para lhe fazer a visita. Tomar um café, jogar conversa fora.

— Subir? Nem pense nisso, Cida.

— Adoro quando você me chama pelo meu nome — disse a vizinha rindo. — Você sabe do que sou capaz, não é? Já lhe dei tantas provas, quer mais uma?

Irritado com as ameaças, apertou o braço de Cida, que soltou um grito. Fábio, que também chegava à empresa, ouviu o grito e aproximou-se deles ao identificar Renan.

— O que houve?

— Ele está me machucando, moço — reclamou Cida numa voz dengosa que aumentou a irritação dele.

— Ela estava quase me assaltando — disfarçou Renan, preocupado com a reação de Cida.

— Não, eu não fiz isso — defendeu-se ela.

Fábio, inocente, na intenção de apaziguar a situação, pôs um dinheiro na mão de Cida, sem dar ouvidos às suas justificativas. Saiu levando Renan.

No elevador, a caminho do andar onde funcionava a diretoria, reinava um silêncio absurdo. Fábio acabou por romper o silêncio:

— Renan, você por acaso conhece aquela mulher? Teve um momento em que achei que ela o conhecia.

— Engano seu, Fábio — emendou, preocupado. — Nunca a vi na vida.

"A Sandra está certa, tenho que pôr um fim nisso", pensou.

— Nossa, Sandra! — exclamou Letícia com ar sinceramente preocupado. — Já descobriram o que ela tem? Sou médica e conheço muitos profissionais.

— Não! — interrompeu Sandra rapidamente. — Minha tia é uma senhora de idade, e você sabe como elas são, não é? Médico de confiança... não acreditam em mais ninguém. Por isso vou ter de deixar o emprego, tenho de cuidar dela. Ela é sozinha — Sandra simulou estar contendo as lágrimas, numa voz embargada pela falsa emoção. — É minha vez de retribuir tudo o que ela fez por mim.

— Compreendo — aquiesceu Letícia pousando sua mão sobre a da funcionária. — Saiba que sempre terei um lugar vago para você quando quiser voltar.

— Obrigada. Bom, tenho de ir, desculpe-me mais uma vez em não poder ficar mais. Queria ficar uma semana, treinar a nova funcionária...

— Sua tia está precisando de você neste momento.

Na rua, em direção ao ponto de táxi, Sandra ligou para Renan.

— Acabei de me livrar da minha enteada — relatou rindo. — Dei uma desculpa esfarrapada e ela caiu direitinho. Usei como pretexto a doença de uma tia do interior que me criou.

— Bem batida, mas se deu certo... — acrescentou Renan, divertindo-se do outro lado da linha. — Agora espere meia hora, é o tempo suficiente para eu ter acesso à sala do velho e convencê-lo de que você é a mulher perfeita. Enquanto isso, preciso de um favor seu.

— Você sabe que tudo tem o seu preço!

— Temos pouco tempo, sem brincadeiras — Renan falou sério. — Tive, hoje de manhã, uma visita indesejada.

A Cida, aquela infeliz, esteve na porta da Prieto e, por falta de sorte, o Fábio chegou. Por pouco tudo estaria perdido. Lembra-se daquela ideia das cartas?

— Claro. Já tenho até o conteúdo.

— Não invente muito, Sandra. Vá para o meu apartamento, lá a gente acerta tudo.

Renan desligou o aparelho e seguiu para a sala de Emílio Prieto. O empresário estava como um adolescente apaixonado, sofrendo pela suposta rejeição. O jovem, completamente descontraído, chegou à sala e perguntou, como se estivesse interessado nos negócios, sobre o almoço com Sandra. Emílio, certo em poder contar com o futuro genro, relatou os detalhes, o que sentia e o que vinha ocorrendo. Renan, cínico, aconselhou-o como se fossem velhos amigos. Sugeriu paciência, jamais desistência. Por fim, Emílio ficou confiante de que o amor de Sandra já era seu.

— Renan, obrigado — agradeceu Emílio numa aparência desconhecida para o jovem ambicioso.

Nesse momento o telefone tocou. Era Ivone. Ele apertou o botão apressado.

— Doutor Emílio, Sandra Souza na linha dois. Eu disse que o senhor estava em reunião.

— Passe-me imediatamente, Ivone — rebateu, enfurecido com a secretária. Depois, enquanto aguardava para ouvir a voz de Sandra, virou-se para Renan e confidenciou: — É ela, Renan.

Renan levantou-se e disse ao sair:

— Boa sorte, doutor Emílio.

O empresário riu, instantes depois deixou o corpo afundar na cadeira enquanto ouvia a voz sensual de Sandra.

— Desculpe-me por não tê-lo atendido quando ligou, mas estava numa reunião.

A partir daí, Emílio já não pensava em outra coisa, a não ser ter Sandra ao seu lado.

Meia hora depois, Renan, em sua sala, atendeu o celular.

— Quase que ele não desliga — reclamou Sandra.

— Você está fazendo sucesso, mocinha — divertia-se Renan. — O velho está carente. Com tudo isso, ainda ganhei a confiança dele. Essa empresa será nossa, Sandra.

Capítulo 31

Laís tomou por hábito estudar na casa de André. Quem gostava era Helena. Ficava especulando e enchendo a moça de pratos maravilhosos que costumava preparar. Num intervalo, entre um lanche e outro, com a ausência de Helena, Laís soltou a caneta sobre o papel e confessou a André como estava o seu relacionamento. Reclamou das eventuais desculpas de Renan, muitas aplicadas por telefone, momentos antes dos encontros marcados.

André, sentado ao seu lado, coração acelerado, não resistiu ao vê-la em lágrimas e aproximou-se ainda mais na intenção de confortá-la. Depois de meia dúzia de palavras carinhosas, veio o abraço caloroso, prolongado, e o beijo foi inevitável.

Laís, desconcertada, levantou-se apressadamente, confusa, tanto que nem se despediu, apenas saiu. Na sala deu de encontro com Helena que estava indo para o quarto de André com uma bandeja de doces.

— Estranha sua amiga, André — comentou Helena, ao entrar no quarto do filho. — Passou por mim na sala como um furacão. Nem se despediu direito. Vocês brigaram, filho?

— Não, mãe. Não brigamos — respondeu o jovem com uma voz abalada.

— Tão simpática! Se bem que nesses momentos eu me lembro de quem ela é irmã. É tia do meu neto. Deve ter saído à bruxa da Lígia.

André deitou-se na cama, completamente distante dos comentários da mãe. Estava preso em suas lembranças, no rosto de Laís, no último acontecimento.

No apartamento de Renan, Sandra, sob a supervisão dele, passou a tarde elaborando a correspondência de Cida. Foram muitos os papéis que jogaram fora. Ora Renan via o conteúdo muito sofisticado, ora muito meloso.

— Sandra, você esqueceu que o cara teve coragem de casar com ela? — indagou Renan com os olhos vidrados no papel. — Deve ser um estúpido. Essa carta está muito civilizada, muito carinhosa.

— O cara fugiu, quer reconquistá-la. Depois, tem a justificativa de ter sido feita num computador, por uma mulher, que pode ser a responsável pelo tom.

— Vai tentando outra. Pergunta dos filhos, nada de ficar lembrando o passado, pode acabar em contradição. Já sei, lança a idade dos filhos, isso vai derretê-la — decidiu Renan. — Vou até o rapaz que ficou de providenciar o carimbo, já volto.

— Ele me escreveu, Patrícia! Ele escreveu.

— Quem lhe escreveu, Cida? — perguntou Patrícia curiosa.

— O Genivaldo — comemorava Cida feliz, aos saltos na sala da amiga, como se tivesse sido sorteada em alguma promoção. Estava descalça, carta na mão. — Patrícia, ele não me esqueceu, minha amiga. Veja a carta, eu já li várias vezes.

No apartamento de Patrícia, Cida, com a carta nas mãos, repetia em voz alta toda a carta, emocionada.

— Você viu essa parte, Patrícia? Ele está trabalhando numa construtora, foi a moça da recepção que fez o favor de escrever para ele. Legal ela, não é? Ele se lembrou até do aniversário dos nossos filhos.

— Onde ele está morando? — interrogou Patrícia.

— No Acre — respondeu. — Olha aqui, o carimbo é de lá. — Cida mostrou rapidamente para a amiga o envelope amassado, carimbado e selado.

A partir daí, as cartas passaram a ser diárias. Nelas vinham promessas, esperanças e tudo mais que Cida carecia.

— Patrícia, olha esta que chegou. Tem um convite para eu ir encontrá-lo lá no Acre.

— Meu Deus! Você vai nos deixar? — questionou Patrícia numa voz sentida.

— É, minha amiga. Primeiro ele pediu para eu ir sozinha, juntos vamos alugar uma casa, depois volto para buscar as crianças. Estão na escola, não tem como transferi-los agora, nesta época do ano. O Genivaldo pensou em tudo, Patrícia, até na escola das crianças, não quer vê-los perdendo o ano.

— E quando você vai, Cida? — perguntou Patrícia, servindo um café para a amiga.

— Aqui na carta está o endereço do amigo dele aqui na cidade. Trabalham na mesma firma. O Genivaldo pediu para ir ao encontro dele porque depositou o dinheiro na conta desse amigo, disse que a firma ainda não abriu uma conta para ele. Vou encontrar-me com esse amigo para pegar o dinheiro da passagem — havia muita alegria na voz de Cida.

— E quando você vai, mulher?! — insistiu Patrícia na mesma empolgação.

— Vou encontrar com o amigo dele amanhã à noite, lá no alojamento. O Genivaldo explicou na carta que tem de ser amanhã, porque depois o amigo vai ver a família e não terá outro dia livre.

Cida estava muito ansiosa, pensou em tudo, principalmente na aparência. Por ser muito vaidosa, resolveu que não iria de qualquer jeito encontrar com o amigo do marido. Abriu a porta do guarda-roupa e não viu nenhuma novidade: as roupas batidas e surradas de sempre. Assim, depois que ela mesma tingiu os cabelos de vermelho, foi até o orelhão que ficava na calçada do prédio onde morava e telefonou para Renan.

Renan não acreditou no desaforo da mulher: ela pediu roupas novas, calçados, enfim, fez uma lista de exigências e finalizou:

— Meu amigo, é por pouco tempo. Estou de partida.

— Está mesmo, e para sempre, sua cretina — desabafou depois de desligar o aparelho. Em seguida ligou para Sandra. — Preciso de sua ajuda. Onde você está?

— No shopping, onde mais numa tarde dessas?

— Ótimo! Preciso que você vá até uma loja de departamentos de moda feminina — Renan passou a lista do pedido de Cida. — Com certeza essas roupas são para encontrar com o amigo do marido — completou rindo.

— Coitada! Seja compreensivo e atenda o último pedido dela. Ah! Vou usar aquele cartão que você deixou comigo, o meu estourou.

Sandra desligou o aparelho e entrou numa loja de departamentos de moda feminina que ocupava boa parte do andar com suas araras de roupas. Como uma estrela famosa de cinema, mobilizou as vendedoras para realizar as compras. Depois, antes de ir para casa, Sandra deixou as compras no apartamento de Renan.

O silêncio do apartamento de Pedro foi rompido pelo interfone e pelo toque do telefone ao mesmo tempo. Ele correu para atender o interfone. Era Letícia. Ele estava à sua espera, pediu para deixá-la subir. No telefone era Valter.

— É isso, Pedro. Nesse caso parece que estou andando em círculos. Mas vamos ter paciência, logo, muito em breve, vamos solucionar o caso. Estou esperando uma amiga da Ana Maria, mãe de Patrícia.

— O importante é que vamos descobrir o seu paradeiro, Valter. Acredito que seja questão de tempo — concluiu Pedro, tomado pela compreensão.

Letícia subiu e entrou no apartamento. A mesa já estava pronta, composta com diversos tipos de chá, bolachas, recheios e água quente.

— Pedro, você sempre preocupado em receber bem.

Os dois se abraçaram.

Ele sentou-se na frente de Letícia, e ficaram um bom tempo conversando até que ele tomou coragem e começou a rememorar o passado, pois desejava contar para a prima sobre sua irmã.

— Seu pai assim como eu e sua mãe éramos muito jovens, imaturos. Pouco conhecíamos das vicissitudes da vida. Confesso — prosseguiu rindo — que até hoje me surpreendo com algumas circunstâncias. Ainda bem.

Contei-lhe tudo isso, se bem que não acredito ter dito nenhuma novidade.

— Você está querendo me contar algum segredo, Pedro? — perguntou Letícia entre risos. — Estou ficando curiosa, não vou sair daqui sem saber o que você escondeu durante todos esses anos. Vamos lá, o que é?

— Você tem uma irmã, Letícia — disparou Pedro de supetão.

Letícia começou a rir.

— Duas. Tenho duas irmãs, não uma só — frisou. Entretanto, o sorriso desapareceu depois de ver Pedro sério. — O que você está querendo dizer?

Pedro, pacientemente, contou tudo, inclusive sobre o detetive que colocou para localizar a moça. Letícia, a princípio, demonstrou-se desnorteada, depois, com a respiração controlada, quis saber:

— Por que meu pai nunca contou para a gente?

— Ele pensa que ela está morta. Morta como a mãe dela.

— Meu Deus, que situação! Qual é o nome dela?

— Patrícia. Ela deve ter a sua idade. Pensei em lhe contar somente depois que o Robert chegasse, mas já não estava suportando mais esperar.

— Fez bem, fez muito bem, Pedro. É tempo de o meu pai reconhecer esse deslize do passado, ele precisa ampará-la; pode estar necessitada.

— Foi o que pensei. Você não sabe como fico aliviado pelo seu entendimento. Sinto-me leve em poder dividir esse segredo com você.

— Nossa! Não pode ser — cismou Letícia.

— O que foi, Letícia?

— Que coisa estranha! Outro dia, depois do jantar, estávamos o Fábio e eu conversando, quando o Rodrigo chegou para apanhar os brinquedos, entre eles havia uma aliança; nela, estava gravado o nome Patrícia.

— Patrícia? — questionou Pedro mais surpreso ainda.

— É — confirmou, levantando-se da mesa. — Será que o meu pai sabe do paradeiro dessa filha? Que outra explicação você encontraria para isso? O Rodrigo falou que a encontrou na sala de jantar. Ela pode ter ido procurá-lo.

— Coincidências. O Emílio me contaria, tenho certeza. Deve ser esposa de algum funcionário da mansão. Esqueceu-se de que o seu pai tem um exército de homens trabalhando para ele e que circulam pela casa. Depois o Rodrigo deve ter encontrado no quintal e ficou com receio de dizer a verdade, você sabe como são as crianças.

— Está ficando famosa.

— Renan, do que está falando? — quis saber Sandra pelo celular. Estava no táxi.

— Da sua foto no jornal. Coluna social do Jarbas. Lembra-se dele? Aquele jornalista que você encontrou no restaurante?

— Que foto é essa?

— Você com o velho, acho que jantando. Acabei de receber a edição de hoje. É, devo confessar: você ficou muito bem. A mão enrugada dele sobre a sua — desatou a rir. — Seus dias de pobreza estão contados.

Sandra fez o taxista parar na primeira banca de jornal que encontrou. O farol estava aberto e, assim, provocaram um congestionamento, pois passavam numa rua estreita, e a banca ficava numa esquina.

Ela nem deu crédito para isso. O brilho dos seus olhos bem como o seu sorriso estavam voltados para o jornal, para a foto minúscula que saíra quase no rodapé do jornal. Porém, em meio ao devaneio, lembrou-se de outro problema: Helena.

Sandra deu a Helena a mesma desculpa que dera a Letícia: a tia doente, necessitada. Entretanto, afirmou que precisava de uns dias antes de voltar de vez para o interior. Helena compreendeu a dor da inquilina, pelo menos nos primeiros dias, mas chegou a desabafar com André que achava estranho o comportamento da moça.

— Já reparou, André? Sempre bem-arrumada, perfumada. Desaparece durante as tardes, volta cheia de sacolas, à noite desaparece de novo. Anda de táxi direto. Quando menos espero, eu a vejo saltando do táxi aqui na porta.

Sandra já havia reparado nas desconfianças de Helena, tanto que certo dia a surpreendeu dentro do seu quarto bisbilhotando suas coisas. Helena se desculpou alegando estar recolhendo roupa para lavar, o que não a convenceu.

— Qualquer coisa, você vem morar no apartamento. Se bem que a Laís pode chegar de repente. Vamos alugar um para você, pronto! — concluiu Renan em busca de uma solução.

Sandra desceu do táxi pensando nisso, feliz. Vinha jantando com Emílio Prieto quase todas as noites, algumas vezes esticavam, indo dançar, passear de madrugada pelas ruas e avenidas iluminadas... O final era sempre regado com os cafés que ocupavam os pontos nobres da cidade.

— Sandra, você tem visita — avisou Helena no quintal da casa, assim que a viu saltar do táxi.

— Visita? Quem é?

Sandra abriu um sorriso e correu para a sala. As sacolas que estavam em sua mão caíram, o sorriso desapareceu, e seu coração pareceu que ia explodir.

— Toninho? O que faz aqui? — foi o que Sandra conseguiu falar assim que o viu levantar-se do sofá. Ele, lentamente, caminhou em sua direção.

— Chega! — gritou Fábio enquanto depositava suas malas dentro do automóvel. — Não terá volta, Lígia.

— Não, não faça isso — Lígia, desesperada, segurava seus braços.

A máscara de Lígia caíra depois de alguns dias juntos. Na verdade, ela não conseguiu disfarçar o ciúme que sentia do marido. A gota d'água foi quando Fábio a surpreendeu em sua casa, em frente ao computador, analisando um arquivo. Era o arquivo da sua agenda. Depois de discutir, Lígia confessou que vinha tendo acesso a agenda porque Ivone a transmitia todos os dias relacionando os compromissos para o seu e-mail particular.

Isso explicava o escândalo que Lígia deu no dia anterior num restaurante. Ela chegou no meio de um almoço de negócios que ele estava tendo com a diretora de uma empresa de fornecimento, porém, a mulher ciumenta a viu como amante do seu marido.

Lígia a pegou pelo braço numa força que assustou Fábio, depois a colocou para fora do restaurante. Em outra ocasião, Fábio a pegou cheirando suas roupas. Lígia não fazia questão de disfarçar. Chamava sua atenção na frente de quem fosse, duvidava dos seus compromissos, enfim, passava boa parte do tempo desconfiando, questionando, brigando.

Fábio decidiu conversar com Emílio. Contou tudo, principalmente como vinha se sentindo sufocado. Quando o velho empresário insistiu em defender a filha e afirmar o quanto ela o amava, ele foi categórico:

— Doutor Emílio, quem ama não faz sofrer assim — finalizou, num tom firme. Depois, deixou a sala do empresário.

Capítulo 32

— Sandra, parece um sonho vê-la novamente — iniciou Toninho, aproximando-se da moça. — Não sabe o que passei todo esse tempo sem ver você, sem sentir o seu perfume, sem ouvir a sua voz.

— Por favor, não! Afaste-se! — ela se desfazia dos abraços de Toninho com repulsa. — O que faz aqui? Quando chegou? Não, eu não posso acreditar nisso.

— Você não ficou contente em me ver? Eu vim buscá-la — falou sorrindo e teimando em abraçá-la.

Cansada, empurrou-o com tanta força que ele caiu sobre o sofá, derrubando o vaso que ficava sobre uma mesa.

— Eu a amo. Vim buscá-la para ficar comigo. Vamos voltar para a nossa cidadezinha, meu amor!

— Nem morta! Eu não volto para aquele buraco. Aliás, daquele lugar, eu tenho vagas lembranças, mas assim, como se fosse uma vida passada, eu não faço parte daquilo. Sabe por quê? Porque não tenho boas recordações.

— Você pode ser feliz ao meu lado — insistia Toninho. — Esqueça o que passou, vamos começar de novo, juntos. Você não quer ser a primeira-dama da cidade?

— O quê?! — perguntou, gargalhando da proposta. — Você deve estar de brincadeira comigo.

— Não, eu sou candidato a prefeito.

— Lamento não contribuir com o meu voto, mas já transferi o meu título — ironizou Sandra. — Talvez, com o meu voto, somado ao da sua família, você conseguisse o penúltimo lugar. Depois, por que eu voltaria para aquele vilarejo se eu tenho uma metrópole aos meus pés?

— Nossa cidade mudou muito, Sandra — defendeu Toninho, num sorriso triste. — Reformaram o coreto. Quando saí de lá, estavam jogando cascalho nas ruas.

— Como todos os anos em época de eleição, eles iludem os pobres coitados em troca de votos para ficarem no posto que têm.

— As coisas mudaram, de verdade. O mercadinho aumentou. Eu comprei a granja da dona Joana, ampliei os corredores.

— Que beleza!

— Logo depois que você saiu, foi inaugurada uma banca de jornal, lembrei-me de você. Tantas coisas aconteceram! Minha mãe faleceu. Ela nunca mais foi a mesma depois daquele dia que você foi atrás de ajuda e a farmácia estava fechada.

— Lamento — replicou num tom ríspido.

— Minha empregada, aquela de que você não gostava, então, eu a despedi, porque descobri que ela havia roubado a minha casa, levou as minhas economias — Toninho ficou sem jeito ao ver o rosto de Sandra paralisado, desinteressado, então prosseguiu: — Seu pai, todos os dias, vai para a rodoviária na esperança de vê-la chegar. Nas últimas semanas sua mãe o tem acompanhado, porque...

— Chega, Toninho! — gritou numa voz perturbada. — Diga-me: como você chegou até aqui?

— Eu vim para São Paulo num encontro do Partido. Faz dois dias que estou na cidade, tudo é muito bonito e espaçoso. Parece que eu estava sentindo que ia encontrá-la, senti isso desde o momento em que saí de casa.

— E daí, como você veio parar aqui? — interpelou impaciente.

— Aprendi com você, quando a gente quer algo, tem de correr para conquistar — completou orgulhoso. — Foi na hora do café. Vi a sua foto no jornal, larguei tudo, parei o primeiro táxi que encontrei e fui atrás do jornalista. Não foi nada fácil. A recepcionista me informou que ele prestava alguns serviços, mas não estava por lá. E, para você ver como tudo estava contribuindo para o nosso encontro, o Jarbas, o jornalista, chegou na hora em que eu estava saindo. Foi coisa de segundos. Ele me passou seu endereço, disse ser de uma tia sua. Eu contei — continuou sem jeito — que fomos noivos.

— Falou tudo: "fomos", Toninho.

— Eu não sabia que estava morando com uma tia.

— Maldito — resmungou ao lembrar-se do rosto de Jarbas no último encontro, todo gentil, oferecendo carona, e ela, ingênua, acreditou tê-lo encontrado por acaso na porta da Prieto & Confecções, havia exatamente duas semanas. Por estar cansada, Sandra aceitou que a levasse em casa, com a desculpa de que Helena era sua tia.

Depois de um silêncio em que mergulhou ao recordar esse fato, Sandra respirou fundo e virou-se para Toninho: — Você não tinha o direito de vir me procurar. A minha vida antes de vir para cá é página virada, entende? Não está nos meus sonhos ser a primeira-dama pé de barro ao lado de um caipira. Esqueça! Eu não volto para aquele fim de mundo.

— É muito pequeno para você, Sandra?

— É! — pronunciou firmemente.

Toninho, desanimado, caminhou até a porta. Antes de sair indagou:

— É o sujeito da foto? Do jornal?

Sem resposta, viu somente o rosto empinado dela expulsando-o com os olhos.

— Boa sorte, Sandra — concluiu numa voz triste, sentida.

— Como estou? — perguntou Cida toda produzida, girando o corpo.

Patrícia não teve coragem de dizer o quanto a amiga estava extravagante, apenas ajustou a roupa no corpo largo, tirou uns grampos que estavam em excesso, perdidos no cabelo que agora era vermelho.

— Roupa nova, Cida?!

— Gostou? Quero impressionar o amigo do Genivaldo. Os homens também comentam. Tenho certeza de que depois ele vai me elogiar para o Genivaldo e dizer o quanto estou bem.

Cida parou de falar de repente e, emocionada, abraçou Patrícia.

— Eu quero que você sinta a felicidade que estou sentindo. Você merece — asseverou ao se despedir da amiga. — Agora me deixa ir, porque não conheço o lugar e não posso me atrasar.

— Eu também tenho compromisso, vou jantar com o Renan. Combinei de encontrá-lo no restaurante, parece que tem uma reunião e, se vier me buscar, vai ficar tarde.

Cida, depois de mais de duas horas, desceu do ônibus e foi se guiando pelo que explicava a carta. As ruas estavam desertas, as residências ocupavam mais de dez metros, eram tomadas por muros altos e árvores sóbrias. Logo adiante, pôde ver o prédio citado na correspondência. Era como estava descrito: "um prédio em construção, cercado de tábuas altas e vermelhas. O alojamento fica no segundo andar; quando chegar, pode chamar que o meu amigo vem ao seu encontro".

No segundo andar estava só o esqueleto, ou seja, as colunas, paredes em construção, tudo tomado por um cheiro forte de cimento. Cida, quando chegou a esse andar, sentiu um arrepio, era tudo deserto, escuro, sentiu medo.

De repente, uma luz forte foi lançada sobre seu rosto. Ela sorriu, perguntou se era o amigo de Genivaldo e, como resposta, recebeu o primeiro dos três tiros. Cida não teve tempo de abrir a boca, seu corpo caiu pesadamente sobre os materiais de construção. Uma mão tirou todos os papéis que ela levava nos bolsos, inclusive a carta; por fim, levantou sua blusa, descobrindo a barriga, e arrancou o piercing de seu umbigo, sem dó nem piedade.

— Eu preciso conversar com você, Laís — falou André assim que viu Laís se aproximar. — Não quero que fique um clima estranho entre nós.

Aquele era o primeiro contato depois do episódio na casa de André. Laís, no dia seguinte ao ocorrido, não foi à faculdade, no segundo procurou evitá-lo, algo quase impossível, pois no meio da aula, no intervalo, no estacionamento, sempre seus olhos se encontravam. Uma semana depois viu que não poderia lutar contra sua natureza.

Laís o abraçou fortemente. Ficou calada naquele momento, apenas o sentiu. Acarinhou as costas do rapaz lentamente e, depois, disse:

— Não explique nada, não fale nada, André — desfez o abraço, olhos nos olhos, coração num compasso acelerado. Laís se esforçou para desfazer o clima e falou com emoção: — Letícia me ligou agora pouco, o papai concordou em fazer a minha festa lá em casa. Será no próximo sábado, e eu o quero lá.

— Laís, eu não sei.

— Seria um presente tê-lo por perto.

Os rostos já estavam próximos novamente, as palavras já saíam quase num murmúrio, e o segundo beijo aconteceu.

O carro estava estacionado na calçada, na quadra seguinte à construção abandonada. Sandra permanecia na direção. O lugar era deserto, os vidros estavam fechados. Sandra pôde ver, pelo retrovisor, Renan aproximando-se. Ele destravou a porta do carro e entrou.

Estava radiante, com um sorriso estampado no rosto. Retirou as luvas e jogou-as dentro do saco que Sandra abriu, onde também foram depositadas a arma e a carta. Renan fitou o piercing por segundos. Esboçou um sorriso sinistro e guardou-o no bolso da calça.

— Por que vai ficar com essa joia? — indagou Sandra, com sarcasmo.

— Uma lembrancinha — respondeu malicioso. — Vamos para o apartamento comemorar a minha liberdade. Depois eu tenho de ir ao restaurante encontrar com a Patrícia. Finalmente, o tormento acabou.

Sandra deu partida no carro, que desapareceu na primeira esquina que dava para uma avenida.

A separação fez de Lígia, por aqueles dias, uma mulher triste. Entretanto, a tristeza não havia encontrado estada em sua vida, pois Letícia deu a ela a árdua tarefa, como se isso fosse possível, de organizar o aniversário da irmã caçula. Ansiosa com a proposta, Lígia preparou a lista de convidados, encabeçada pelo nome de Fábio. Letícia, assim que viu, limitou-se a rir, depois pediu que ela consultasse a aniversariante para o restante dos convidados.

Lígia estava no silêncio do seu quarto, tratando desse assunto, quando largou a lista sobre a cama e caminhou até a janela de seu quarto, que ficava no segundo andar. Nesse momento, viu Rodrigo brincando, entretanto, não conseguiu identificar o homem que brincava com o filho. Saiu gritando feito uma louca que um estranho havia invadido sua casa. Tal gesto resultou em acionar todos os funcionários da casa e, por pouco, a polícia.

— O que foi, cunhada, não me conhece mais?

Lígia, que se manteve todo o tempo distante, temendo o desconhecido, reconheceu a voz e caminhou em direção de Robert, rindo da sua presepada.

— Robert? Meu Deus! Como você está diferente, mudado, mais jovem. Vai me contar como conseguiu isso, não é?

Robert abraçou-a e, juntos, entraram na casa.

— Onde estão todos? Imagino que a Letícia esteja na clínica.

Robert era divertido, cumprimentava a todos como se fossem velhos conhecidos. Era um sujeito muito humano e sincero.

Depois de acomodar suas malas no quarto, ele tratou de ir até a clínica, antes, porém, pediu sigilo sobre sua chegada. Lígia prometeu não dizer nada, mas por pouco não conseguiu, pois teve de conversar com a irmã sobre os preparativos da festa que teriam nos próximos dias.

Letícia estava de cabeça baixa, concluindo o relatório de um paciente quando ouviu uma batida na porta e pediu que entrasse. No entanto, não houve resposta. Ela, então, levantou a cabeça e pôde ver pela fresta da porta um buquê de rosas.

— Robert? — perguntou curiosa, coração disparado com a surpresa.

— Minha querida, que saudade! — exclamou ele aparecendo.

Beijaram-se apaixonadamente.

— Faça-me prometer que nunca mais vou deixá-la sozinha — falou Robert.

— Como senti sua falta. Banquei a forte, mais já não estava aguentando.

— Largue tudo isso, Letícia, vamos sair — sugeriu Robert.

— Para onde? Tenho pacientes.

— O meu caso é grave, doutora — frisou num tom sério.

Robert saiu puxando a esposa. Foi só o tempo de Letícia pegar a bolsa e ditar algumas ordens para a nova recepcionista. Instantes depois, estavam dentro do carro de Robert, apaixonados.

Laís foi até a Prieto & Confecções na intenção de se redimir dos últimos acontecimentos com Renan, não com o propósito de contar ao noivo, na véspera de marcar a data do casamento, que o traíra, mas para sentir o seu carinho. Ele não estava, era tarde, encontrou somente seu pai na recepção, saindo.

— Nem sei se o Renan apareceu por aqui nesta tarde — declarou Emílio.

— Depois eu falo com ele; liguei no celular dele e não obtive resposta dos recados.

— Tenha juízo, Laís. Sábado será sua festa de aniversário e eu aceitei fazê-la em casa, mas espero não ter nenhuma gracinha sua de surpresa.

Laís já estava na porta do elevador quando disse:

— Pode ficar tranquilo, seu Emílio, meus convidados não vão estragar o seu castelo — acrescentou num tom irônico.

— Apenas zelo pelo meu patrimônio. Há os quem vêm para construir, há também os que aparecem para destruir.

— Eu estou pouco me lixando para o seu patrimônio, doutor — fez uma pausa e emendou: — Eu sei que você me odeia. Sei também que preferia ter salvado minha mãe a mim, mas teve de sujeitar-se ao destino, por esse motivo não me suporta.

— Isso não é verdade.

— É, sim, doutor Emílio, é verdade. Você não me ama, nunca me amou, suas filhas são a Letícia e a Lígia, eu não existo para você.

Daí para a frente foi uma troca de ofensas, como costumavam ser os encontros entre os dois. Discussões que não levavam a lugar algum. Lançavam palavras de um lado para o outro, machucavam-se. Laís concluiu:

— Você se acha o dono da razão. Vai encontrar alguém que faça o mesmo com você.

As últimas frases, assim como o comportamento de Laís, perturbaram Emílio, que a fez repetir a última frase. Laís, como resposta ao pedido, começou a rir e entrou no elevador. Enquanto o empresário ficou ali, buscou apoio na mesa, estava sentindo algo estranho. Na verdade, o comportamento de Laís o fez lembrar-se de Vilma, e isso o deixou impressionado.

Sílvia, no canto da sala, acompanhada de Gilda, massageava o peito de Emílio, como se estivesse acariciando seu coração, confortando-o, aquecendo-o daquelas palavras duras e frias.

— Não fez bem você ter presenciado tudo isso, não é mesmo? — perguntou Gilda.

— Não, não estou triste, ou melhor, tenho de confessar que a situação não é nada confortante. Um conflito muito forte. Um amor de pai e filha.

— Minha cara, é a chance que o plano espiritual deu a ela de perdoar e ser perdoada, assim como o dele de aliviar as feridas de seu coração. A gente bem sabe disso. O nosso amigo tempo se encarregará de ajustar tudo — o rosto de Gilda expressou um sorriso triste. — Outra coisa me preocupa.

— O quê?

— Esse mesmo tempo que a gente dedica para solucionar os problemas também é responsável por nos apresentar surpresas, e das mais diversas.

— O que quer dizer?

— Teremos visita, Sílvia. Está chegando a hora. É bom que esteja preparada para a surpresa. Lembrando que o tempo do plano espiritual não é igual ao que se tem na Terra. Mas está tão próximo, chego a sentir.

Sílvia não entendeu, porém sentiu um frio na barriga.

Capítulo 33

— Não, obrigado, estou esperando meu marido — disse Patrícia ao garçom. Estava sentada naquela mesa havia alguns minutos e Renan não aparecia.

— Desculpe-me pelo atraso — falou Renan logo que chegou. Estava todo perfumado, cabelo molhado.

— Você passou em casa, Renan?

— Não — respondeu, procurando uma resposta plausível para a situação. — Passei no flat de um amigo que mora na região. Eu não poderia encontrá-la de qualquer jeito, depois do dia que tive.

Ficaram ali, conversando, jantaram, pediram sobremesa. Renan esperava o momento certo de pedir a separação. Queria, além da separação, convencê-la a voltar para o litoral, pois assim despistaria qualquer intromissão de Patrícia em sua nova vida ao lado de Laís, ocupando o cargo de vice-presidente da empresa Prieto.

Na saída do restaurante, Renan estava, por um lado, frustrado por não ter conseguido falar com Patrícia sobre a separação de um modo que não a magoasse e, por outro, satisfeito por tê-la como álibi. Ele fez questão de ser generoso na gorjeta ao garçom e simpático com o manobrista quando pediu para buscar o carro. Quando o automóvel chegou, ele estendeu a mão ao manobrista e disse-lhe meia dúzia de palavras amistosas, que não faziam parte de seu repertório. Patrícia, alguns passos atrás do marido, deu uma última olhada no restaurante, nesse momento viu uma mão acenando em sua direção. Era Letícia.

Robert, logo que saiu da clínica, apresentou um roteiro para Letícia e prometeu cumpri-lo. Faziam parte desse roteiro praças, cinema, teatro, restaurantes, cafés, enfim tudo o que costumavam realizar juntos. Era sabido que não cumpriria tudo num único dia, por isso, ao vê-la cansada, Robert jurou encerrar num restaurante, ao que ela concordou prontamente.

O restaurante era amplo, cercado de uma vidraça iluminada. Letícia fez questão de sentar-se no centro do restaurante. Vinha, nos últimos meses, sentando pelos cantos, afastada, pois na maioria das vezes estava desacompanhada. Letícia sentou-se na cadeira, depois que Robert, gentilmente, ajustou o seu assento. Ela, sorrindo, virou-se ao redor e começou a apreciar o restaurante quando viu Patrícia na porta e automaticamente acenou.

— Quem é, meu amor? Conhece? — perguntou Robert.

— Foi minha paciente, Robert — respondeu Letícia, feliz por ter sido reconhecida pela paciente, que também acenou em sua direção. — Só não me lembro o nome dela. Não a esqueci porque foi vítima de uma violência praticada pelo marido, embora não tenha admitido.

— Fiz uma matéria recente sobre isso, o número de mulheres agredidas pelos companheiros é impressionante, Lê.

Letícia desviou o olhar do marido por um instante e pôde ver Patrícia ainda na porta e mais: Renan sorrindo e puxando-a pelo braço em direção ao carro.

— Renan? — questionou Letícia atordoada, em voz alta.

Letícia não pensou duas vezes, saiu correndo pelo restaurante.

Ainda na porta, pôde ver o carro desaparecer na avenida principal. Desesperada, Letícia praticamente bombardeou o manobrista com perguntas sobre o homem que saíra acompanhado. Contudo, o rapaz pouco soube informar.

— Letícia, o que houve? — indagou Robert quando chegou ao seu lado, preocupado com a atitude da esposa. — Você saiu correndo da mesa, não entendi nada.

— Desculpe-me, é que eu vi o Renan.

— Renan?

— É, o noivo da Laís. Eu o vi acompanhado daquela minha paciente.

— O sujeito deve ser parecido, Lê. É só isso, você ficou cismada com a aparência dele — afirmou Robert, abraçando a esposa e conduzindo-a para a mesa.

— Pode ser, tem razão — encerrou o assunto, forçando um sorriso.

Na verdade Letícia tinha certeza de que era Renan, pois conseguiu ver o modelo do carro e confirmar com o manobrista o seu nome. Concluiu que poderia ser parecido, mas ter o mesmo carro e o mesmo nome já era demais.

Durante o jantar, Letícia não conseguia pensar noutra coisa; entretanto, fez um esforço para não demonstrar ao marido, pois Robert havia acabado de chegar e não achava justo enchê-lo de problemas, então, resolveu silenciar suas suspeitas.

No carro, a caminho de casa, Letícia quebrou o silêncio pedindo para passar na clínica. Tinha curiosidade de ver o prontuário dos pacientes e obter mais informação. Embora não se lembrasse do nome dela, sabia de cor o seu diagnóstico, o que a ajudaria, visto que lembrava o mês da ocorrência. Por certo realizaria uma pesquisa e descobriria algo mais.

— Lê, pode me falar, ainda é aquela história da sua paciente, não é? — interrogou Robert sorrindo, divertindo-se com o rosto inquieto da esposa em desvendar um mistério. — São duas da manhã, minha querida. O que acha de se deitar um pouco, relaxar?

— Você tem razão. Deixa para lá. Passou — acariciou a cabeça do marido que se mantinha firme na direção e sorriu. Depois, encostou a cabeça no banco e desfez o sorriso enquanto pensava: "Tem algo estranho nisso, e eu vou descobrir".

— O quê? — indagou Laís, pega de surpresa.

— Foi o que eu perguntei, Laís: você gosta do Renan o bastante para querer se casar? — insistiu Letícia.

Laís ficou paralisada. Essa pergunta, algumas semanas atrás, seria uma ofensa, mas agora, que se surpreendia ao fechar os olhos e ver André sorrindo, já não tinha tanta certeza. Na noite anterior, depois de discutir com o pai, ainda no estacionamento, a moça foi acometida por uma crise de choro, tanto que tirou o capacete e, desnorteada, não sabia que caminho seguir. Meia hora depois estava na casa de André, clamando pelos seus abraços. Passaram a noite juntos.

Letícia, vendo a irmã ausente, acrescentou:

— Não será amanhã, no seu aniversário, que Renan marcará a data do casamento?

— É — confirmou sem jeito, tomada por um sentimento de culpa. — Amanhã. Esclarecendo a sua dúvida, eu vou ser feliz com ele, Letícia. É um homem correto, justo, o papai gosta dele, não que isso faça alguma diferença, mas...

— A quem você está querendo convencer com esse discurso? — quis saber Letícia, pousando o jornal sobre a mesa.

O silêncio de Laís pareceu eterno naquele momento. A moça baixou a cabeça e sentiu o abraço de Letícia.

— Eu quero vê-la feliz.

— Vou ser, Lê. Muito. Renan e eu não vamos oficializar nossa união na igreja, nem no cartório, combinamos apenas marcar um dia para selar essa união.

Letícia resolveu não contar o que vira na noite anterior. Preferiu ter provas concretas para apresentar.

Depois de se despedir, Letícia correu para a clínica. Lá, em poucos minutos, ela localizou o prontuário da paciente e descobriu, além do nome, que Patrícia era casada com Renan Valência. Tal descoberta a fez sentir-se mal. Pegou o aparelho de telefone e ligou para casa de Patrícia, obteve sinal de ocupado, depois, impaciente, ligou para a vizinha que a trouxera até a clínica.

— Minha mãe, moça, ela não está — respondeu uma voz chorosa. — Ela sumiu, desde ontem.

Letícia desligou o telefone assustada, guardou a ficha de Patrícia na bolsa e saiu com destino a Prieto & Confecções.

Renan saiu cedo de casa, passara no apartamento alugado, onde se encontrou com Sandra para um café da manhã.

— Já? Bom, fiquei de me encontrar com o velho mais tarde, para almoçar. Quem sabe não almoçamos juntos? Acho que está na hora de retribuir o que fez por mim. Sei agradecer o que fazem por mim, viu? — finalizou ela, beijando-o levemente nos lábios.

Depois que saiu do apartamento, ele foi pego por um trânsito infernal que contribuiu para acabar com o pouco humor que o rapaz tinha. Entrou na empresa falando ao celular, quase gritando com Patrícia; tenso, nem deu atenção a Ivone que gesticulava para interrompê-lo. Renan foi em direção a sua sala, afrouxando a gravata, nervoso.

— Polícia, Patrícia? O que você está fazendo numa delegacia? — perguntou Renan aflito pelo celular.

— Os meninos vieram aqui em casa, estão preocupados com o desaparecimento da Cida. Parece que ela nunca passou a noite fora de casa, é natural que se sintam assustados.

— Você não tinha nada que se intrometer nesse assunto. Vai saber o que essa encardida vinha fazendo e com quem.

— Vou ajudá-la, estou na delegacia e vou contar tudo o que sei, pois fui a última que a viu — retrucou Patrícia numa voz forte, que há muito ele não ouvia. — Depois, Renan, você tem razão, sabe lá Deus com quem ela estava envolvida.

Renan, muito afobado, mãos trêmulas, abriu a porta de sua sala, e, inutilmente, tentava convencer Patrícia; no entanto, ao entrar na sala, não acreditou no que viu a sua frente.

— Ouça-me! — falava Renan. — Já lhe disse, saia daí! Agora! Eu não estou...

— Problemas, Renan? — questionou Letícia, assim que o viu. Ela estava encostada na mesa, pronta para recebê-lo.

— Olá, Letícia, que surpresa! — balbuciou ele, desligando o aparelho totalmente sem jeito, esforçando-se para sorrir ao cumprimentá-la. — A que devo a honra de recebê-la em minha sala? Acho que nunca a vi por aqui.

Letícia tratou de fugir rapidamente das frases decoradas. Ela foi direta, fatal, relatou o que havia visto e o que sabia, não demorou e, diante das tentativas de fuga de Renan, jogou um papel sobre a mesa dele.

— Realmente, Letícia, eu... eu sou casado — admitiu com dificuldade, depois de se aproximar, tomado por uma voz amena e simpática: — Mas eu amo sua irmã, pode acreditar, eu amo a Laís, Letícia.

— E a Patrícia?

— Não temos um casamento feliz, acho que nunca tivemos. Estamos vivendo como irmãos, já não nos amamos mais. Acredite em mim — suplicou.

— Você é mais sórdido do que eu imaginava, Renan, muito mais. Você, a mim, nunca enganou.

— Eu ia contar tudo para a Laís.

— Renan, você tem — continuou, recolhendo o prontuário que estava sobre a mesa — até amanhã para esclarecer tudo com a Laís. Até amanhã.

— No aniversário dela, Letícia? Você quer que eu chegue...

— Não seja ridículo — sorriu Letícia. — Já acho um absurdo dar esse tempo para você, não me peça mais nada. Além do mais, não estou fazendo isso por você, é pela felicidade dela.

Já na porta, com a mão na maçaneta, ela concluiu:

— Quem sabe também pela saúde da empresa. E não se esqueça: não contarei nada para ninguém até amanhã, depois prepare-se.

A porta foi fechada.

Letícia, quando estava a caminho da empresa, mais exatamente a caminho da sala de Renan, decidira não falar aos quatro ventos sobre a traição do rapaz, ainda que essa fosse sua vontade. A médica resolveu que não iria denunciá-lo naquele momento, não queria ser apontada como pivô da infelicidade da irmã.

Letícia desabou na sala de Pedro, chorando copiosamente. No entanto, não se abriu com ele, apenas pediu para que não perguntasse nada. Ele abraçou a prima, ofereceu água. Não resistiu e questionou se eram problemas com Robert. Foi assim que Pedro conseguiu extrair um sorriso da médica. Ela respondeu, rosto úmido, com um sorriso triste, que Robert era um bálsamo em sua vida, não tinha do que reclamar. A moça não adiantou mais nada, apenas recebeu o carinho do amigo. Pedro concluiu que o silêncio, por vezes, era o que podia oferecer a um amigo com dor.

Pouco depois, já recomposta, foi em direção ao banheiro de Pedro, no intuito de passar uma água no rosto e visitar o pai. Nesse instante, Emílio entrou de repente na sala de Pedro, estava completamente radiante. O empresário anunciou em alto e bom som que estava apaixonado. Sandra viria buscá-lo para almoçar dali a pouco. Estava radiante com toda aquela novidade, admitiu que se viu incapaz de ter o amor como aliado naquela altura da vida. Pedro, desconcertado, tentou mudar de assunto, avisá-lo de que estava com visita, mas Emílio, esfuziante, não deu crédito a ele. Emílio terminou pegando a pasta de que precisava com Pedro e saiu, sem ver a filha.

Letícia saiu do banheiro surpresa e começou a interrogar Pedro sobre o que acabara de ouvir. Pedro, embora discreto, não omitiu nada, contou-lhe tudo o que sabia e ainda apresentou o jornal, em que Emílio estava acompanhado de uma jovem, num clima muito romântico.

— Não posso acreditar! — exclamou surpresa.

— Posso ser sincero, Lê? — perguntou Pedro já concluindo: — Essa moça está, na minha opinião, tirando proveito da fragilidade de Emílio. Sabemos que a diferença de idade entre os dois é grande. Não acredito nesse amor.

— Meu Deus, Pedro! — surpreendeu-se Letícia, ao identificar a mulher da foto.

— O que foi?

— É a Sandra. Ela era a minha recepcionista. Não posso crer...

Emílio mais parecia um adolescente esperando pelo fim de semana. Abria e fechava a gaveta comprovando sua ansiedade. Observava o conteúdo que estava no interior da gaveta. Olhava o relógio a todo instante e se debruçava no batente da janela para ver o movimento da rua e se via Sandra.

Apanhou o telefone e, ele mesmo, coisa que nunca havia feito, deu ordens aos seguranças para não barrarem Sandra, pois a moça tinha livre acesso ao prédio. Naquela altura não tinha cabeça para nada daquilo que tinha na mesa. Tratou de desmarcar todas as reuniões e visitas, e avisou Ivone sobre a sua ausência no período da tarde. Concluiu que dedicaria o tempo livre a Sandra, nada mais.

Depois de anunciada, Letícia entrou na sala de Emílio. A médica levava o jornal na mão. Depois de cumprimentá-lo, tomada por um tom meigo, ela apresentou o jornal e perguntou o que estava havendo.

— Esse seu tom é estranho, minha filha. Nunca a vi assim antes — reparou, depois que viu a rejeição de

Letícia em relação ao seu relacionamento. — Se fosse a Laís, eu poderia até compreender, mas você?!

Letícia tentou, em vão, apresentar os diversos motivos que a faziam acreditar que ele estava sendo vítima de um golpe, entretanto, não houve resultado.

De repente, a porta se abriu. Sandra entrou sem ser anunciada.

— Desculpe, Emílio, não sabia que estava com visita — justificou-se Sandra, sem jeito, ao ver Letícia.

— Essa é a minha filha, Letícia, a médica. Eu planejava um jantar para apresentá-la à família, mas...

— Eu já a conheço, papai. Como tem passado Sandra? E sua tia?

Sandra ficou toda desconcertada, sem graça. Deu uma desculpa esfarrapada, alegou que a tia havia falecido e resolvera aceitar o convite de um amigo para voltar a São Paulo. Começara a trabalhar como corretora de imóveis e, nesse negócio, acabou conhecendo Emílio.

— Ela é muito conhecida no mundo imobiliário, Letícia. Fechou grandes negócios — ressaltou Emílio orgulhoso, visivelmente hipnotizado, não percebendo em momento algum a diferença entre as duas.

— Conhecida, em tão pouco tempo? — indagou Letícia, ironizando. Levantou-se da cadeira sorrindo e despediu-se de Emílio. Ao despedir-se de Sandra, falou: — Você ficou bem na foto. Se eu fosse você, abriria com ela o álbum de família.

Sandra sentiu nas palavras de Letícia a força do seu desprezo por aquele romance.

Depois desse encontro, Sandra desabou a chorar, fazendo-se de vítima. Chorou tanto que Emílio ficou assustado com o seu estado. Ela dizia o quanto o amava e que não iria suportar a desaprovação das suas filhas. No fundo, para conseguir as lágrimas, Sandra lembrara dos dias frios que tinha de ficar manobrando os carros para o pai consertar, em sua cidade natal. A simples lembrança do nome da cidade era motivo para ela chorar de ódio.

— Como você está, meu amor? Sente-se melhor? — quis saber Emílio, algum tempo depois, quando Sandra voltou do banheiro, para onde foi com a desculpa de retocar a maquiagem. Aproveitou para passar uma mensagem para Renan. Uma mensagem curta alegando a necessidade de um encontro.

— Estou muito feliz por ter você, Emílio — declarou abraçando-o.

Foram a um restaurante e, quando estavam saboreando a sobremesa, Emílio tirou do bolso uma caixinha e entregou a ela. A moça ficou radiante, pensou ser alguma joia cara, de brilhantes, e mais: desta vez não contaria a Renan nem a devolveria. Para sua surpresa, Sandra abriu a caixa e viu nela uma chave. Não pôde acreditar, ficou realmente sem palavras.

— Um apartamento, Sandra. Gostou? — indagou num tom ingênuo. — O que acha de irmos para lá agora?

Sandra não quis nem terminar a sobremesa. Ansiosa, fez com que ele adiantasse o acerto da conta, e ela mesma tirou o carro do estacionamento. Naquele momento a emoção era tamanha que não suportava esperar mais nada.

O apartamento dúplex ocupava o último andar de um prédio de luxo num bairro caro da cidade. Sandra abriu os braços e começou a rodar, feliz. Percorreu todos os cômodos rapidamente. Não cansou de abraçar Emílio e dizer o quanto estava feliz.

— Não comprei todos os móveis, mas tem um dinheiro à sua espera para terminar a decoração. Eu gostaria, de verdade, que você fosse morar em minha casa, mas não quero que você se aborreça com os comentários.

Sandra não ouvia mais nada, jogou-se no sofá e imaginou o que seria sua vida dali em diante. Passou a tarde nos braços de Emílio, fingindo amá-lo.

Capítulo 34

Sandra foi à mansão a convite de Emílio, que resolveu levá-la a sua casa antes da festa que aconteceria à noite, assim quebraria a estranheza das filhas, se houvesse. Entretanto, Letícia estava na clínica, e Laís, no cabeleireiro. Emílio apresentou a moça somente para Lígia, que foi muito simpática, a seu modo, porque estava mesmo na expectativa de ver Fábio. Tanta era a sua ansiedade em esperá-lo que nem deu importância ao fato de Sandra ser a mesma que pegara carona com Fábio, que trabalhara na clínica de Letícia e fora inquilina de Helena.

— Papai, ouça bem, para a felicidade da sua filha. Se você colocar o Fábio na vice-presidência da empresa, ele não vai me deixar — apelou Lígia ao pai, toda empolgada.

— Minha filha, a gente pode conversar sobre isso depois.

Emílio, preocupado com o estado da filha e surpreso pelo pedido, pegou-a pelo braço para conversar no escritório. Assim, pediu licença a Sandra, recomendou aos empregados que estavam próximos que a tratassem como se ela estivesse em casa e atendessem aos seus pedidos.

Sandra, fascinada com tudo o que via, foi percorrer o jardim, momento em que foi surpreendida por Renan, que fora até a mansão para ver Laís.

— Você pode dizer por onde andou, Sandra? — perguntou Renan aflito ao vê-la na mansão. — Passei a tarde ligando para você e só caía na caixa postal. Minhas mensagens nem foram lidas, não é? — era notório o estado tenso de Renan. — A idiota da Letícia esteve na minha sala. Ela me deu até hoje para eu contar sobre Patrícia a Laís.

— Renan, eu não liguei porque estava me mudando. Fui até aquela espelunca e peguei todas as minhas coisas para levar para o meu apartamento. Esqueceu? Você acredita que deixei a louca da Helena triste, acenando na calçada com um pano de prato na mão, dizendo que sentiria minha falta? Está vendo, viu como sou boazinha? Agora isto aqui é maravilhoso, Renan! Que mundo é esse? — discorria Sandra abismada com a mansão da família Prieto.

— Você parece que nem ouviu o que eu falei, Sandra. Ouviu? — indagou olhando em volta, preocupado em serem vistos no jardim.

— Ouvi, claro que ouvi, Renan. Essa doutora Letícia está nos dando trabalho. Eu também não gostei do tom com que ela me tratou na empresa quando me viu com o pai dela. Insuportável. Agora, bonitão, prepare-se, porque essas filhas vão dar trabalho.

— Por quê, Sandra? — perguntou Renan preocupado. — Laís está na minha, a Lígia é uma ridícula, só pensa no próprio umbigo, não está nem aí para nada. O que preocupa mesmo é a Letícia. Ela, sim, pode acabar com a nossa festa.

— Não! — explodiu Sandra. — Não vou permitir — fez uma pausa e, depois de se certificar de que não havia ninguém perto, prosseguiu: — Você não vai acreditar no que eu ouvi agora há pouco. A Lígia está fazendo a cabeça do velho para colocar o Fábio nesse cargo de que você faz tanta questão.

— Como?! — indagou Renan a ponto de explodir.

Renan ficou em silêncio enquanto Sandra repetia pela terceira vez o que vira e ouvira. Depois, ainda em silêncio, ele a pegou pelo braço e a levou para a garagem que ficava do outro lado do terreno. Para não serem vistos, o rapaz tratou de conduzi-la por dentro do jardim.

— Não entendi por que você me trouxe aqui, Renan — disse alarmada. — Acho melhor a gente voltar, podem ver a gente junto.

— Aquele ali é o carro da Letícia — apontou para o carro estacionado logo a sua frente. — Não temos tempo, temos que agir rápido.

— Renan, eu não estou entendendo. O que você pretende fazer? — interrogou Sandra, temerosa com o que o rapaz tinha em mente.

— Você vai dar um jeito nesse carro, entendeu? Não me diga que vou ter de ser mais claro, mais direto.

— Você... Renan, você quer que eu provoque um acidente com a Letícia? — diante do sorriso afirmativo de Renan, Sandra deu um passo para trás, assustada. — Não! Esqueça! Não vou fazer isso, justo agora que o velho está bancando do bom e do melhor.

— A Letícia vai acabar com o seu banquete, Sandra — sussurrou, ao pé do seu ouvido. — E com o meu também, e primeiro. Agora entenda: será um efeito dominó, depois que ela me derrubar, será a sua vez. Se eu cair, você cairá junto. Entendeu, Sandra?

— Não vou fazer uma coisa dessas. Não me peça isso. Justo agora.

— Ei, moça! Temos um acordo, um pacto, sei lá como você quer chamar — fez uma pequena pausa. — Não se esqueça de que está aqui porque eu a coloquei neste mundo. Não se esqueça. Não seja egoísta. Não pense em tirar o melhor proveito da festinha e me deixar olhando, sem nada.

— Definitivamente você enlouqueceu, Renan — afirmou ela, distanciando-se.

— Sandra, saudade de sua terra natal? Ou melhor, vamos do princípio: você ainda se lembra do José? José Américo? Que família maravilhosa você conheceu... Uma família receptiva que a acolheu nesta cidade. E você, grata, tratou logo de destruir, não é?

— Do que você está falando? Você...

— Fui visitá-lo no sanatório, Sandra — Renan deixou a seriedade substituir o ar de riso que acompanhava o deboche: — Que serviço você fez! Merecia uma medalha.

— Não sei do está falando...

— Vou refrescar sua memória, ou melhor, vou começar dizendo o que ele me relatou assim que perguntei por você — ele começou a falar rapidamente, não dando tempo para ela escapar. — Sandra, gosto de saber com quem trabalho, quais são as pessoas que fazem parte da minha equipe. Não foi difícil. Outro dia, depois que você foi embora lá de casa, deixou sua agenda sobre o sofá. O nome me chamou a atenção. Questionei: quem a Sandra teria no sanatório Recanto da Paz, quem seria José Américo?

Duas semanas antes, Renan obtivera o relatório da vida de Sandra, dias depois de chegar à cidade e antes de se tornar a secretária de Letícia. Conseguira sozinho, visitando o sanatório, sem dificuldades.

— Sandra? — indagou o homem de quarenta anos, que com o seu sofrimento aparentava um acréscimo de mais quinze. Estava sentado numa cadeira, à beira de um reservatório de água. Tinha sobre as pernas uma manta rasgada. — Foge dela, moço. Foge enquanto é tempo. Essa mulher é o inferno. É fogo. Acabou com a minha família. Meu filho nunca mais foi o mesmo, moço. Nunca mais — asseverou com um olhar perdido no gramado.

Ao terminar, Renan se divertiu sobremaneira com o silêncio de Sandra.

Alguns meses antes.

Sandra desembarcara na rodoviária do Tietê radiante. Não tinha olhos para apreciar tudo o que via à sua frente. Estava num estado frenético de emoção, realização, certa de que venceria na vida. Era certo também que estava muito assustada com os arranha-céus, o trânsito, a pressa das pessoas, a individualidade de cada um, o desprezo que cada uma dessas pessoas exibia diante do problema do outro, por fim, estava no lugar que sempre sonhara e tratou de se portar como os demais habitantes.

Embarcou, com a indicação de um jovem, no primeiro táxi que encontrou. Desconcertada, solicitou o hotel mais próximo do centro, enquanto o motorista do táxi, pelo retrovisor, divertia-se com os olhos curiosos da moça diante de toda novidade, que para ele era rotina. Tinha em sua bolsa algumas anotações que haviam sido extraídas de revistas de circulação nacional, a maioria das anotações era de endereços de agências de modelo. Sandra sempre sonhara alto.

O hotel era muito refinado, consumiria, com certeza, todo o dinheiro que havia pegado da gaveta do Toninho, por esse motivo não ficou mais que um dia hospedada ali. Numa banca de jornal, Sandra comprou um guia de ruas e roteiros da cidade. Maravilhada, dedicou um bom tempo para realizar sua pesquisa. Ficou até altas horas tomando nota de endereços, pesquisando no guia a localização, observando os preços.

Passava das dez da noite quando ligou para um dos endereços que considerou atraente para o seu bolso. Era um apartamento pequeno, mobiliado, sem grandes luxos em que poderia, ao seu entender, sobreviver até conquistar algo melhor.

— Fica no terceiro andar, dona. É de uma viúva que mora com a filha noutro bairro. Ela não quis se desfazer do imóvel, resolveu alugá-lo. Estou com as chaves nas mãos, quando pretende vê-lo? — perguntou animado José Américo, zelador do prédio.

Ainda mais ansiosa, acertou para o dia seguinte, na primeira hora, o encontro com o zelador para conhecer o apartamento. Ela ficou satisfeita pelo preço, era um terço do local onde estava hospedada. O apartamento, porém, era asqueroso. Teve de admitir, um pouco mais tarde, depois de acomodar todas as suas coisas, que ficou também satisfeita e interessada por José Américo, o zelador.

José Américo havia contraído matrimônio ainda adolescente, próximo dos vinte anos, depois de a namorada ter anunciado que estava grávida à família. O fruto daquele matrimônio de mais de vinte anos resultou num filho, único, que era recém-casado. A esposa de José Américo era líder comunitária, ministra na igreja do bairro e atuava no auxílio de crianças carentes. Quando o marido convidou o filho e a nora para morarem com eles, ela aplaudiu a ideia.

Essa era a família de José Américo. Sandra foi apresentada a eles e passou a frequentar a casa, sempre com uma desculpa aqui, outra ali. Ela, na maioria das vezes, encontrava o patriarca sozinho, pois a esposa, de certa forma cansada, achara nos encontros da igreja e do bairro a razão para manter o casamento estável.

A nora passava boa parte do dia fora de casa, visto que saía cedo para o hospital onde trabalhava como enfermeira e depois ia para a faculdade. No percurso, que fazia de carro, deixava o marido no metrô, com destino ao trabalho.

Sandra adorou a situação e não demorou em se insinuar para o homem. Começou com ligações, depois de ver com os próprios olhos e ter certeza de que todos já haviam tomado seus destinos, e José Américo estava sozinho. Passou a chamá-lo para verificar o cheiro de gás, o chuveiro...

Entretanto, o homem, inocente, ou não querendo acreditar que a bela jovem estivesse interessada nele, não lhe retribuía as investidas. Não demorou e, numa tarde, bem na hora que passava entregando as correspondências, de porta em porta, ele se surpreendeu ao vê-la com pouca roupa sentada próximo à porta entreaberta. Essa visão o deixou encabulado. Ela piscou para ele, que pela primeira vez a viu como mulher. Foi fatal, a partir daquele dia o homem passou a visitá-la constantemente.

Sandra, paralelamente aos encontros vespertinos, utilizava as manhãs para atingir os seus sonhos, o de ser modelo famosa e internacional, capa de revistas. As agências não a viam com bons olhos, admitiam que era muito bonita, sensual, fotogênica, porém era muito velha para o ofício.

Certa vez, numa fila quilométrica, Sandra foi abordada por uma funcionária da agência, responsável por organizar a fila, distribuir senhas, recolher os books. Sem rodeios, ela a questionou:

— Cadê sua filha, dona? Se ela for bonita como você, tenho certeza de que terá um lugar certo na nossa agência. Só que preciso vê-la pessoalmente, não bastam as fotos.

— Não. Não é minha filha, eu nem tenho. Sou eu a candidata — tornou Sandra de imediato, num tom orgulhoso.

A mulher olhou bem no seu rosto e declarou:

— Está alguns anos atrasada, moça. Imagino que uns dez. Está vendo esta fila aqui, é de meninas de quinze anos. Acredite ou não, este é o momento delas, daqui a um ano, ou ainda daqui a alguns meses, elas já serão consideradas ultrapassadas para atuar. Entendeu?

Essa não era a primeira vez que passava por isso, também não tinha a conta certa de quantos foram os desaforos que tivera de engolir, porém não desistia e sempre procurava outras agências.

Em contrapartida, o romance com José Américo era cada vez mais ardente, intenso. Não demorou e Sandra já não pagava suas contas, pois todas eram administradas por um José Américo apaixonado, que havia descoberto em seus braços o que era o amor, sentimento que nunca tinha conhecido no casamento gasto pelo tempo.

Um dia, durante o jantar, a esposa de José Américo discutiu com ele depois de descobrir, pelo extrato bancário, que as suas reservas estavam pela metade. Ela, chateada, confessou a ele que pensava em utilizar o dinheiro para salvar a vida da mãe que morava no interior e estava com uma doença grave. José Américo, sem rodeios, argumentou ter utilizado o dinheiro para pagar os impostos, enfim acabou convencendo-a e o assunto foi encerrado.

A nora assistira à conversa da cozinha, onde preparava um bolo para o marido, e não acreditou no sogro. A confirmação veio na sequência, quando ela surpreendeu a troca de olhares entre o sogro e Sandra.

A jovem, perturbada com as suas suspeitas sobre o sogro, tratou de tirar a prova antes de revelar a todos o assunto. Ainda naquela semana, a nora de José Américo faltou ao trabalho e viu o sogro saindo do apartamento de Sandra, abotoando a camisa, ajustando a peça no corpo, e no rosto um sorriso de satisfação.

Questionado pela nora, José Américo negou de pés juntos a acusação. Entretanto, ficou sem saída quando foi questionado sobre o dinheiro que havia desaparecido de sua conta. A nora concluiu que ele estava mantendo Sandra, sua amante. A moça, crente no amor, lealdade, certa de que os seus sogros eram exemplo de casamento, explodiu com ele, ameaçando contar tudo para o marido e para a maior enganada de toda a história: a esposa.

O homem, apavorado, envergonhado com a situação, pediu segredo por um tempo. A nora ressaltou que não compactuaria com aquela situação. Por fim acabou convencida de manter segredo; em troca, ele teria de se separar de Sandra.

Sandra soube da história. Ficou furiosa, não pôde acreditar que aquela menina fosse capaz de provocar um tumulto em sua vida. José Américo, diante da situação, anunciou o fim do romance, para desespero de Sandra, pois também contava com o dinheiro dele, já que o seu estava acabando, e não encontrava nenhuma oferta de emprego. Sentindo-se desafiada pela nora de José Américo, Sandra resolveu que consertaria a situação, a seu modo.

Durante a noite, Sandra, com uma lanterna nas mãos, desceu até o estacionamento e parou diante do carro da nora de José Américo.

Um telefonema logo cedo acordou todos na casa de José Américo. Era para a nora, do hospital onde trabalhava. Tinha de comparecer urgente, devido à ausência de uma funcionária. A jovem, muito profissional, correu a resolver o problema. Contou à família sobre o ocorrido, desculpou-se com o marido, já que não o levaria até o metrô, como de costume, e partiu. E de vez. Foi vítima de um acidente de trânsito durante o percurso e não resistiu.

Sandra foi mais que uma amiga para a família. Infiltrou-se na casa de José Américo, contribuía fazendo chá, café, que eram servidos às visitas, acompanhados de bolachas. Era sempre elogiada, uma vizinha exemplar. Ora era ombro para o jovem viúvo, ora para a dona da casa, enquanto a vontade que tinha era de abraçar José Américo. Sandra atuou assim durante todo o velório e sepultamento.

A partir daí, aconteceu o desconcerto da família. Sandra, fria e satisfeita, contou depois para José Américo sobre o que fizera. Relatou tudo nos mínimos detalhes. Havia mexido na mecânica do veículo, assim como também fora a responsável pelo trote, levando a jovem para a armadilha. Falou tudo com naturalidade, esperando ter o apoio dele.

O homem entrou em choque. Desfez-se dos seus abraços e saiu correndo, completamente assustado. Foi ao encontro do filho que, desesperado, durante o abraço, revelou ao pai o que o estava angustiando. A esposa havia descoberto que estava grávida e planejava no próximo fim de semana anunciar à família.

Por aqueles dias, exatamente um dia depois do ocorrido, Sandra viu a esperança de conquistar o que sempre sonhara: ser modelo. Entrou no prédio que ficava no centro da cidade, sem placas, numa sala ocupada por uma atendente e uma fila enorme de moças. Olhou para as concorrentes, todas, do seu ponto de vista, feias, desajeitadas, sem nenhum perfil para passarela. Depois de esperar mais de duas horas, participar de vários testes, percorrer as demais salas do andar, todas apertadas, aglomeradas de gente, Sandra teve seu nome chamado pela recepcionista.

— Sandra Aparecida Souza? — perguntou a atendente com pouca vontade. Sem esperar a resposta, ela prosseguiu: — Trabalho temporário. Dois meses.

— No Brasil? — perguntou Sandra ansiosa, pronta para viajar. A moça começou a imaginar o glamour do ofício, depois dos dois meses chegando ao aeroporto, puxando carrinho, bem-vestida, perfumada, óculos escuros, fugindo dos repórteres, dos flashes das máquinas, das mais absurdas perguntas sobre sua vida pessoal e dos seus especulados envolvimentos com artistas do cinema internacional.

— Sim, num bairro próximo daqui — respondeu a atendente rindo, entendendo a sua pergunta como uma brincadeira. — Tem flexibilidade de horários, Sandra?

— Tenho — replicou categórica. — Sem hora de entrar e sair.

— Não é para tanto. Sua entrada será às oito horas da manhã — a recepcionista fez uma pausa enquanto buscava no papel a resposta para o que procurava. — Aqui está, sua saída será às dezoito horas.

— Todos os dias? — interrogou Sandra sorrindo.

— Sim. Sábado e domingo é descanso. Aqui está o endereço. Você começa amanhã.

Sandra agradeceu feliz, já estava na porta quando voltou para a última pergunta.

— Quanto às roupas, terá um figurinista conhecido? — Sandra quis saber porque era conhecedora de diversos nomes que havia pesquisado em suas revistas.

— O empregador dará os maiores detalhes. Talvez você use uniforme.

— Uniforme? — questionou Sandra sem entender.

— É. Ainda que temporário, há lugares que não abrem mão de ter seus funcionários levando a marca da empresa no peito. Ah! Tem mais: vale-alimentação somente depois da experiência. Caso a efetivem, você terá direito a todos os benefícios dos demais funcionários, mas por enquanto...

— Benefícios? Vale-alimentação? — interrompeu ela, sem entender a situação.

— Sim! Quanto ao valor do transporte, será fornecido pelo empregador. Não precisa se preocupar. Quanto às refeições — falava enquanto consultava a ficha do cliente: — o lugar dispõe de um refeitório. Você teve sorte, não são todos os lugares que oferecem tudo isso aos funcionários. Tem micro-ondas para esquentar a comida.

— Espere um pouco, deve estar havendo algum engano — interveio Sandra desesperada. — Que emprego é esse?

— De recepcionista.

Sandra saiu bufando, proferindo vários desaforos para a atendente. A moça, paciente, explicou que aquele lugar, noutra ocasião, havia sido uma agência de modelos, mas a agência havia se deslocado para outro Estado. Ali, agora, era uma agência de empregos.

Chegou a sua casa desapontada, tomada por uma tristeza que até então não imaginava existir. Ao abrir a porta, deu de cara com José Américo, aos prantos, contando sobre a tristeza que tomara conta de sua casa. O homem acrescentou o quanto estava sofrendo ao ver o filho deprimido, sem querer trabalhar, preso naquele acontecimento, e ainda relatou o estado que envolvia a esposa que, devota de vários santos, parecia já não acreditar em nada.

José Américo não só percebeu a indiferença de Sandra, como ouviu da sua própria boca que pouco estava preocupada com aquela situação. Disse ainda que o considerava assim como a toda a família uns fracos. José Américo, ofendido, agarrou-a pelos braços e ameaçou contar a verdade a todos.

— Enlouqueceu, homem?! — ironizou Sandra, rindo. — Vai fazer isso, então? Chegue para a sua família e conte que eu fui o pivô dos últimos acontecimentos. Não se esqueça de contar em detalhes o que houve, sua esposa e seu filho vão adorar. Não estou sozinha nisso, querido. Você está comigo, cúmplice. Não fiz nada sozinha, José Américo, nada! Não sei se lhe contaram, mas você tem sua parcela de culpa. Sua mulher odiaria você se soubesse que deu dinheiro para mim em vez de tentar salvar a velha da sua sogra que está para morrer. O sentimento do seu filho por você também não seria diferente. Ele ficou viúvo, não é? Além do mais, você não tem como provar nada.

Furioso, ele avançou sobre ela. Entretanto, o tapa não foi o bastante para calar a jovem. Vendo que não tinha jeito, que estava diante de uma cobra perigosa, ele foi categórico em mandá-la embora. Deu a ela um prazo de vinte e quatro horas. Ele não a queria por perto, pois ela era lembrança das consequências que o seu erro provocara.

Sandra, como não podia ser diferente, vendo que não tinha mais clima para aquela história, arrumou suas coisas e foi embora. Antes, porém, foi à casa de José Américo, despedir-se de todos e agradecer também. A esposa de José ficou inconformada com a partida da vizinha. Triste, a mulher abraçou Sandra, agradecendo e lamentando o quanto ela faria falta. Teve um abraço também caloroso do filho viúvo do casal. De José Américo apenas o silêncio, um olhar frio, distante. Ela estendeu a mão para ele, que tratou de desfazer a cena abrindo a porta da casa. Tivera, semanas depois, num banco, um encontro com a mulher de José Américo, que lhe contou o seu estado e lhe deu o cartão da clínica que o mantinha internado.

Sem outra saída, sem dinheiro, Sandra procurou a atendente na agência de emprego. Perguntou a ela se o emprego ainda estava à sua disposição.

— Sim! — respondeu animada — Uma vaga disputada, viu? É na Clínica Prieto, você vai ser a recepcionista exclusiva da doutora Letícia Prieto. A clínica é grande, mas você será responsável somente pelos clientes dela.

Capítulo 35

Renan, encostado no capô do carro, braços cruzados, sorriso no rosto, concluiu:

— Assim, você foi trabalhar na Clínica Prieto, onde eu a conheci. Ah, quanto ao José Américo, pobre coitado, entrou em depressão e a esposa teve de largar tudo para assumir a função de zeladora do prédio. O homem não suportou em silêncio assistir ao sofrimento do filho, o desdobramento da mulher em executar todo o trabalho para não perderem a moradia. Foi tudo muito forte...

— Chega! — interrompeu Sandra baixinho.

— Como?! — perguntou enquanto observava o quanto a perversidade da moça era proporcional à sua beleza.

— Não quero ouvir mais nada — finalizou quase num grito, com as mãos entre os cabelos.

— Moça, fale baixo. Não saberia explicar se nos pegassem aqui. É melhor se acalmar, Sandra — Renan riu e concluiu: — Pensei que gostaria de saber notícias do homem que amou. Você fundiu a cabeça dele, Sandra. Ele foi roubado. Você roubou a sua paz. Depois, ele começou a dizer coisas desconexas. A mulher e o filho, assustados com a situação, orientados por uma vizinha, trataram de interná-lo no Recanto da Paz, no início com visitas semanais, que passaram a ser mensais, e hoje ocorrem apenas no Dia dos Pais. Ninguém acredita nele.

Renan aproximou-se dela, envolveu-a num abraço e alertou:

— Sandra, estamos no mesmo time. Não fique assim. Além do mais, você também sabe coisas minhas. Esqueceu?

Sandra sorriu, recompondo-se. Pediu que ele prestasse atenção ao movimento da casa e sentou-se no chão, juntando parte do vestido entre as pernas. Rastejou como uma cobra embaixo do carro de Letícia. Minutos depois, voltou com a satisfação estampada no rosto.

— Você está certo, vamos tirá-la do nosso caminho, Renan — tornou ela, sorrindo.

— Agora temos de dar um jeito na Lígia.

— Lígia?

— Sim. Essa louca está tentando convencer o velho Emílio a colocar o Fábio na vice-presidência, e isso não me agrada. Mas já sei o que temos a fazer. Vamos ligar para ela e confirmar o que tanto ela insiste em dizer.

— O quê? Não entendi, Renan. O que ela...

— Você vai ligar para ela e se passar por amante do Fábio — instruiu Renan, tomado por um ar de segurança. — Você vai ligar para o número direto no quarto dela, lá não tem identificador de chamadas, entendeu?

— Sim, entendi, só não entendo o que você pretende.

— Simples. Temos de deixá-la irritada a ponto de não querer mais vê-lo na frente e também não querer tê-lo num posto de alta confiança na empresa do pai. Já pensei em tudo, no texto etc. — por alguns segundos teve a impressão de ter visto Cida, tanto que chegou a chamar pelo seu nome, o que assustou Sandra, depois piscou os olhos e disfarçou com um sorriso. Entendeu aquele momento como cansaço.

— Como? — perguntava Patrícia visivelmente abalada, andando de um lado para o outro. — A senhora tem certeza? Atende às descrições que fiz? Meu Deus! Quanta crueldade. Lógico, estou indo já para aí.

Antes de sair, deixou um recado sobre a mesa para Renan. Era curto e objetivo e dizia: "Encontraram a Cida. Estou na delegacia".

Patrícia estava desnorteada. Durante todo o trajeto foi pensando em Cida, na sua alegria e irreverência, nas roupas justas, assim como em suas palavras de consolo. Não admitia o que havia acontecido a sua amiga.

— Morta?! — indagou assustada, diante da delegada.

— Sei bem o que sente, dona Patrícia — respondeu a delegada, esquecendo sua posição e de certa forma confortando a jovem.

Virando-se para o escrevente, ela pediu:

— Vá buscar um copo d'água para a moça — depois prosseguiu: — O corpo foi encontrado numa construção abandonada. Foi uma denúncia feita por uma escola que tem na mesma rua. A construção está desativada há algum tempo, mas é vizinha da escola. A bola das crianças caiu lá e, quando foram apanhá-la, acompanhados de muita coragem e curiosidade, não deixaram de olhar o espaço onde estava o corpo. Eu lamento, era sua amiga.

— Como pode acontecer essas coisas para uma pessoa? Justo agora que ela estava tão radiante, feliz em rever o marido. Restaurar a família que foi despedaçada pelo tempo. O marido dela já foi avisado?

— O marido está morto, dona Patrícia — informou a delegada. — Morto há dois meses. Ele foi vítima de um acidente de trabalho que realizava na zona norte, aqui na cidade.

— Não pode ser! — interrompeu ela, nervosa diante da nova bomba lançada. — Ele estava no Acre, trabalhando numa construção. Eu vi as cartas que foram enviadas para minha amiga. Eram apaixonadas, convidavam-na para viverem juntos.

— O senhor Genivaldo morreu depois que uma caçamba de concreto foi despejada numa vala, onde ele estava. Foi um erro admitido pela construtora. Ele nunca saiu da cidade. Foi investigado. Lamento. Já que a senhora comentou as cartas, considero necessário investigar a possibilidade de ela ter sido vítima de uma armadilha. Entretanto, com a morte do marido, que poderia ser um provável suspeito, tudo se dissipa. Quanto a essas cartas, será que a senhora poderia me fornecê-las, para serem examinadas?

Patrícia aceitou prontamente ajudar a delegada. Mesmo diante dos fatos, não queria acreditar que aquelas crianças haviam ficado órfãs de uma hora para a outra.

Lígia, depois de conversar com Emílio Prieto, no escritório da mansão, foi para o seu quarto. Estava toda animada e radiante com as promessas do velho empresário.

— Minha filha — declarou Emílio —, não havia necessidade de me pedir isso. Garanto que não será nenhum sacrifício ter o Fábio como vice-presidente das empresas Prieto. É um jovem talentoso, competente, não anuncie a ninguém minha preferência para eu não ser tachado de ditador. Quero ouvir os demais acionistas, para ver, ou melhor, ouvir se comungam da mesma opinião que tenho, mas que essa conversa seja um segredo nosso.

Emílio fez uma pausa, encostou as costas no assento da cadeira, cruzou as mãos sobre o corpo e concluiu:

— Sabe, minha querida, eu, na verdade, não gostaria de ver o Pedro se desligando da empresa. Sempre pensei que eu morreria antes de ver isso acontecer.

— Papai, por favor, não repita uma coisa dessas. O Pedro está cansado, ele confessou, quer se dedicar a outros afazeres. Ele não vai deixar de ser o seu primo-amigo, papai.

— Lígia, eu o tenho como amigo-primo. Creio que seja um pouco de culpa que sinto. Se ele fosse ressentido, talvez hoje não tivesse nenhuma consideração por mim. Eu lamento não lhe ter retribuído à altura. Mas vamos deixar isso de lado. — Emílio, enérgico, levantou-se rapidamente. — Estamos conversados, Lígia? Posso confiar esse segredo a você?

Lígia deu um abraço prolongado no pai, e uma lágrima rolou em seu rosto. Diante do questionamento de Emílio, um pai preocupado, ela simplesmente respondeu estar sentindo uma saudade, no entanto, não conseguia definir do quê.

Em seu quarto, Lígia despejou quase todo o guarda-roupa sobre a cama à procura do vestido ideal. Acabou rejeitando o vestido que havia comprado para a festa e experimentou um que havia usado um ano atrás, num evento fora do país onde havia acompanhado Fábio. "Ele gostou tanto do vestido, por que não repeti-lo?", concluiu a jovem.

Estava diante do espelho, sobre os saltos altos, ajustando o vestido no corpo quando o telefone tocou. Lígia correu para atender. Pronunciou um alô sorridente, na esperança de que fosse Fábio. Era voz de mulher, uma voz distante; havia muito barulho. Quase não se entendia o que a pessoa do outro lado dizia; ela desligou. O telefone voltou a tocar, Lígia pensou em não atender, porém a curiosidade foi maior.

— O Fábio não está? — era voz de mulher, abafada. — Ele está sim! — insistia a voz diante da negativa de Lígia. — Ele foi até aí para pedir o divórcio, querida. E também lhe contar a novidade: vamos nos casar. Você se importaria se o Rodrigo levasse as alianças? Ele lhe contou sobre o apartamento que comprou para morarmos juntos?

— Quem está falando, hein?! — gritou Lígia irritada. — Que brincadeira é essa?

A voz se estendeu por mais alguns minutos, sempre com insinuações que deixavam a moça mais perturbada, confusa, insegura. Enfim, revelações que davam vida aos seus fantasmas, ao seu ciúme.

Laís estava no salão de cabeleireiro, diante do espelho, de onde era admirada pelas outras mulheres que distribuíam elogios. Em meio aos comentários, Laís pegou o celular e ligou para casa. A empregada atendeu. Laís finalizou:

— Você entendeu? Peça, por favor, para um dos motoristas vir me buscar aqui no salão. Tomou nota do endereço? — fez uma pausa enquanto ouvia a mulher do outro lado da linha repetir o que havia anotado. — Ótimo! Eu deveria ter vindo de carro, vim de moto, agora com esse cabelo não posso colocar o capacete. Pensei em pegar um táxi, mas tenho de passar no shopping, pegar o meu vestido — sorriu. — Nossa! Tanta coisa em tão pouco tempo.

Laís estava sendo maquiada quando o celular tocou. Atendeu no terceiro toque. Era a empregada com quem havia falado minutos antes.

— Não achou a chave do meu carro? Meu Deus, onde deve estar? — Laís teve a ideia de mexer na bolsa e viu que a chave estava lá. — Que cabeça a minha! Veja você, esqueci a chave dentro da minha bolsa. Esse aniversário está me deixando maluca. Faça o seguinte: peça para o motorista pegar o carro da Letícia, tenho certeza de que ela não vai se importar.

Laís desligou o celular sorrindo. Estava linda diante do espelho.

— Pedro, você estava certo — afirmou Letícia.

Ela havia combinado com Robert na noite anterior que não trabalharia naquele dia, todavia não resistiu e passou na Clínica Prieto, no intuito de dar algumas altas, visitar alguns pacientes, conferir fichas... Assim, o que seria uma passadinha de meia hora acabou se transformando numa peregrinação de mais de duas horas.

A médica já estava de saída quando Pedro chegou.

— Falei há pouco com Robert, tomamos café no centro, assistimos a uma palestra interessante e ele me disse que eu a encontraria aqui — comentou Pedro rindo, no momento em que abraçava a prima. — Ele estava certo!

Letícia ofereceu café e um repertório de assuntos que se estendeu pela manhã. Até que Pedro perguntou sobre a aliança.

Letícia já sabia que a aliança era de Patrícia, pois conhecia a farsa de Renan; no entanto, preferiu não comentar com o primo a descoberta. Estava certa de que Renan contaria a verdade. Decidiu, erroneamente, mentir para o primo e foi o que fez.

— Não lhe disse, Letícia, eu estava certo — Pedro falou. — A aliança era mesmo de um funcionário. Seu pai não esconderia isso de você, de mim, por todo esse tempo. Para ele essa filha está morta, na verdade, para ele, ela nunca existiu.

— Eu só não esperava que essa aliança fosse de quem eu descobri — soltou Letícia. Desconcertada, a médica emendou cuidadosamente: — Pedro, confesso que fiquei muito impressionada com a história que você me contou, o fato de eu ter outra irmã de um romance do meu pai. Quando vi a aliança, com o nome escrito Patrícia, julguei ter encontrado minha irmã. Seria muita coincidência.

— Coincidências. Não tenho outra palavra — concluiu Pedro. — Bom, eu já ocupei muito o seu tempo, tenho de ir embora, até porque, logo mais, terei o prazer de participar de um aniversário — Pedro parou, respirou fundo e asseverou: — Lê, tenho pedido aos céus para que tudo dê certo. Estou vibrando para a união dessa família.

— Tenho certeza — respirou fundo. — Esperei tanto por esse dia, estava tão ansiosa para chegar, mas agora sinto um aperto no coração, uma angústia. Na verdade, não sei explicar o que estou sentindo.

Pedro foi certeiro ao questionar:

— O noivado da Laís com Renan, não é, Letícia?

Diante do silêncio, ele abraçou a médica.

— Pedro, vou lhe pedir um favor, o de sempre — rindo. — Você pode me dar uma carona? O Robert me deixou de manhã aqui na clínica e me falou que me deixaria de castigo, que não viria me buscar. Pode? Hoje está muito corrido para ele, tinha de passar no centro e depois iria participar de uma reunião longa no jornal.

— Claro, sem problemas. Vamos? Onde posso deixá-la?

— Em casa, se não for abusar. Pego meu carro e faço uma correria — grudou no braço do primo e entre risos comentou: — Cabeleireiro.

Valter chegou ao restaurante minutos antes do combinado. Ocupou uma cadeira, próximo à janela, que dava vista para o mar. Depois de pedir uma bebida, o detetive apanhou o papel que tinha no bolso com o telefone de Ana Maria e ficou apreciando. Um sorriso surgiu em seu rosto ao lembrar-se da gorda falante. Depois daquele episódio, Valter não deixou um dia de ligar para o número informado por ela. Insistiu até que conseguiu falar com a ex-vizinha de Ana Maria. A velha senhora, com dificuldade, passou o telefone dela.

— O senhor é o Valter? — perguntou Ana Maria ao encostar-se na mesa.

— Sim, sou eu — respondeu empolgado. Levantou-se instantes depois e puxou a cadeira para acomodá-la. — Pedi para o garçom avisá-la de que eu já estava aqui.

— Sim. Ele me informou assim que cheguei à porta. Mas o senhor me deixou preocupada. Disse que a conversa era sobre Patrícia... — afirmou Ana Maria, tentando conter a aflição.

Valter sorriu antes de iniciar o assunto. Também não fez rodeios, foi franco, revelou de imediato quem era, o que pretendia. Soube ser muito educado e mencionou o interesse da família em conhecê-la e as vantagens desse encontro.

— Estou muito surpresa — confessou Ana Maria, apertando a bolsa entre os braços.

— Não há intenção de tirá-la da senhora, dona Ana Maria — explicou Valter ao ver sua reação. — Até porque ela já é uma mulher, e casada.

— O senhor tem razão — concordou ela um pouco aliviada, deixando aparecer um leve sorriso. O primeiro de toda a conversa, que se estendeu ainda por alguns minutos.

Ana Maria concordou com a decisão tomada por Valter, depois de ouvir dela o seguinte:

— Gostaria que o senhor entendesse, não posso chegar assim, de repente, com uma notícia dessas. Eu nunca escondi nada dela. Patrícia sabe que é adotada. O que Júlio e eu sabíamos da família, nós lhe contamos, porém não era muita coisa.

— Aqui está o meu cartão, dona Ana Maria. Gostaria que pensasse no assunto.

— Nos próximos dias eu vou a São Paulo e converso com ela — finalizou rindo ao guardar o cartão dentro da bolsa. — Não tenho o direito de poupá-la da verdade. Mas tem um detalhe: não vou forçá-la a nada.

Capítulo 36

Emílio desceu as escadas de sua casa com dificuldade. Mantinha uma mão segura no corrimão e a outra presa ao peito, como se com esse gesto tentasse conter o coração acelerado, a ponto de saltar do corpo.

— O que você disse? — perguntou o empresário para o segurança que estava no centro da sala da mansão.

— Infelizmente, doutor Emílio. Houve um acidente com o carro da doutora Letícia — repetia o homem, desesperado. — O carro capotou, doutor.

— Não pode ser — interrompeu Emílio numa voz tensa. Eu vou até lá. Onde foi? Não pode ser verdade.

— Doutor, acho melhor...

Emílio parou num dos degraus e permaneceu ali, paralisado, tomado pela tristeza da notícia. Depois de muita dificuldade, nessa altura, pelo seu visível estado, amparado pelo segurança, Emílio pronunciou, quase num grito:

— Letícia, minha filha? Diga-me que não é verdade. Onde está ela?

A voz de Emílio chamou a atenção dos empregados da casa, que logo se aproximaram.

— Pegue um copo com água para ele. Acho melhor chamar um médico — sugeriu o segurança, assustado com a situação.

Nessa hora Letícia e Pedro entraram na sala. O sorriso dos dois desapareceu, ambos ficaram alarmados com o que viram.

— Letícia? Meu Deus! Você está bem! — exclamou o velho empresário dividido entre as lágrimas e o riso. Correu para abraçá-la. — Pedro, olha só, a Letícia está bem — fez uma pausa e virou-se para o segurança em tom de advertência: — Que brincadeira foi essa, rapaz?

— Emílio, o que houve? Por que está chorando, homem? — interrogou Pedro, segurando seu braço.

— Papai, estou ficando preocupada. Aconteceu alguma coisa? — indagou Letícia confusa diante da cena.

O segurança, nervoso, adiantou-se, defendendo-se:

— Doutora Letícia, recebemos uma ligação da guarita informando sobre um acidente com o carro da senhora. Um acidente fatal.

— Com o meu carro? Como? Quem falou? — quis saber, tomada por um temor, um frio no corpo.

— Vamos manter a calma — interveio Pedro, tentando tranquilizar a todos.

Mais uma vez o segurança explicou sobre a ligação que teria sido feita do local do acidente, descrevendo o carro, placa, cor, documentos. Nesse momento, já convencida de que o pior teria acontecido, Letícia correu pelos corredores chamando por Laís.

— Dona Laís chegou faz uns minutos. Chegou brava porque o motorista informou que não tinha carro disponível na casa para ir buscá-la — informou uma das empregadas.

Laís, quase no mesmo instante, desceu as escadas. Ela estava chocada com o que ouvia e via. Pedro e Letícia apoiavam Emílio. Nesse primeiro instante pensou que o pai estivesse passando mal, porém, logo depois, de supetão, soube, junto aos demais, o que realmente havia acontecido. O portador da triste notícia foi Robert, que entrou lamentando:

— Não tem nada a ser feito.

— Robert? — exclamou Letícia, correndo para os braços do marido. — Não pode ser. Não posso acreditar!

— Lígia estava no carro — revelou por fim, numa voz sentida.

Emílio ajoelhou-se no centro da sala, desesperado. De um lado era apoiado por Pedro, de outro por Laís, em lágrimas, que o abraçava.

Lígia, desnorteada, após ouvir a voz debochada da mulher que dizia ser namorada de Fábio, largou o aparelho e correu até a porta. Com a mão na maçaneta, resolveu voltar para recolocar o aparelho no gancho. Ao sair, em lágrimas, parou diante do espelho. Estava linda, pronta para a festa; entretanto, não pensou duas vezes, saiu assim mesmo. Depois de correr as escadas, parou diante do aparador e apanhou a primeira chave que encontrou: a chave do carro de Letícia. Saiu com um destino: a casa de Fábio.

Estava tão nervosa que só pensava em chegar o mais rápido possível à casa de Helena, onde o marido estava hospedado. Ultrapassou todos os semáforos vermelhos, pegou o corredor exclusivo para ônibus, buzinava apressada para quem cruzava o seu caminho. Estava cega. De ódio e de ciúme.

Foi numa descida que percebeu a falta do freio, não totalmente, mas sentiu a falha. Não deu importância a isso naquele momento. Minutos depois, tentando controlar a velocidade, Lígia começou a ficar preocupada com a direção do carro que não parecia responder às suas indicações. Com a ideia de estacionar o carro e tomar um táxi, numa curva rápida, entrou num edifício-garagem.

Era um prédio de dez pavimentos utilizados, na maioria, por condôminos e moradores dos prédios vizinhos, sendo algumas vagas preenchidas por comerciantes da redondeza. Poucas eram destinadas a clientes avulsos. Dos cinco funcionários, por ser horário do almoço, havia apenas um no gerenciamento dos elevadores, com um agravante: o moço tinha poucos dias na empresa. Esse foi um dos motivos por que o jovem ignorou quando viu o carro guiado por Lígia entrar acelerado no estabelecimento.

Lígia, sem controle do veículo, passou por uma plataforma de mais de cinco metros e, em vez de descer ao subsolo para estacionar, pegou a inclinação da rampa, o que a impulsionou em acelerar ainda mais o veículo, que adquiriu uma maior velocidade. O freio não respondeu e, na sequência, também não deu tempo de perceber o vão que tinha pela frente. O veículo emborcou para a frente e caiu com as rodas para cima, no fosso do elevador, numa altura de mais de dez metros.

Foi tudo muito rápido. O jovem funcionário comia uma fruta e conversava com outro homem que havia chegado havia pouco. Ambos saltaram dos seus assentos quando ouviram o estrondo. Saíram correndo para ver o que estava ocorrendo.

— Socorro! — gritou Lígia em desespero.

Nada...

Ela passou a gritar mais alto e correu até os rapazes do estacionamento. Aproximou-se e bramiu:

— O meu carro... ele... ele caiu.

Os dois homens passaram por ela correndo. O mais jovem parou e comentou com o outro.

— Nossa! Que sensação estranha eu tive agora. Um frio que eriçou os pelos do meu corpo.

— Foi o susto — argumentou o outro, que se virou, deu mais alguns passos e berrou desesperado, olhando para baixo: — Olhe ali! Meu Deus! Que tragédia! Olhe lá em baixo. Tem um carro.

De onde estavam, puderam ver que havia alguém preso nas ferragens.

— É uma mulher — berrou o mais jovem que, tenso, sentiu as pernas bambearem, ajoelhando-se no chão.

— Ah! Vocês estão aí? — perguntava Lígia se aproximando dos rapazes, a essa altura já irritada por ser ignorada pelos homens.

— Ela! — apontou o mais velho, com dificuldade. — Ela está morta!

Lígia, espantada, colocou o rosto sobre os ombros dos homens e se viu dentro do carro.

Silêncio.

Dois dias depois, Valter, logo pela manhã, organizava sua mesa quando Elaine, sua secretária, entrou em sua sala, levando nas mãos, além da vassoura e a pá, um jornal. Tomada por um tom dramático, começou a comentar as notícias do jornal:

— Olha só o que eu acabei de ler — respirou fundo antes de iniciar a leitura do jornal:

“Morre, em São Paulo, Lígia Prieto Mendes, filha do empresário Emílio Prieto, proprietário da Prieto & Confecções. Era casada e deixa um filho”.

— Esse jornal é de ontem, Elaine? — perguntou Valter, sem levantar os olhos dos seus papéis.

— É — respondeu a mulher. — Tenho o de hoje também, olha só o que diz:

"A filha do empresário Emílio Prieto, Lígia, morreu prensada nas ferragens do automóvel que despencou no fosso do elevador de um edifício-garagem...".

— Que tragédia!

— Realmente, é muito triste — opinou Valter, olhando para a mulher. — Que tristeza se abateu naquela família!

— Eu nunca estive num velório tão suntuoso, seu Valter — comentou a moça rindo, como se tivesse participado de uma festa importante. — Nem imaginava que o senhor tivesse essa amizade toda com eles.

— Não se trata de um acontecimento ao qual se tenha que ter convite para ir, Elaine. Em momentos como este mostramos a nossa solidariedade, nosso apoio. Depois, sou amigo do Robert, fizemos faculdade juntos, foi por meio dele que conheci o Pedro e, nos últimos tempos, tivemos muitos encontros, era natural que eu fosse confortá-los e demonstrar minha amizade. Em pensar que era para ser uma data tão feliz, uma festa para comemorar o aniversário da caçula.

— Coitada! Sabe que eu tenho uma vizinha, dona Branca, então, a avó dela morreu no dia do casamento dela. Contou que foi uma choradeira só, gente desmaiando no altar. A noiva teve que jogar o buquê no hospital, quase todo mundo foi parar no hospital, porque a mãe dela passou muito mal — Elaine, vendo que o comentário não interessava ao chefe, voltou ao assunto com um olhar perdido, enquanto se apoiava na vassoura: — O seu Pedro foi muito simpático. Nunca vou me esquecer. E aquela maluca que chegou de branco, seu Valter?

— Era a sogra da Lígia. Parece que elas não se davam muito bem.

— Precisava ter ido daquele jeito?! A mulher estava toda de branco, rosas vermelhas nas mãos, pronta para ir à queima de fogos em Copacabana, entregar oferendas para os santos. Nem reparei, mas era bem capaz que estivesse descalça também.

A campainha soou e Valter, prendendo o riso, pediu que a moça fosse atender. Elaine tirou o avental, juntou a vassoura e a pá numa das mãos e jogou tudo atrás da porta. Depois, resmungando, foi atender a porta.

— As pessoas viram e repararam, sim! — dirigiu-se André para a mãe, na hora do café da manhã.

— Não vi nada de mais. Porque todos estavam de preto e eu estava de branco? — questionou Helena.

— Falta de respeito, mãe! Num velório! Sua sorte é que a Letícia e a Laís não deram crédito para a sua provocação.

— Elas foram muito simpáticas. Não falaram nada, até me abraçaram. Laís chorou tanto abraçada comigo.

— Também, muito discreta a senhora — ironizou André, num tom de deboche —, foi desejar feliz aniversário para Laís, mãe? Que fora!

— Não foi o aniversário dela, André? Se não a cumprimentasse, seria falta de educação — ainda descartando as críticas do filho, continuou: — O Emílio ficou bastante tempo conversando comigo.

Helena fechou os olhos e pôde, por um instante, lembrar-se da cena dela entrando no velório, num vestido branco, uma dúzia de rosas nas mãos, abraçando o filho e desejando sorte na nova vida. Sussurrara no pé do ouvido dele. A voz de André a trouxe de volta:

— Mãe, a senhora não pensou que poderia ter magoado o Fábio?

— Nunca vou me esquecer da cena triste que vi. O Fábio, tão bonito, jovem e já viúvo, naquele traje preto, chorando, puxando o filho pela mão — despistou a mulher.

— Bom, não adianta, você não vai me ouvir, não é? — desistiu André. — A sua sorte é que o Fábio está tão abalado que não se deu ao trabalho de criticar sua atitude infantil.

— Menino! Sou sua mãe, viu? — repreendeu ela que, depois, completou rindo: — Eu não gostava dela. Não sou hipócrita — fez uma pausa. — Sabe o que me preocupa? É que o Fábio saiu cedo hoje, disse que o Emílio queria falar com ele com urgência, lá na empresa. Você sabe o que é, André?

Por um instante, André se desligou da conversa, estava se lembrando de Laís, triste, nos braços de Renan. Teve, naquele momento, a certeza de que, embora a jovem estivesse nos braços de outro, era nos seus que gostaria de estar. André sentiu isso porque a todo instante era surpreendido pelos olhos tristes de Laís procurando os seus. E ainda tinha no seu corpo o calor do seu abraço quando fora cumprimentá-la.

— André? — insistia Helena. — Menino, ultimamente você anda longe. Desligado, deixa a gente falando sozinha. Não é a primeira vez. Acho que precisa procurar um médico, meu filho.

André apenas sorriu ao ver o desespero nos olhos da mãe.

— Mãe, teve carros da Polícia Militar, Corpo de Bombeiros e até helicóptero no local do acidente — relatava

Ivone, secretária da Prieto & Confecções, ao telefone, numa conversa com a mãe enquanto lia algumas linhas do jornal do dia. — Não chegaram a conclusão nenhuma, uns dizem que a dona Lígia não conhecia bem o edifício-garagem, outros dizem que o local não era sinalizado; comenta-se que os sinais luminosos estavam quebrados e sem lâmpadas. Estão investigando.

— Bom dia, Ivone — cumprimentou Emílio logo que passou pela mesa dela. Estava visivelmente abatido, apressado. — Venha até minha sala, por favor.

A mulher, rapidamente, desligou o aparelho e foi à sala do presidente da empresa. Saiu pouco depois, com diversas anotações e se colocou em frente ao computador para realizar parte das tarefas.

— Ivone, bom dia. O doutor Emílio está? — perguntou Fábio, num tom triste, diferente da voz alegre e contagiante de antes.

— À sua espera — respondeu a secretária. — Fábio? — chamou ela ao vê-lo com a mão na maçaneta: — Lamento muito o que aconteceu. Se eu puder fazer algo.

— Muito obrigado. Mesmo — replicou ele, num sorriso acanhado, como se seu rosto já tivesse desaprendido aquele gesto.

Capítulo 37

Renan estava preocupado, e muito, desde quando estava no apartamento dúplex de Sandra e, ao seu lado, comemorava com champanhe o plano. Aguardavam pela notícia da morte de Letícia. Para ambos seria a solução dos problemas. Laís não descobriria seu casamento com Patrícia, e a médica não impediria o casamento de Sandra com o velho empresário. No entanto, o celular de Sandra, naquele dia, deu uma notícia muito diferente da que esperavam: a morte de Lígia.

— E eu que já a tinha como aliada — comentou cinicamente Sandra.

Depois de um tempo de silêncio, ouvindo os comentários dela, Renan asseverou:

— Temos dois problemas agora. Primeiro: Letícia está livre para contar para Laís o que sabe. A minha sorte é essa vocação de santa que ela tem, de não querer destruir a felicidade da irmã, e não contar nada. Até porque, como ela mesma me disse, não quer ser pivô da infelicidade da irmã — Renan riu da observação e completou: — E ela não vai se esquecer de você, Sandra. Segundo: com a morte da Lígia, o velho vai ficar sensibilizado. Vai considerar o pedido da filha como último desejo e querer realizá-lo. Imagina! O Fábio vai se tornar o vice-presidente da empresa. Não vou permitir. Agora preste atenção: Já sei o que temos de fazer.

— O quê? — perguntou interessada. Arriscou, antes de ouvir seus planos: — Temos de ir para a mansão, confortá-los?

— Parece que você lê os meus pensamentos, moça — prosseguiu Renan sorrindo, confiante. — Faz parte do plano. É hora de você mostrar para a família a moça solidária que é, principalmente para Letícia. Ela tem que ter certeza de quais os braços apoiam o velho. Mas o principal: você acha que pode pegar o celular da Letícia?

— O celular da Letícia? Para quê? — interrogou curiosa.

— Vou lhe explicar. Acho melhor a gente ir, no caminho eu explico. Ah! Você chega primeiro, minutos depois eu apareço.

Largaram as taças sobre a mesa e deixaram a cama desarrumada.

Como combinado, Sandra chegou primeiro, depois de deixar Renan a um quarteirão da mansão da família Prieto. A moça fez brilhante interpretação. Depois de abraçar todos, mostrar o seu apoio, ela mesma correu para a cozinha a fim de preparar um chá, gesto esse aprovado por todos, que saborearam o líquido como se fosse um bálsamo. Teve a oportunidade de conversar com Letícia, consolá-la, mostrar o quanto lamentava por todo o ocorrido, conseguiu até arrancar um abraço da médica.

Renan, a distância, divertia-se com a cena. O rapaz, ainda assim, estava preocupado, pois Letícia não deixara de falar com ele quando o viu sozinho. Disse que não havia esquecido o ocorrido e que o seu prazo só havia se estendido, pois Laís estava muito sensível, mas não por muito tempo. Os olhares de Letícia eram sempre fuziladores em direção ao jovem, tanto que Laís, num determinado momento, quando todos estavam reunidos na sala, comentou com Renan sobre o que via.

— Laís, minha linda. Não se preocupe...

— Minha irmã não gosta de você, Renan. Mas eu não vou deixá-lo por causa disso — defendeu-o Laís, envolvendo o corpo de Renan num abraço.

Letícia estava deitada em seu quarto, procurando descansar, quando Sandra entrou, levando consigo uma xícara de chá. Insistiu para que bebesse. A médica, fragilizada, aceitou. Dormiu instantes depois. Sandra aproveitou a oportunidade e pegou o celular na bolsa dela.

De volta à sala, Sandra fez um sinal para Renan e se despediu de todos, alegando que precisava ir para casa com o propósito de voltar em poucas horas. Renan foi testemunha dos elogios que Sandra arrancou da família e, como aliado, não deixou de dar a sua opinião. Minutos depois, Renan, com uma desculpa qualquer, também saiu da mansão. Encontrou-se com Sandra no mesmo lugar onde horas antes ela o havia deixado.

— Pegou o celular dela? — interpelou, logo que entrou no carro.

Sandra afirmou num sorriso e deu partida no carro.

Daí para a frente, os dois atuaram conforme o planejado.

Ao voltar para a mansão, Sandra sentou-se ao lado de Letícia e, ao se levantar, com um ar inocente, perguntou se o celular não era dela. A médica, dopada, pegou o aparelho e, agradecendo, guardou-o na bolsa. Mais tarde Sandra comentou com Renan que era só esperar.

Os dois, cada um no seu canto, mostravam-se sempre amigos, de ombros postos para qualquer um dos membros da família. E, mesmo no decorrer do velório, Sandra, instruída por Renan, não deixou de comentar sobre Fábio a Emílio. Inventou, inclusive, uma conversa que nunca tivera com Lígia, utilizando o texto do trote que passara a jovem pouco antes do acidente.

— Sei que é triste, meu amor, mas ela me disse isso. Acho que você tinha o direito de saber. A Lígia, no dia em que morreu, confidenciou-me que havia descoberto que Fábio tinha uma amante, ou melhor, uma nova namorada — adotou uma voz ingênua, inocente. — Sinto-me envergonhada de revelar isso, Emílio.

— Não, diga-me, por favor. Quero muito saber o que a minha menina estava sentindo, o que se passava em seu coração — insistiu Emílio, começando a ser invadido por um sentimento de raiva. Até porque tinha por certo apoiar o sofrimento de Fábio.

— O Fábio disse para ela que queria se separar definitivamente, assim, à queima-roupa, que iria deixá-la, assim como a empresa e o filho. Mudaria de Estado e não queria mais saber notícias de ninguém.

— Meu Deus! Então é por isso que ela o queria na presidência da empresa. Era a forma de tê-lo por perto. Por que não me contou o que estava acontecendo? Sofreu em silêncio.

Sandra o abraçou, estava certa de que havia conseguido o que queria.

Mais tarde foi a vez de Renan apimentar a situação. Chegou com cara de choro, abraçando o velho empresário, dizendo o quanto gostava de Lígia, lembrando fatos engraçados, o apoio que sempre tivera dela, o seu sorriso sempre armado ao recebê-lo.

— É triste o que o Fábio vinha fazendo com ela — lamentou Renan no meio da conversa.

— Então você também sabia? — perguntou Emílio, assustado com a imagem que estavam pintando de Fábio.

— Não é o momento para isso, doutor Emílio — disfarçou Renan, querendo passar a impressão de que não queria se envolver no assunto. — Já passou, é passado. De que vai adiantar discutir agora? Ele já tem uma nova companheira.

— Lígia estava em alta velocidade. Talvez esse dado explique o acidente. O Fábio indiretamente, ou não, deve ter participação nisso — replicou, enquanto olhava para o viúvo a alguns metros de distância, chorando, inconformado. Apesar de tudo, o empresário só conseguia ver ali um homem tomado pelo remorso.

Renan apertou o braço do empresário e saiu de perto enquanto o via com um olhar perdido, tirando suas conclusões. Renan tinha uma certeza: havia conseguido colocar Fábio como vilão, e um vilão dificilmente ocuparia o posto de vice-presidente da empresa.

Depois do velório, aquela foi a primeira vez que Fábio e Emílio se encontraram. Fábio, logo a princípio, percebeu o olhar frio e distante do empresário ao recebê-lo. Não foi uma conversa fácil. Ambos estavam tristes, ressentidos. Fábio, inconformado pelo desaparecimento precoce da esposa, e Emílio, envenenado pelos pareceres de Renan e Sandra.

Não demorou e Emílio foi certeiro ao insinuar a traição de Fábio. O jovem, confuso, sem entender a situação da qual era vítima, tentou se defender, mas logo foi acusado por Emílio de dissimulado. A partir daí foi uma briga certa, de agressões verbais.

O espírito de Lígia entrou na sala nesse instante. Estava mancando em razão do salto do sapato que havia descolado. Ela reclamou, tirava o sapato do pé, insistia em arrumá-lo e logo se via na mesma situação. Estranhou que a secretária não dera a mínima importância à sua entrada, como era de costume, já que entrava sempre sem ser anunciada.

Desta vez, para sua surpresa, Ivone a ignorou. O fato que mais a preocupou foi que, ao entrar na sala do empresário, caminhou para beijar Fábio e ele desviou no exato momento, enquanto o pai optou pelo gesto do genro e também não a cumprimentou. Quando a via, Emílio largava tudo para abraçá-la e beijá-la. O diálogo tenso entre os dois homens a deixou assustada. Ela ficou entre os dois tentando amenizar a situação.

— Eu a amava, sim, doutor Emílio — defendia-se Fábio. — E muito. Eu não tinha nenhuma amante como o senhor está dizendo. É um absurdo! Não posso acreditar. O senhor também dava créditos às imaginações de Lígia?

— Rapaz, deixe essa máscara cair de uma vez! Você só estava interessado no cargo na empresa.

— Nunca passou pela minha cabeça fazer de Lígia um trampolim para minha carreira na empresa, conseguir por intermédio dela a promoção para ocupar qualquer cargo que fosse dentro desta empresa. Isso é conclusão sua. Sei que tenho talento o bastante para galgar qualquer posição. Tenho competência, doutor Emílio.

— Você não amava minha filha. Teve a coragem de falar isso da maneira mais franca, desprezando sua fragilidade, seus sentimentos. Disse ter outra pessoa.

— Não, papai! Ele me ama sim! — defendeu Lígia na frente de Emílio.

— Eu nunca disse isso para a Lígia. Eu a amava, não com a mesma intensidade de quando nos conhecemos, confesso, mas eu a amava — finalizou o rapaz, forçando um sorriso com lágrimas nos olhos. — Não vou ficar aqui tentando provar isso ou aquilo para o senhor.

— Eu gostaria que você deixasse a empresa, Fábio — declarou Emílio, num tom direto.

— Como?! — perguntou Fábio recebendo a decisão como uma lança certeira.

— Papai, o Fábio me ama. Você não pode fazer isso! Depois, você me prometeu que ele ocuparia o cargo da vice-presidência da empresa. Papai, se o Fábio me deixar, você será o culpado! — gritava Lígia, descontrolada.

— Foi o que você ouviu, Fábio — afirmou Emílio, nem imaginando a presença da filha em sua sala. — Havia dias você já não morava em nossa casa, portanto...

Lígia caiu sentada na cadeira, chorando, sofrendo. Fábio sentiu os olhos úmidos, não esperava sair daquela forma, acusado de algo que não fizera.

— Vou passar para pegar o meu filho.

— Isso nós vamos resolver na Justiça, Fábio.

Fábio deu alguns passos rápidos até o empresário.

— O senhor não está pensando em...

— O juiz não daria a guarda do meu neto a um desempregado. Não se dê ao trabalho de procurar colocação no mercado, as portas já foram fechadas, rapaz.

Fábio tentou argumentar; entretanto, Emílio, furioso, certo da responsabilidade do genro na morte de sua filha, não lhe deu chance, havia na sua voz um tom áspero, de revolta.

— O senhor, não satisfeito com o desaparecimento de Lígia, agora quer me tirar o meu filho?

Lígia levantou-se, esboçou um sorriso triste que desapareceria ao ouvir o fim da conversa.

— Fábio, você não vai tirar de mim a única coisa que minha filha deixou.

— Doutor Emílio — alteou a voz na intenção de despertá-lo —, a Lígia está morta! Não vê o quanto está sendo cruel ao expor o Rodrigo a essa situação?

— Fábio, sua carta de demissão está à sua disposição no RH — e não deu mais ouvidos ao rapaz: — Feche a porta quando sair, por favor.

Patrícia estava muito triste. Depois que chegou da delegacia, de ter feito o reconhecimento do corpo da amiga, encontrou em sua casa o bilhete que havia deixado para Renan no mesmo lugar. Tentou ligar para o celular, mas ele não atendeu nem retornou os diversos recados que ela registrou.

Renan apareceu depois do velório de Lígia. Estava cansado, pronto para um banho e cama. Encontrou Patrícia contando as últimas novidades, o que o irritou, e muito.

— Foi a coisa mais triste por que já passei, Renan. No enterro da Cida, só estávamos eu, alguns vizinhos e os filhos dela. Coitada, lembra-se de que ela havia deixado uma chave para...

— Para abrir o cofre de um banco — completou Renan desinteressado, caminhando pela sala, com uma toalha em volta da cintura, já que acabara de sair do banho.

— Então, fui lá retirar o conteúdo para entregar para os filhos dela. Você acredita que só havia umas moedas, umas revistas de televisão. Achei aquilo tudo tão estranho.

Os pobres meninos esperavam que a mãe tivesse dinheiro para poderem viajar, encontrar a tia no Rio de Janeiro.

Renan esboçou um sorriso ao se lembrar do dinheiro que havia tirado do cofre, além dos documentos. Pensou, na ocasião, que aquele dinheiro pagaria o sofá que a encardida o fizera comprar. E, para não deixar a pasta vazia, ele a completara com revistas antigas e moedas. Entretanto, o comentário de Patrícia o tirou do sério.

— Relatei tudo para a delegada, Renan. Ela me pediu a chave, argumentou que era necessário para as investigações.

— Investigações?

A partir daí houve a briga. O rapaz irritado, estressado e violento reapareceu. Patrícia, desta vez, quando o viu vindo em sua direção, levantou uma cadeira para se proteger.

— Não se atreva, Renan — naquele momento Patrícia lembrou-se de Cida, dos seus conselhos, e completou: — Eu disse que aquela seria a última vez que você faria alguma coisa contra mim, eu não estava mentindo. Eu vou embora e desta vez você não fará nada que me faça mudar de ideia — ela abaixou a cadeira ao vê-lo recuar, arrependido e caminhou de costas até o cômodo ao lado enquanto Renan desmontou sobre o sofá, preocupado.

Patrícia voltou pouco depois e disse, acalmando-o:

— Eu não lhe quero mal. Só acho que a gente não tem mais nada a ver um com o outro — asseverou com os olhos tristes, procurando apoio nos olhos de Renan. — Quero muito que você seja feliz.

Renan balbuciou algo, mas foi interrompido pela voz doce da mulher:

— Você está de saída, não é? Quando voltar, não estarei mais aqui.

O rapaz, tomado por uma falta, sem palavras, abraçou Patrícia e sentiu algo estranho, tentando argumentar:

— Eu posso sair.

— Não. Eu vou embora. Você trabalha na cidade, precisa do apartamento.

Renan saiu e Patrícia desabou, num misto de muita tristeza: pela falta de Cida e pela perda daquele Renan que conhecera na faculdade. Tudo havia acabado. Nada voltaria a ser como antes. Ela arrumou suas malas, como prometido, porém, antes de ir embora, foi se despedir de alguns vizinhos e não deixou de dar dinheiro aos filhos de Cida e orientá-los a praticar o que de bom a mãe havia lhes ensinado.

E foi na casa deles, sentada no sofá, que Patrícia viu um jornal sobre a televisão. Estava aberto na página que continha uma nota sobre o acidente de automóvel envolvendo a filha do empresário Emílio Prieto. Algumas fotos ilustravam o acontecimento. Em uma delas, Renan abraçava Laís. No rodapé da foto, a legenda mencionava que Renan Valência era membro da diretoria da empresa e também noivo da caçula do empresário.

Capítulo 38

Letícia decidiu que daquele dia não passaria. Não deixaria que Laís, a menina que tinha como filha, caísse no golpe de Renan. Havia guardado aquele segredo, não contara nem para Robert, seu marido, nem para Pedro, seu grande amigo. Os últimos acontecimentos só a fizeram sentir-se angustiada e com uma certeza: tinha de extrair Renan da sua família o quanto antes.

Tentou rastrear Laís pelo celular, em vão. Quando ligou em casa, descobriu o paradeiro da moça. A empregada informou-lhe que a jovem avisara que iria para a empresa encontrar-se com Renan. Letícia, agora conhecedora do seu paradeiro, fez algo que não tinha por hábito, largou a Clínica Prieto no meio do dia, com um destino: empresa Prieto & Confecções.

— Letícia, minha cunhada? — Renan manifestou-se cheio de ironia ao vê-la entrar em sua sala.

— Cadê a Laís? — indagou a médica de imediato.

— Você foi mais rápida — respondeu prontamente o rapaz. — Ela foi anunciada agora há pouco, mas você chegou primeiro.

— De hoje não passa, Renan — avisou Letícia, numa voz séria. Depois intimou: — Chega de brincadeira! Se você não contar para Laís, conto eu. Você está ouvindo, rapaz? Conto eu.

Laís abriu a porta nesse momento e, curiosa, perguntou o que estava acontecendo, qual era o segredo. Fez-se um silêncio constrangedor. O sorriso desapareceu do rosto de Renan enquanto Letícia, tomada pela coragem de desmascarar o rapaz, provocou a situação intimando:

— Vamos, Renan! Diga a que veio e o principal: quem é.

— Gente, o que está havendo aqui? — quis saber Laís sem entender a situação.

Renan virou-se de costas para as duas, voltou-se rapidamente e apoiou as mãos sobre a mesa. Como um ator, interpretou:

— Letícia, você está me obrigando a uma situação delicada. Acho que não é o momento, não deveríamos nos expor desta forma. Poderíamos poupar a Laís desta cena.

— Não! Agora eu quero saber. O que está havendo? — insistiu, cismada.

— O seu namorado, Laís, ele é casado — disparou Letícia.

— Casado? — questionou Laís, atônita.

A partir daí, Renan abriu um sorriso cínico, que sabia fazer como ninguém e rebateu:

— Letícia, que jogo baixo! Como você pode entrar na minha sala e me acusar assim?

Letícia contou tudo o que sabia, enfatizou o seu relacionamento com Patrícia, sua paciente, e o tratamento que lhe dava. Laís manteve-se paralisada, lágrimas nos olhos, sem reação. Renan, ainda rindo, começou a aplaudi-la.

— Bravo! Que história fantástica! Estou surpreso. Então sou casado com a sua paciente? O que mais você tem para contar? Tenho filhos, cunhada? O que mais dirá para tornar verdade essa sua fantasia?

— Renan, diga-me que não é verdade, por favor — implorou Laís.

O rapaz, diante do sorriso vitorioso de Letícia, ainda que triste por ver a irmã destruída, foi rápido em se defender:

— Tudo bem, Letícia. Acho que a gente poderia ter evitado tudo isso.

— Vai dizer que é tudo mentira minha? Você vai ter coragem? — perguntou Letícia, desafiadora. — Dei a você a oportunidade de contar a verdade.

— Tudo bem. É a verdade que vocês querem? Você pediu, Letícia. Laís, olhe para mim — declarou Renan, agora segurando seus braços. — Eu a amo.

Letícia deu risada, porém Renan não deu ouvidos a ela e prosseguiu:

— Não é de hoje que... bem eu fico até encabulado de lhe dizer isso... constrangido de verdade.

— Fale sem rodeios — tornou Laís, tremendamente abalada. — Chega de me enganar, não acha?

— Você está certa, meu bem — Renan respirou fundo e detonou: — Você está certa, eu confesso: também não concordo com sua irmã, com suas atitudes. Há algum tempo a Letícia está me assediando, Laís.

— Como? — perguntou Letícia perturbada pela novidade.

— É isso — retrucou Renan rapidamente: — Vem marcando encontros e eu juro a você que nunca compareci. Tem me abordado com declarações absurdas no estacionamento. Até mesmo na sua casa ela veio com esse papo. Lembra-se do dia em que Lígia morreu? Ela não tirava os olhos de mim, você até chegou a perguntar.

— Seu cretino! — disparou Letícia, saltando em direção de Renan.

Laís levantou-se sem acreditar naquela história. Renan, ainda mais convicto do que estava falando, acrescentou:

— Laís, é verdade o que estou dizendo. Ela vivia reclamando para mim da solidão, que eu poderia preencher o vazio, que me amava, que seu casamento era...

— Como você pode ser tão asqueroso, rapaz? — esbravejou Letícia. — Eu mal o cumprimento, como poderia me interessar por você?

Renan tirou do bolso o celular e mostrou para Laís. Havia nele vários recados amorosos. A moça, nervosa, leu em voz alta todos os recados e ainda confirmou, além da assinatura da irmã, o número do seu celular.

Letícia, possessa, procurou o seu aparelho na bolsa e o consultou. Laís, apressada, tomou-o da sua mão e confirmou. Havia nele também várias mensagens de Renan pedindo para que ela o deixasse em paz, que amava Laís, que ela, sim, era a mulher da sua vida. Robert era o seu marido e não merecia ser traído.

— Como você pôde, Letícia? — indagou Laís, agora chocada. — Ele ainda foi educado, aconselhou você a deixá-lo.

— Não é possível! Laís, você tem de acreditar em mim. Eu nem tinha o número do celular dele — Letícia tentou argumentar.

— Não é o que está aqui — explodiu Laís. — Depois, as palavras dizem muito.

Letícia, ao guardar o aparelho de volta na bolsa, lembrou-se da aliança de Renan, mexeu de um lado e de outro até que a encontrou e, como se tivesse sacado uma arma da bolsa, a médica apontou-a como prova. Enquanto Laís examinava o anel dourado, Renan sentia o rosto em chamas.

Entretanto, o dia estava favorável ao rapaz. Laís não deu a mínima e, voz rasgada pela decepção, perguntou, enquanto colocava a aliança sobre a mesa:

— O que mais você tem nessa bolsa, Letícia? Vai me apresentar também um produto para remover as mensagens românticas que você encaminhou para o celular do Renan? Se bem que com a sua criatividade...

— Laís, você tem de me escutar — implorou Letícia desesperada.

Renan estava atrás de Laís, ouvindo as duas brigando. Ele, debochado, só tirava o sorriso do rosto quando Laís virava-se para ele.

Letícia sentiu medo de Renan. Laís, cansada, saiu correndo, não queria ouvir mais nada. Letícia, estática, ficou olhando para o cinismo de Renan.

— Você joga sujo, muito sujo. Canalha!

— Não entro numa guerra para perder. Letícia, você é uma aprendiz e sem talento. Obrigado por ter encontrado minha aliança, não sei se já lhe agradeci — pegou a aliança sobre a mesa e guardou-a no bolso.

Em seguida, sentou-se na cadeira e descansou os pés sobre a mesa.

— Agora, se você não se incomodar, eu preciso trabalhar. Ah! Pode ficar tranquila, o Robert não ficará sabendo do nosso caso, a menos que você insista nessa história.

Letícia pegou o cinzeiro para atirar nele quando ouviu o último deboche:

— As mulheres rejeitadas costumam ser violentas mesmo — depois, sério, continuou: — Saia do meu caminho, doutora Letícia, porque da próxima vez eu vou atropelá-la. Estamos entendidos?

Letícia, sem palavras, saiu batendo a porta. Renan, rindo, pegou o telefone e ligou para Sandra.

— Um sucesso o nosso plano do celular. Foi um prazer ver as duas brigando por minha causa. Ótima ideia a de armazenar as mensagens no celular. Prova maior... Estou pensando em pedir para entregar umas rosas para a Laís, ela está precisando.

Estava certo de que ocuparia a vice-presidência, era só uma questão de tempo.

Fábio estava desnorteado com os últimos acontecimentos. Sentiu-se ainda pior quando foi visitar o filho. Conversou e brincou com ele na presença de dois seguranças, orientados por Emílio, a fim de garantir que Fábio não levasse o garoto da mansão.

Estava muito abalado, sem a esposa, sem o carinho do filho e agora sem emprego. Achou melhor não contar para sua mãe e seu irmão o que estava acontecendo, entendeu que era um problema seu e preocupá-los seria desnecessário. Calado, logo que chegou em casa, Fábio pegou o carro que havia sido do pai e resolveu sair. Teve a sensação de tê-lo por perto, orientando. Sentiu-se confortado.

Abasteceu o carro, colocou uma música que gostava de ouvir e decidiu apanhar os pertences que ainda estavam na empresa. A tarde apareceu acompanhada de uma chuva fina, gelada. Quando entrou no prédio, pôde ver uma moça com uma mala de viagem conversando na recepção. Parou e, ao observá-la, teve a sensação de tê-la visto antes, na mesma circunstância, pois os seguranças a abordavam. E não estava enganado, era Patrícia.

Aproximou-se na ocasião em que Patrícia pedia para falar com Renan. As recepcionistas informaram que ele não estava, e Fábio, ao reconhecê-la, apresentou-se. E assim iniciou a aproximação. Patrícia estava visivelmente abatida pela descoberta da farsa de Renan e sentia a necessidade de encontrá-lo. Foi assim que Fábio tomou conhecimento do envolvimento dela com Renan. O jovem percebeu a gravidade do assunto e a convidou para um café próximo à empresa.

De imediato, Fábio pensou em colocar Patrícia diante de Emílio e desmascarar Renan. Essa também era a vontade de Patrícia, porém o dono da empresa estava irredutível, não lhe daria ouvidos. Pensou em outra ocasião, por isso deu o seu telefone para Patrícia e pediu que entrasse em contato. Depois, ao se despedirem, ofereceu carona para Patrícia, ao vê-la ensopada pela chuva.

— Aceito, sim. Por favor, você pode me levar até a rodoviária?

O trajeto foi em silêncio. Cada um preso em seus problemas. De repente, antes de chegar ao destino, a jovem pediu a ele que parasse o carro. Ele o encostou no meio-fio e ela se despediu, agradeceu e desceu. Fábio deu partida no carro e parou no sinal seguinte. A chuva fina não impediu que ele visse pelo retrovisor a moça parada na calçada banhada pela água que caía. Ele não pensou duas vezes, manobrou o veículo e voltou. Abaixou o vidro e perguntou:

— Tem certeza de que quer ficar aqui? Você não queria ir para a rodoviária?

— Mudei de planos, ou melhor, meu dinheiro me fez mudar de planos.

Fábio percebeu o quanto ela estava perdida, pois também se sentia assim, então, desceu do carro e a convenceu a voltar.

— Rodoviária? — perguntou ele.

— Já não sei mais — confessou a moça. — Já não tenho casa...

— Tudo bem — abriu um sorriso e afirmou: — Já sei aonde posso levá-la.

Emílio estava em casa, ao telefone, recebendo as condolências de um amigo, quando Laís chegou e, sem que ele percebesse, ficou ouvindo o fim da conversa.

— Não é fácil, meu amigo — Emílio falava numa voz baixa, triste, tomada pela emoção. — Uma data triste, marcada por tragédias. Se contar ninguém acredita. Após perder minha esposa, anos depois perdi uma filha na mesma data e numa circunstância lamentável — fez uma pausa. — Pode marcar o nosso almoço.

Ele nem bem descansou o fone no aparelho e Laís, tensa pelos últimos acontecimentos, revoltada com o mundo, não economizou no tom.

— O seu prazer é ressaltar o que de ruim aconteceu nessa data. Esquece que eu nasci, infelizmente, nesse dia — rebateu irônica. — Se bem que eu devo estar na lista de acontecimentos desagradáveis na sua vida. Esqueceu-se de comentar na ligação.

Emílio, sensibilizado, não foi adiante nem se mostrou tão rude como costumava ser com a filha. Preferiu dar as costas e seguir para a biblioteca, onde passou a tarde. Nem viu quando a caçula saiu com as malas prontas com destino ao apartamento de Renan.

Letícia estava estacionando o carro quando viu Laís acomodando suas malas no bagageiro. A médica tentou conversar com calma; contudo, a moça, sentindo-se a mais traída das criaturas, não lhe deu ouvidos. Entrou no carro sem dizer para onde estava indo, preocupando, e muito, Letícia.

A médica contou tudo para o pai que, em lágrimas, abraçou a filha. Culpou-se pelo ocorrido. Ela, em silêncio, também se sentiu responsável, mesmo sendo vítima das armações de Renan.

O empresário resolveu aceitar o convite de Letícia para ir até o centro espírita, naquele mesmo dia, à noite. Pedro, que não disfarçou seu contentamento, também os acompanhou. Robert, um pouco depois, juntou-se a eles.

Assistiram a uma palestra ministrada por Ana Maria. Emílio, por diversas vezes, ficou emocionado. Quando terminou, Robert e Letícia foram conversar com a palestrante enquanto Emílio ficou num canto da sala, cabeça baixa, permitindo-se sentir o ar calmo que se instalava à sua volta. Nesse momento, Pedro aproximou-se.

— Você se lembra da Vilma? — perguntou o empresário rompendo o silêncio.

— Sim, lembro-me — respondeu Pedro, espantado com o assunto.

Emílio, triste, fez comparações entre Vilma e Laís. Afirmou ter a sensação de serem a mesma pessoa e não demorou para pedir conselho a Pedro. O amigo do empresário foi paciente, considerou a hora de mencionar a possibilidade de a criança daquela aventura ter sobrevivido. Emílio se emocionou e Pedro preferiu não ir adiante, pelo menos naquele dia. Pedro também pensou em Laís e em Vilma, algo o incomodava, mas não soube entender o que era.

— Que bom que gostaram! Vocês não sabem como fico feliz de ouvir isso — agradeceu Ana Maria a Robert e Letícia. — Há muito tempo me convidaram para realizar essa palestra, mas por uma coisa ou outra acabei adiando.

— Que bom que resolveu aceitar! — acrescentou Robert.

— Em especial neste dia — completou Letícia. — Meu pai, aquele senhor ali, não é homem de fé, mas hoje resolveu nos acompanhar.

— Ele se emocionou muito, eu vi — disse Ana Maria num sorriso cativante. Depois continuou: — Soube pelo que passaram nos últimos dias. Sinto muito. Ele perdeu uma pessoa muito querida, sofre essa ausência — comentou a mulher.

Letícia e Robert se olharam.

— Realmente, o desaparecimento da minha irmã nesse acidente de carro abalou muito nossas estruturas — lamentou Letícia.

Ana Maria abraçou Letícia e a confortou com algumas palavras. Depois despediu-se e, em meio aos cumprimentos finais, afirmou:

— Resolvi juntar o útil ao agradável, Pedro. As palestras são sempre um prazer na minha vida. Isso tudo é muito gratificante. Uma forma de doação. É assim que me sinto quando compartilho meu conhecimento, minhas experiências. Só estou de passagem pela cidade para conversar com minha filha que mora aqui e, como sou do litoral, estou só a passeio.

Patrícia, depois que leu o jornal com notas e fotos de Renan como integrante da família Prieto, sentiu-se arrasada, traída, profundamente magoada, o que só alimentou sua vontade de deixar de vez tudo aquilo para trás. E assim fez. Chorou muito ao deixar seu apartamento, seus vizinhos, e também ficou temerosa com o que o futuro lhe reservaria.

Saiu andando, puxando a mala pela rua, sem destino. Por esse motivo, resolveu encontrar-se com Renan e ouvir dele o porquê da traição. Acabou que, em meio àquele dia chuvoso, conheceu Fábio e os planos para ir até a rodoviária e depois seguir para a casa de Ana Maria foram mudados. Conversou com Fábio e ouviu dele palavras de conforto para aliviar suas lágrimas, sentiu-se livre, forte para lutar pela vida. Fábio também lhe contou suas dores, assim ela percebeu que não estava só no mundo e que não era a única vítima das tristezas da vida. Houve troca de olhares, silêncio.

Uma hora depois, Patrícia estava no banheiro da casa do rapaz, debaixo do chuveiro. Helena permaneceu na porta, encantada com a jovem, oferecendo toalhas, puxando conversa. Desceu para a sala somente para deixá-la à vontade para se trocar. A mãe de Fábio estava maravilhada com ela, não se cansava de tecer elogios sobre a doce jovem.

Fábio, já de banho tomado, aquecido do frio da chuva, estava sentado no sofá, ouvindo Helena, quando a interrompeu contando tudo o que a fúria de Emílio Prieto estava causando em sua vida.

— O doutor Emílio deve estar chocado com a morte da filha e está agindo assim, dessa forma. Não posso nem ver o meu filho direito. Vou precisar de um bom advogado para me defender, mãe.

— Meu filho — replicou Helena preocupada, com a mão no rosto. — Ele tem muito dinheiro. Tenho medo do que...

— Alguém falou que precisa de um advogado? — perguntou Patrícia. Estava ainda mais linda, cabelos molhados, num vestido discreto, descendo suavemente os degraus apoiada no corrimão. — Desculpe-me, mas não pude deixar de ouvir. Fábio, se você quiser, eu posso ser a sua advogada. Você aceita? — sugeriu, num lindo sorriso.

Capítulo 39

Letícia não desistira de mostrar a verdade para Laís. Tanto que voltou a procurar a ficha de Patrícia na intenção de lhe contar sobre Renan e ainda tê-la como aliada. Estacionou o carro no meio-fio e, ao perguntar aos garotos que estavam na calçada, obteve a resposta que a fez dar partida no carro sem descer no local.

— Ela se mudou. Não mora mais aqui no bairro — informou uma das crianças, acrescentando que não sabiam do seu paradeiro.

Por muito pouco Letícia e Ana Maria não se encontraram. Na verdade, Ana Maria chegou a passar na frente do carro de Letícia, ao atravessar a rua, mas não viu a médica ao volante. Letícia, na hora, ajustava o cinto de segurança e também não a viu.

Ana Maria também obteve a mesma informação com um acréscimo: soube que Patrícia partira para o litoral, para a casa da mãe. Aquilo a fez sentir-se aliviada. Providenciou sua volta para casa, no intuito de encontrar a filha.

Lá chegando, Ana Maria, preocupada com o paradeiro da filha, foi confortada com a voz de Patrícia na secretária eletrônica informando-a estar bem e, seguindo seus conselhos, vivendo numa pensão, procurando ser feliz.

A vida de Sandra entrava numa fase de plumas e paetês. Sempre ao lado de Emílio Prieto, a beleza da moça era um sucesso e, com o seu belo corpo sempre muito bem--vestido, esbanjava sensualidade, o que a tornava, constantemente, o centro das atenções. Ela era alvo de muitos fotógrafos, suas fotos preenchiam colunas sociais de diversos jornais, assim gerava outros convites, outros eventos.

O velho Prieto estava cansado daquela badalação de que sempre recusou ser integrante, mas Sandra o convenceu de que de nada adiantaria ficar em casa, lamentando a falta de Lígia. E, enquanto os componentes da família Prieto afogavam-se no luto, Emílio posava para os flashes ao lado da jovem namorada.

Foi num dia desses que Emílio deu a Sandra um anel de noivado e a pediu em casamento. A moça ficou radiante. Passou, daí em diante, a ocupar-se com a organização da cerimônia. Fez uma lista de quatrocentas pessoas, porém conhecia, no máximo cinquenta, embora fosse frequentadora da nata da sociedade, o resto era pose. Contou com o apoio de Eraldinho Dines, um profissional caro e muito disputado na alta-roda para orientá-la sobre tudo que fosse necessário para não cometer gafes.

Num desses dias, por volta das dez da manhã, horário em que costumava saborear seu suco de laranja, acompanhado de torradas, sempre folheando os jornais e revistas em busca de se identificar em alguma festa, Sandra ouviu da empregada que havia um casal na sala, à sua espera. Antes de se levantar da mesa, porém, ela fez uma reclamação a si mesma da falta de educação de alguém aparecer na casa dos outros sem avisar com antecedência.

Dez minutos depois, apareceu na sala, já com outra roupa, perfumada. O sorriso, sua marca muito admirada, desapareceu logo que viu que o casal que a esperava: eram seus pais. Sandra ficou estática, não conseguiu dar um passo à frente. Ficou visivelmente aborrecida com a visita.

Todo o amor e carinho que o casal sentia por Sandra ela recebia e convertia em dor, tristeza, e devolvia com revolta. Seus pais, naquele momento, para ela, eram o retrato vivo da sua vida pobre no interior, de suas tristezas, de seus sonhos distantes. Eles, para ela, cheiravam a graxa, lembravam a poeira dos dias secos da rua de terra batida e enlameada em dias de chuva, a granja da dona Joana, e fediam como o açougue do mercadinho do Toninho.

A mãe dela permaneceu em pé, num momento admirando a filha, noutro com o olhar perdido no glamour do suntuoso apartamento decorado com muito bom gosto e também muito dinheiro. Já o marido, envolvido num misto de alegria e tristeza, manteve-se ao lado da esposa, só que sentado na ponta do sofá, com as mãos no joelho. O homem estava tão fascinado que não deu ouvidos para a agressividade da única filha. Orgulhoso, ele contou as últimas novidades.

— Filha, você precisava ver o Toninho no palanque. Ele até mandou pintar o coreto, plantou rosas em volta. Encheu de gente.

— Por que vocês tinham de vir até aqui?

— Sabe que todo mundo viu sua foto no jornal lá na nossa cidade, filha? — emendou o senhor sem perceber o quanto era rejeitado. — O Toninho, na primeira vez que você saiu no jornal, comprou vários exemplares

— relatava com os olhos cheios de lágrimas. — Ele até ampliou uma foto sua e eu a coloquei na oficina.

— Se vocês não se importam, eu tenho um compromisso — tornou Sandra num tom frio.

— Lógico, filha — acrescentou o homem, fazendo um gesto para a mulher que, nos últimos meses, em razão do seu estado de saúde, soube decifrar.

De repente, do canto do sofá, a mãe de Sandra, ágil, tirou uns pedaços de ferro e montou-os como uma armação, colocando-a na frente do marido e, com o auxílio da sua mão, lentamente, levantou-se.

O homem saiu na frente, amparado pelo andador, enquanto a esposa o seguia. Na porta, antes de sair, ele fez um aceno para a filha. A mulher esperou que ele desaparecesse no hall e caminhou até a filha, dizendo baixinho para não ser ouvida pelo marido:

— Ele está assim por sua causa, filha.

— O quê? Veio até minha casa me culpar pela velhice dele? É dinheiro que vocês querem?

— Não, não é — respondeu a mãe dela tomada por uma voz embargada. — É carinho que ele veio buscar com você, Sandra.

— Não se pode retirar carinho de um lugar onde nunca foi depositado.

— Não seja ingrata, menina. Se a gente não lhe deu mais é porque não tínhamos condições — silenciou, depois abriu um sorriso enquanto uma lágrima rolou no rosto. — Olhe bem para o meu rosto, Sandra. Você não vai mais vê-lo. Nunca mais vou procurá-la. Que Deus a abençoe e salve o seu coração.

Sandra, irritada, esmurrou o sofá depois de vê-la desaparecer. A empregada entrou e ela ordenou:

— Tire essa manta do sofá.

— Mas eu coloquei hoje, dona Sandra — retrucou.

— Não me interessa, troque essa manta, essas almofadas — gritava a moça. — Suma com esse sofá da minha frente.

Instantes depois, quando Sandra já estava recuperada, foi surpreendida pela visita de Eraldinho Dines:

— Menina, eu vi um povo feio lá embaixo na portaria do prédio! Os dois estavam chorando. Deviam estar pedindo dinheiro. Passei a um metro de distância para não ser contaminado pela tristeza deles. A mulher até que era bonita, mas, coitada, tinha uma pele... Sandra? Sandra, você está me ouvindo? — perguntou enquanto girava a cadeira onde estava sentado.

— Sim, estou — respondeu ela, numa voz distante.

Patrícia não conquistou somente os moradores da casa onde morava, teve também a simpatia de Laís de imediato. A amizade foi muito intensa, tanto que Laís apareceu na casa de André para estudar e acabou esquecendo o rapaz. Conversaram durante horas, descobriram muita coisa em comum, havia muita afinidade.

Em especial, por aqueles dias, Patrícia estava se sentindo muito bem. Um dia antes estivera com Ana Maria, que viera do litoral visitá-la. Fora uma conversa difícil. Uma conversa de mãe para filha, pois tiveram essa certeza ao terminá-la enquanto se abraçavam.

Ana Maria, a princípio insegura, sem jeito, banhada pelo medo, relatou para a moça sobre Valter, o detetive, e sua visita inesperada. Ana Maria foi franca em dizer o quanto a amava e não esconderia nada dela. Via na sua frente uma mulher feita, feliz em sua nova fase, e resolveu que caberia a ela conhecer ou não essa família.

— Fui rejeitada, mãe.

— Não vá com esse pensamento — aconselhou Ana Maria sorrindo. — Não apareça com esse rancor, com esse ressentimento, filha. Cometemos erros dos quais nos arrependemos, por esse motivo pedimos a compreensão do próximo. Só Deus é capaz de compreender a dor e o amor que cada um leva no coração. Cabe a nós seguir o seu exemplo e perdoar. É a oportunidade de exercer o perdão.

Horas mais tarde, Ana Maria procurou Valter e foi muito bem recebida. Ela explicou a conversa que tivera com a filha e ressaltou o seu desejo para que ela conhecesse sua família de sangue. Valter admirou a coragem e sinceridade da mulher; raras foram as vezes em que se deparou com uma pessoa assim, desprendida. Antes de ir embora, depois de explicar-lhe que estava nas mãos de Patrícia dar continuidade àquela história, Ana Maria atendeu ao pedido de Valter e deixou com ele a foto de Patrícia.

Renan procurava se acostumar com a nova vida. De um lado, estava satisfeito com o resultado alcançado; de outro, era nítido o seu descontentamento. Com a demissão de Fábio, Renan teve seu nome anunciado para ocupar o lugar de Pedro. Só que Pedro não deixou o cargo assim, de imediato, a contento do jovem ambicioso. Emílio agradeceu aos céus a decisão do primo em ficar mais um mês na empresa. Renan, não. Outro fato que o incomodava era a vida em comum com Laís, depois de ela ter saído da mansão de malas prontas para viver em seu apartamento.

O jovem estava em sua sala, pensando nisso, procurando se controlar, e frisando em sua mente que era questão de tempo, logo ocuparia a cadeira da vice-presidência e daria um jeito em Laís. O telefone tocou nesse momento de concentração. Era Ivone que o convocava para ir urgentemente até a sala de Emílio.

— Doutor Emílio, o senhor me chamou? — indagou ao entrar na sala do empresário, sem olhar na sua direção. Ouviu um nome conhecido que o fez olhar para a frente.

— Patrícia, esse é o nosso diretor — iniciou Emílio, levantando-se e fazendo as apresentações.

— E também seu genro, não é? — insinuou Patrícia. — Se a revista que eu li estiver certa, ele é noivo da Laís, sua caçula — finalizou rindo, estendendo a mão na direção de Renan, que, pálido, não teve reação.

Da amizade com Laís, Patrícia pôde saber que ela pertencia a uma família rica e era noiva. Mas foi conversando com Fábio, tecendo elogios à jovem, que descobriu que ela era herdeira da família Prieto e noiva de Renan. Patrícia, diante da confirmação, sentiu as pernas bambearem. Sua reação preocupou Fábio, porém ela se conteve. Combinou com Fábio em manter o segredo, pois tinham intenção de desmascarar Renan primeiro. Patrícia o convenceu da seguinte forma:

— Minha vontade é a de contar tudo para Laís. Ela não merece ser enganada, mas, se estiver realmente apaixonada, não irá nos ouvir...

— Primeiro vamos cercá-lo. Ele vai se sentir acuado ao descobrir quem é minha advogada.

Os dois riram.

Patrícia foi muito disciplinada ao saber que assumiria a função de advogada de Fábio. Procurou adotar a leitura de diversos livros, buscar conhecimento na internet, fazer contatos com velhos amigos, enfim, retomou o interesse e a paixão pela Justiça. Ficava até altas horas estudando, consultando livros, conversando com Fábio. No dia da revelação, Fábio fechou os livros de Patrícia e exigiu que ela fosse descansar, interpretando sua surpresa diante do fato como cansaço.

— Chega por hoje, mocinha — declarou Fábio rindo. Foi quando pegou em sua mão para fazê-la levantar que houve uma paralisação dos movimentos. Olhos nos olhos, corações acelerados, tudo interrompido pelo sorriso de Patrícia que o beijou no rosto e saiu em direção ao seu quarto, levando o rapaz no pensamento.

Em meio a essa preparação, quando Fábio planejava apresentar sua advogada, Emílio Prieto ligou e marcou um encontro, querendo propor um acordo. Foi a oportunidade para Patrícia encontrar-se com Renan. Foi de carro com Fábio e pediu a ele que esperasse por ela, pois resolveria a situação.

Quando Ivone anunciou Patrícia, Emílio não fez boa cara.

— Quem, Ivone? — perguntou o empresário irritado.

— Patrícia Andrade. Ela é advogada do Fábio. Tem procuração, inclusive.

O velho desligou o aparelho e foi até a porta. Tinha intenção de despachá-la de lá mesmo. O que Emílio não esperava era se encantar com uma jovem distinta na sua frente, tanto que teve outra reação ao vê-la e a fez entrar em sua sala.

Pedro foi até a sala de Emílio e da porta, muito simpático, fez apenas um aceno, desculpou-se por ter interrompido e informou a Emílio que tinha um compromisso urgente, razão da sua ausência no período da tarde. O motivo da pressa de Pedro era que encontraria com Valter que ligara uma hora antes dizendo ter novidades.

— Desculpe-me, nem fiz as apresentações, o Pedro anda correndo — justificou-se Emílio por não tê-la apresentado ao primo.

Após um rápido cumprimento, Pedro partiu. Foi quando Emílio chamou Renan, que apareceu rapidamente e ficou estático diante de Patrícia. Era outra mulher.

Bem-vestida e muito simpática, Patrícia não se mostrou, em momento algum, com medo ou dificuldade de se expressar. Surpreendeu até Renan que, preocupado, não conseguiu manifestar o que pensava.

Emílio, apressado, informou que não poderia participar da reunião, mas que ela estaria em boas mãos, pois Renan conduziria o assunto da melhor forma possível.

— Renan, conforme combinamos, ok? — sugeriu Emílio.

Depois de se despedirem, Renan a levou para sua sala.

— Que brincadeira é essa, Patrícia? — perguntou Renan, tenso.

— Não é brincadeira, sou advogada do Fábio.

— Como você o conheceu?

— Devo também ter a resposta de como você é noivo de uma Prieto mesmo sendo casado oficialmente? Também não estou aqui para isso, estou representando o Fábio Mendes, meu cliente.

Patrícia não se deixou intimidar. Mostrou-se forte, ativa, não deixou de despejar o que estava engasgado na garganta, destacou o crápula que era e continuava sendo, visto que mentia para Laís.

— Tudo bem — interrompeu Renan, sempre com um sorriso cínico. — Você já ganhou essa. Vou facilitar para você, não vou propor o acordo do doutor Emílio. Ele quer ficar com o neto e permitir que o Fábio o visite quando bem entender e quiser, assim se livrar de se expor em ações. Patrícia, você ganhou.

— Não estou entendendo, Renan.

— Eu no seu lugar usaria isso para não perder a causa — o sorriso desapareceu e ele afirmou: — Deixo você ganhar essa causa, ficar com o neto do velho, que para mim não tem utilidade nenhuma, e você esquece que me conhece. Sai do meu caminho.

— Está provado que você não me conhece, Renan. Não caio nas suas armações. Tenho conhecimento para ganhar essa causa, sem precisar ser sua aliada.

— Você não vai conseguir — ironizou.

— Por que você me deprecia, Renan? — falou numa seriedade que o assustou. Levantou-se e já na porta advertiu: — Não se esqueça de que fomos colegas de turma, e você conhece meu histórico. Ah! Diga a seu cliente que a proposta não será aceita.

Patrícia saiu batendo a porta.

— Diga, homem, que novidade você tem para mim? — quis saber Pedro logo que se sentou na frente de Valter.

Valter, depois de explicar toda a situação, de comentar sobre Ana Maria, apresentou a foto de Patrícia.

— Meu Deus! — exclamou Pedro aflito. — Não pode ser.

— O que foi? — perguntou Valter curioso.

— Eu já vi essa moça antes.

— Tive essa sensação quando vi a foto — confessou Valter.

— Não pode ser — lembrou Pedro. — Valter, ela estava na sala do Emílio na hora em que eu estava vindo para cá. Será que o Emílio sabe que estava diante da filha?

A delegada estava numa sala fechada com mais três homens. Dois deles, com luvas e pinça, examinavam as peças de roupa e os papéis espalhados sobre a mesa. Já havia se passado uma hora de muita conversa e suposições em busca de solucionar o ocorrido com a mulher encontrada morta na construção.

— Essas foram as pistas que consegui. Patrícia, a vizinha, permitiu que a roupa ficasse para investigação, assim como também deixou as cartas que ela recebeu dias antes de sua morte. Este caso está me intrigando, estou andando em círculos.

— O que acham disso? — perguntou um jovem que estava debruçado sobre a roupa suja. — É uma etiqueta de loja cara, de grife.

— Interessante — adiantou a delegada ao investigador. Então ela usava roupas novas e caras. Estava desempregada, tinha restrições financeiras...

— Alguém pode ter dado esse presente para ela — deduziu o detetive, depois de uma pausa examinando a etiqueta. — Faça o seguinte: procure saber tudo sobre a relação da mercadoria e a loja.

— Não é muito conhecida na cidade. Seu forte é no interior, tem pouco tempo em São Paulo — comentou um dos jovens.

— Realmente — opinou a delegada. — É uma loja de departamentos de moda feminina, num shopping center.

— Vamos vasculhar esses lugares. Vamos encontrar a resposta para esse caso lá. Tenho quase certeza disso — concluiu o investigador.

Capítulo 40

Emílio chegou do almoço e foi direto para a sala de Renan, com o propósito de saber sobre a conversa dele com a advogada de Fábio. Renan, para sua surpresa, não estava sozinho, lá também estava Laís.

Houve um clima estranho, tenso. Havia dias que não se viam e, como se ainda vivessem sob o mesmo teto, mantiveram a mesma situação, por isso, não foi um encontro amistoso, pelo menos no começo. No entanto, Emílio sentiu algo que o impulsionou a conversar com a filha, então, pediu a Renan, numa voz baixa:

— Você pode nos dar licença, por favor.

Emílio o viu sair, fechar a porta e, na sequência, ouviu a voz de Laís atacá-lo. Num dos trechos, indiferente ao silêncio de Emílio, ela disparou:

— Deve estar aliviado, não é? Não precisa mais dividir a mesa comigo. Pode ser franco, não vai me incomodar, você não gosta de mim, nunca gostou.

— Sinto sua falta, Laís — admitiu Emílio, numa voz sentida.

— Para você é como se eu nunca tivesse nascido — continuou ela, sem entender o que o empresário dizia, silenciando depois. Pôde ouvi-lo falando cada vez mais alto, tenso.

— Eu nunca a rejeitei, nunca. Eu sempre a amei, assim como amei todas as minhas filhas — desabafou, com lágrimas nos olhos.

Diante dos olhos emocionados de Laís, ele prosseguiu:

— Eu quis vê-la nascer. Eu a queria, minha filha. O médico foi franco ao dizer que Sílvia não resistiria — começou ali um choro compulsivo.

Laís havia passado toda a manhã com André, na faculdade, estudando. Depois que foi morar com Renan, ela resolveu que riscaria André do seu pensamento, mas não estava sendo fácil, pois sabia que o amava e, sobretudo, que era correspondida. Naquele dia resolvera fazer uma visita a Renan e abraçá-lo, para ter a certeza de estar no caminho certo. Agora, diante de Emílio, Laís admitira não ter tirado Renan da sua vida porque o seu romance com o jovem era o único ato aprovado por Emílio e ainda, embora lutasse contra, ela queria, sim, agradar o pai.

Sensibilizada com as palavras dele, em lágrimas, Laís o abraçou. O espírito de Sílvia, no canto da sala, emocionou-se e sorriu.

O pequeno Rodrigo estava no quarto dele brincando. Sentiu sono e deitou-se. Adormeceu e seu perispírito desprendeu-se do corpo físico. O menino abriu os olhos e exultou de alegria ao ver a mãe:

— Mamãe, quanta saudade!

Eles se abraçaram e Lígia não continha as lágrimas. Beijando o filho, dizia, emocionada e um tanto perturbada:

— Meu filho, por que todo mundo está me rejeitando? Fingem que não me veem. Ignoram minha presença, minhas perguntas.

Lígia oscilava entre o local do acidente, no edifício-garagem, e alguns pontos que costumava frequentar. Não conseguia entender como, mas, quando percebia, estava diante de pessoas conhecidas, queridas.

— Você vai ficar bem, mamãe. A vovó vai ajudar você. Confie.

Sílvia apareceu neste momento e abraçou Rodrigo. Lígia, perdida, não reconhecia a própria mãe. O menino voltou a se deitar. Sílvia o beijou e ele logo adormeceu.

Lígia, sentada no chão, permaneceu em silêncio, triste e confusa, muito confusa. Sílvia caminhou em sua direção:

— Minha filha, eu vim buscá-la.

— Não! Isso não está acontecendo comigo — começou a gritar. — Eu vou chamar a Lê. Ela vai me ajudar, não pode ser — atropelando as palavras, Lígia saiu correndo, chamando a irmã.

Sílvia fez uma higienização no quarto de Rodrigo. O garoto dormia tranquilo. Em seguida, ela fez uma sentida prece em favor da filha.

Letícia, no quarto em frente do sobrinho, levantou-se assustada da cama.

— Minha querida, o que houve? — perguntou Robert, preocupado, acendendo a luz. — Está sentindo alguma coisa?

— Robert, eu... — murmurou Letícia com dificuldade. — Eu sonhei com a Lígia. Ela não está bem, Robert. Está precisando da gente. Ela me chamava, gritava pelo meu nome.

Patrícia, acompanhada de Ana Maria, foi ao escritório de Valter, que, feliz, não disfarçou a satisfação em vê-las. Valter, de imediato, reconheceu Patrícia, pois já estava desconfiado de que a conhecia quando viu a foto, mas pessoalmente teve a confirmação. Era ela a moça que o ajudou a localizar a rua que ele procurava no litoral, logo que iniciou a busca pelo orfanato. Acabaram rindo da coincidência e minutos mais tarde já se tratavam como velhos amigos.

Até ali, Patrícia só sabia que havia um senhor de nome Pedro que tinha interesse em conhecê-la e apresentá-la a sua família, porém ficou surpresa ao saber que se tratava da família Prieto. Algo ainda maior que a deixou mais emocionada foi o fato de, por conclusões óbvias, ser irmã de Laís e Letícia. Aquilo a deixou muito feliz. A partir daí não teve dúvidas em querer conhecer os demais.

Letícia estava com a aparência abatida, usava óculos escuros ao chegar à sala de Pedro. Foi direto para os braços dele, em lágrimas, e desabou, contando os últimos acontecimentos. A farsa de Renan e a impossibilidade de desmascará-lo. Qualquer passo dela, Renan seria capaz de desmoralizá-la. O pior é que estava se sentindo mal em não poder contar ao marido a real situação. As provas de Renan pareciam tão reais e, mesmo assim, foram capazes de afastá-la até de Laís, que já não duvidava que o mesmo poderia funcionar com Robert.

— Minha querida, como isso foi acontecer? — perguntou Pedro.

— Eu jamais teria um caso com aquele crápula. Eu não o suporto.

— Sim. Sei muito bem disso, pois tenho o mesmo sentimento por esse rapaz. Não consigo confiar nele. Você tem ideia de como ele conseguiu isso?

— Ele é ardiloso, Pedro. Nessa altura já nem ficaria surpresa se tivesse alguém em conchavo com ele — confessou Letícia.

Nesse momento Pedro lembrou-se dos olhares que presenciara entre Renan e Sandra. A princípio considerou-os estranhos, olhares e gestos com jeito de codificados. A dor do dia não o deixou atentar-se ao fato; contudo, agora, depois da declaração de Letícia, Pedro começou a notar que algo havia entre os dois. Temeu insinuar, visto que não tinha provas, disse apenas, na intenção de confortá-la:

— Não fique assim, vamos resolver isso. Pode acreditar.

— Ontem, para piorar, acho que, por causa dessa tensão toda, eu sonhei com a Lígia. Só consegui vê-la correndo, gritando o meu nome, na minha direção. Parecia tão real!

— Ela precisa de oração — concluiu Pedro, abraçando a prima. — Devemos mentalizar Lígia feliz, sorridente. Precisamos enviar a ela boas vibrações, as mais positivas possíveis.

Ele e Letícia fecharam os olhos e cada um, à sua maneira, fez uma vibração para Lígia. Depois, com os olhos perdidos no horizonte, Pedro pensava na possibilidade de Renan estar envolvido com a noiva de Emílio.

O encontro entre Letícia e Laís na empresa foi inevitável. Bem na hora em que a médica saía da sala do primo e Laís chegava à recepção. Letícia a cumprimentou como se nada houvesse acontecido, controlando as emoções. Laís não recusou o cumprimento e, emocionada, quase a abraçou. Trocaram algumas palavras sobre a nova vida, a reconciliação com o pai etc. Houve um momento de silêncio constrangedor, de riso tímido e fora de hora. No momento em que Letícia saía, acabou tocando no assunto que tanto a perturbava.

— Aquela casa ficou muito vazia sem você, Laís. É uma questão de tempo. Eu vou provar que não menti para você — Letícia falou e não esperou a resposta, seguiu em direção ao elevador, ajustando os óculos escuros no rosto.

Pedro, a conselho de Valter, resolveu apresentar Patrícia aos poucos. Primeiro organizou um jantar simples em sua casa para apresentá-la a Letícia e Laís. Foi um encontro emocionante. Laís, pela afinidade com Patrícia, aceitou-a rapidamente, assim como Letícia que já era conhecedora da sua existência, e com uma coincidência: também já a conhecia, visto que fora sua paciente.

Letícia ofereceu carona para Patrícia, e foi essa a oportunidade que teve a sós com a irmã. Letícia não deixou de perguntar sobre o seu casamento com Renan. Patrícia, simpática, não escondeu nenhum detalhe, chorou, lamentou-se por ter sido enganada por tanto tempo e pediu sigilo. Não queria revelar nada, por enquanto, para Laís.

— O Renan é perigoso — comentou Patrícia. — Não sei como nunca percebi o quanto era ardiloso. Acho melhor dar um jeito de a Laís descobrir com os próprios olhos quem ele é.

— Você está certa — finalizou Letícia, lembrando-se da última ocorrência e do que Renan foi capaz de fazer.

No dia seguinte, Pedro, conforme havia combinado com Letícia, Laís e Patrícia, foi à casa de Emílio, no intuito de apresentar a filha ao empresário. Não foi uma conversa fácil. Levantar o passado, logo cedo, foi desconfortável para Emílio. Até que num determinado momento, depois de jogar sobre Emílio suposições de a filha de Vilma ter sobrevivido, Pedro confessou a verdade. Fazia algum tempo havia contratado um detetive para procurá-la.

— Patrícia, esse é o nome da sua filha com Vilma. E ela não morreu, ao contrário da mãe.

— Todos esses anos e você nunca me disse nada? Você deveria ter me contado — lamentou-se Emílio. Havia em sua voz um tom triste.

— Para quê? Diga-me, Emílio, para você desaparecer com a criança indefesa? — argumentou num tom baixo. — Esqueça o que passou. Preso ao passado, você só perde a oportunidade de ser feliz com o que Deus lhe oferece hoje.

— Não. Eu não sou digno de conhecê-la. Não depois de tudo o que devo ter proporcionado em sua vida, de tê-la omitido dos privilégios financeiros, da minha presença, do carinho que poderia ter dado a ela...

— Patrícia está aí fora — tornou Pedro num tom sério.

— Como?! — espantou-se o empresário.

— É isso mesmo, meu caro. Se eu abrir essa porta e levá-la comigo, você não terá mais nenhuma pista sobre ela, pelo menos de mim. Homem, acorde! Esta é a oportunidade que Deus está lhe dando para reavê-la, para ser perdoado.

Emocionado, tocado pelas palavras de Pedro, Emílio pediu que a chamassem. O empresário estava visivelmente triste, cabeça baixa. Quando a levantou, viu Letícia se colocar ao lado de Pedro, e Laís, muito emocionada, conduzir Patrícia pelo braço. Foi ela quem fez as apresentações.

— Essa é a Patrícia, doutor Emílio, a sua filha — declarou Laís.

Pedro, diante da cena, fechou os olhos e, por um instante, pôde ver Vilma entregando Patrícia para Emílio. Lágrimas rolaram em seu rosto.

Sílvia, com a mão no peito, respirou fundo, sentiu-se tranquila e comentou com Gilda, que estava ao seu lado:

— Finalmente o ciclo se cumpriu. Fui o instrumento para esse encontro, para essa união. Sinto-me muito bem.

— Emílio, Patrícia e Vilma.

— Agora Emílio, Patrícia e Laís — corrigiu Sílvia, sem perceber a observação de Gilda, pois estava muito emocionada. — Fui uma jovem muito intransigente, principalmente quando descobri que o meu marido havia engravidado a filha de um empregado. Agi por impulso, por um momento de vaidade. Mas tive a oportunidade de promover esse encontro, estou sendo o instrumento para essa história se resolver. Para isso contei com o auxílio do meu grande amor.

— Pedro. Está na cara e na aura!

Elas riram e Sílvia emendou:

— Isso mesmo. A quem sempre amei e fui correspondida.

— Agora entende por que não se encontrou com Vilma?

Sílvia olhou para a filha caçula e, por instantes, reconheceu nela a figura de Vilma.

— Vilma voltou como Laís? É isso mesmo?

— Sim — Gilda observou a emoção e o espanto de Sílvia, e prosseguiu: — Há espíritos que têm a necessidade de voltar rápido para Terra, o que faz parte do seu adiantamento. Vilma ou Laís, como preferir, precisava desse reencontro com Emílio, para selar a paz.

Os últimos acontecimentos tumultuaram os ânimos de Sandra e Renan. Logo que soube da novidade, ela tratou de contar para Renan, por telefone. O rapaz ficou furioso. Afrouxou a gravata, despejou meia dúzia de palavrões.

— Meu bem, acho que não tem muito a ser feito. Parece que se conheceram hoje, pela manhã.

— Patrícia, filha do Emílio? — questionou Renan, inconformado com a novidade. — Não é possível! Deve estar havendo algum engano.

— Renan, vou ter que desligar, parece que chegou visita, conversamos depois.

No mesmo instante, a sala de Renan foi tomada pela alegria radiante de Laís. A moça, feliz, só confirmou o que ele tinha acabado de saber. E, para completar, fez uma revelação ao rapaz.

— Renan, parece que hoje é o dia das boas notícias, não vou deixar para amanhã o que tenho para lhe contar.

— O quê? — indagou ele, com uma voz de desinteresse.

— Estou grávida! — soltou a moça, num grito de alegria.

Renan ficou perturbado com a notícia, sentiu-se mal. De repente, começou a ouvir no pé do ouvido uma voz dizendo:

— Renanzinho, você não acha estranho ela estar grávida? — a voz de Cida era mais sarcástica ainda: — Você não pode ter filhos, esqueceu?

— Cida? Onde você está? — gritou Renan, desesperado. Olhando em volta, procurando a mulher.

— Renan? O que houve? Está tudo bem? — Laís estava assustada com a cena.

— Desculpe-me — devolveu Renan tentando disfarçar. Depois completou: — Foi uma piada que eu ouvi de um amigo quando foi informado pela namorada que seria pai. Depois eu lhe conto — forçou um sorriso e ouviu mais uma vez a voz do espírito de Cida, desta vez acompanhada de uma gargalhada. — Você ouviu, Laís?

— Contar o quê? — perguntou ela sorrindo. Estava tão feliz que não deu importância ao ocorrido com o namorado.

— Nada, nada meu bem — respondeu, levantando-se e abraçou-a.

— Bom, eu já vou indo, tenho médico marcado.

Assim que Laís saiu e a porta foi fechada, Renan abriu a sua primeira gaveta e pegou a arma que lá estava. Pensou em dar um fim em Patrícia. Ivone, nesse instante, ligou. Ele acomodou a arma na gaveta e a atendeu.

— Renan, há dois homens aqui na recepção querendo falar com você.

— Peça para entrarem.

O rapaz os recebeu e pediu para que se sentassem. Um deles foi logo dizendo:

— Senhor Renan Valência?

— Eu mesmo, em que posso ajudá-los?

— O senhor pode nos acompanhar até a Delegacia de Homicídios?

Capítulo 41

Depois que desligou o telefone, Sandra correu para atender o interfone.

— O que é? — indagou, seca.

O porteiro falou e ela estremeceu.

— Que diabos esse homem vem fazer aqui? Na certa, descobriu...

Ela respirou fundo, retocou a maquiagem. A campainha tocou e ela abriu, toda sorrisos.

Pedro nada disse e entrou. Foi direto ao ponto, perguntando à jovem qual era o seu envolvimento com Renan.

"O que pretendiam?", pensou ela, rápido.

Sandra, atenta, deu respostas evasivas, fugiu quando se viu encostada na parede. No entanto, como se fosse uma arma, Pedro sacou do bolso duas fotos comprometedoras de um encontro dela com o rapaz. Ela olhou as fotos e lembrou-se imediatamente do dia em que Patrícia fora ao escritório de Renan. O rapaz, sentindo-se ameaçado, procurou Sandra querendo encontrar a solução para afastar Patrícia do seu caminho.

— É verdade, encontramo-nos uma vez, ele queria minha interferência junto a Emílio e me procurou — mentiu. — Eu expliquei que não poderia ajudá-lo.

Pedro mostrou-lhe outra foto, ainda mais comprometedora. Nela, os dois se beijavam. Sandra sentiu o rosto queimar.

A partir daí, ela se revelou, a máscara caiu. Havia a tensão da situação. Pedro se viu diante de uma mulher muito perigosa. Sandra disse vários desaforos, chamou-o de inútil, encostado, dependente da família Prieto. Admitiu que não amava Emílio e tinha, sim, armado contra Letícia, que caíra como um patinho na trama bem costurada. Pedro meneava a cabeça negativamente. Era difícil escutar todas aquelas barbaridades. Saiu do apartamento cabisbaixo, cansado e exausto com a briga e as revelações obtidas.

O homem sentia fortes dores no peito, tanto que, ao descer, permaneceu encostado na parede do elevador com a mão no peito, sentindo-se mal. Passou pela recepção sem enxergar nada, com a vista escurecida. Planejava pegar o carro e ir direto conversar com Emílio; porém, quando pegou a chave do carro, a dor veio mais intensa, ardente, e ele acabou debruçando sobre o veículo e escorregando pelo capô. Seu corpo caiu na calçada.

— Delegacia? — perguntou Renan aflito.

— É, só para esclarecimentos — explicou um dos rapazes. — Não sei se o senhor sabe, mas sua vizinha foi encontrada morta e...

— Sei, sim, mas... — tentou interromper Renan.

— O caso está sendo investigado.

— Não foi o marido dela que a matou?

— Negativo. O marido dela havia morrido meses antes, numa construção, sufocado por concreto. Até onde foi apurado, ela foi vítima de uma cilada, atraída até o local da execução. Cida recebeu até correspondências falsas dele — o homem revelou tudo na intenção de sentir a reação de Renan.

De repente, o homem parou de relatar o ocorrido e completou:

— Imagino que o senhor não se incomodaria em nos acompanhar até a delegacia, não é? O seu depoimento pode ser importante para esclarecer o que aconteceu. Sendo o senhor um homem de bem, neutro nessa história, mas vizinho da vítima, pode ter presenciado algo que foge dos olhos da polícia.

— Claro! Com certeza, não vou me negar a dizer o que sei, ainda que não saiba muito, pois não tinha contato com ela.

— O senhor já esteve nessa loja de departamentos de moda feminina que fica no shopping? — interrogou um dos homens, mostrando a etiqueta.

— Não! — respondeu rapidamente, mas já se sentindo cercado. — Por quê?

— Por nada — devolveu o homem olhando sobre a mesa de Renan. — É porque eu vi um cartão sobre a mesa do senhor e lembrei-me da loja. Tenho uma filha que trabalha lá. A vítima tinha um cofre no banco, sua esposa nos informou. As imagens foram analisadas.

Desconfiado, querendo ganhar tempo, Renan pediu licença para utilizar o banheiro e garantiu que depois os acompanharia até a delegacia. Os homens saíram da sala dele e foram esperá-lo na recepção. Renan pensou em não acompanhá-los; todavia, tal atitude poderia ser interpretada como uma confissão do crime contra Cida.

Quando se viu sozinho, Renan ligou para Sandra que, nervosa com a visita de Pedro, quebrava um copo na parede. Ele foi direto, perguntou onde as roupas de Cida haviam sido compradas, e a resposta veio como uma bomba.

— Naquela loja chique no shopping, por quê?

Renan não respondeu, colocou o fone no gancho lentamente. Começou, enlouquecido, a olhar de um lado para o outro, passar as mãos pelos cabelos, pensando no que fazer.

Pega de surpresa pelos tiros, Cida não teve tempo de reagir e teve morte instantânea. Seu perispírito ficou desacordado. Alguns dias depois, Cida acordou e, ao perceber que estava desencarnada, lembrou-se de tudo. Da carta, do encontro e da surpresa.

Naquele dia, recordando-se do momento em que desencarnou, seu espírito foi lançado com força à sala de Renan. O espírito de Cida finalmente o encontrara.

A aparência dela era horrenda. Seus cabelos estavam em desalinho e o sangue escorria pelos buracos dos ferimentos feitos à bala. Ao redor de seu umbigo havia uma ferida que teimava em não cicatrizar.

— O que mais doeu não foram os tiros, mas o piercing que você me arrancou, desgraçado! — bramia ela.

Renan estava tão descontrolado que por instantes teve a nítida certeza de que a vira na sua frente.

— Cale a boca! Você morreu! — gritou, correndo de um lado para o outro da sala.

— Você matou meu corpo físico, mas eu continuo viva em espírito.

— Estou alucinando. Isso não pode ser verdade. Eu a matei. Suma!

Cida gargalhava sem parar.

— Agora você vai me pagar. Ah, se vai.

Os policiais, ao ouvir os gritos de Renan, em meio à confusão, tentaram entrar na sala, porém estava trancada. Começaram a esmurrá-la.

A voz de Cida passou a atormentá-lo. Era uma voz intensa, cheia de ironia e carregada de energia de ódio. Renan passou a correr pelo escritório. Tapou os ouvidos na tentativa de não ouvi-la; entretanto, a voz tornou-se forte, perturbadora. Ele sentiu sufocar-se e correu para a janela, aspirando o ar e implorando para que Cida se afastasse.

Ela gritava. Ele, em desespero, suplicava a ela que parasse, balançando violentamente a cabeça. Renan desequilibrou-se, e Cida sorriu.

— Coitadinho dele!

Não demorou e Ivone recebeu uma ligação da recepção do térreo. Tensa, a moça desligou o telefone e murmurou para os dois homens, em estado de choque:

— Renan, ele... ele caiu.

— Como?!

— Ele está morto, estirado lá no térreo.

Os investigadores arrombaram a sala de Renan e viram um pedaço da camisa do rapaz enroscada na janela. Um deles se aproximou do batente e percebeu um ponto brilhante.

— O que é isso?

O outro olhou com atenção.

— Parece um anel.

— Não — respondeu o outro —, é um piercing.

— Tem certeza?

— Sim. Minha filha usa um no umbigo. Em todo caso, pegue a luva e colha o material e o pedaço da camisa do rapaz. Vamos enviar para análise.

Os dois colheram o material e saíram da sala.

Cida abriu um largo sorriso.

— Oh, Renanzinho, agora você não me escapa mais. Nunca pensei que fosse tão fácil trazê-lo para o lado de cá! Ficará comigo pela eternidade.

Renan havia morrido, mas seu perispírito, com a queda, ficara desacordado. Cida aproximou-se e o puxou pelos braços, com força.

— Vamos, querido. Hora de acertar nossas contas.

Alguns vultos negros se aproximaram e jogaram-se sobre o corpo estirado no chão, sugando ainda o resto de energia vital. Cida agarrou-se em Renan, deu uma gargalhada e desvaneceram-se no ar.

Uma semana se passara desde a morte lamentável de Pedro e de Renan. A família de Emílio Prieto se reuniu num almoço. Embora ainda sensíveis pela perda do amigo, procuravam aproveitar a união que havia se estabelecido na família. Os desencontros, assim como as armações, haviam sido esclarecidos, os perdões, por consequência, foram cedidos.

— Papai, a mamãe e a vovó vieram me visitar ontem à noite — declarou Rodrigo durante a refeição.

Emílio foi categórico:

— Vocês ficam ensinando essas coisas para o menino. Não é a primeira vez que acontece. A culpa é da Letícia, com essas crendices.

Letícia aproximou-se do sobrinho, que estava entre Fábio e Patrícia, e perguntou detalhes. O menino contou tudo de forma minuciosa, deixando-a preocupada. Relatou inclusive as roupas que elas usavam. Letícia logo percebeu que o menino não mentia, porém ficou assustada quando, de forma carinhosa, foi beijá-lo e sentiu sua temperatura elevada.

Logo a médica anunciou o estado do menino e o levou para o hospital. Tal acontecimento incomodou a todos. A partir daí as notícias não foram nada agradáveis. Exames realizados e nada de descobrir o que o garoto tinha. Ele ficou amuado, sonolento.

Uma equipe médica, que contou com Letícia, resolveu estudar o caso, procurar casos semelhantes, entender o quadro, contudo não obtinha êxito.

Rodrigo, com os olhos quase fechando, podia ver Lígia chorando ao lado da sua cama. O garoto tentava sorrir, porém não conseguia, sentia um peso sobre o corpo. Sílvia tocou o ombro da filha e foi direta:

— Lígia, você não vê o quanto está fazendo mal ao menino?

— Mamãe, ele é o único que me vê, que me ouve.

— Deixe-o em paz! Vamos embora, você não vai poder levá-lo com você — insistiu Sílvia.

— E agora, o que será de mim?

— Eu estou aqui ao seu lado. Vou ajudá-la.

— Eu não queria morrer, mamãe. Não agora.

— Sua hora chegou e de nada vai adiantar chorar pelos cantos. Precisa ser forte. Não quer que seu filho cresça e se torne um homem de bem?

— Sim.

— Despeça-se de Rodrigo. Você agora vai para tratamento e, assim que tiver autorização, poderá visitar seu filho.

— Mesmo?

Sílvia fez sim com a cabeça.

Lígia aproximou-se do filho e o beijou na testa.

— Eu o amo muito, viu? Não se esqueça de mim. Quando puder, virei visitá-lo.

Em seguida, profundamente emocionada, abraçou a mãe. Um fecho de luz branca formou-se ao redor delas, envolvendo-as.

Fábio, desesperado, era consolado por Patrícia. Na mesma sala estavam Helena e Robert, conversando. Laís, André e Letícia chegavam da capela onde permaneceram algum tempo rezando pela saúde do menino.

Um dos médicos chegou quase na mesma hora e anunciou, com um sorriso estampado no rosto, que Rodrigo estava fora de perigo, que fora um milagre sua recuperação e em poucas horas poderia voltar para casa. Todos, como se fosse virada de ano, abraçaram-se.

No caminho de casa, André dirigia com Laís a seu lado. Seguiam o carro de Fábio que levava Patrícia no banco do passageiro e Helena no banco de trás. Em meio à conversa, Helena perguntou:

— E a Sandra, alguém sabe dela?

Com o corpo de Pedro, além das fotos, foi encontrado um gravador portátil com a conversa que travara com Sandra. Naquele mesmo dia, Sandra foi procurada pela polícia e detida pela participação no crime de Cida. A investigação contou com a colaboração de Emílio que, já conhecedor do seu caráter, pelas provas conseguidas por Pedro, humilhou-a.

Os investigadores descobriram facilmente o seu envolvimento, depois de questionarem meia dúzia de vendedoras. Uma delas recordou-se:

— Uma perua arrogante. Usou um cartão que tinha o nome de homem, imaginei que fosse do marido. Achei estranho porque as roupas não eram o estilo dela, todas muito estranhas e numa numeração superior à que usava.

Sandra não teve como negar. Também foi responsabilizada pela adulteração dos freios do carro que provocou o acidente de Lígia, ao sair o laudo que atestou problemas no veículo. Um segurança da casa informou ter visto a moça com Renan indo na direção da garagem naquele dia. Por fim, tudo apontava para eles como autores do crime.

Na delegacia, Sandra ficou presa numa cela. A delegada passou um aparelho para ela e informou que teria direito a uma ligação. Tentou falar com Renan, mas só caía na caixa postal. Depois de pedir mais uma ligação para a delegada, Sandra, chorando, ligou para Toninho, no interior.

O sol já havia se recolhido, todas as mulheres detidas estavam no silêncio de suas celas, quando Sandra ouviu um andar conhecido, um barulho de ferro batendo no chão de cimento rústico da cadeia. Era o seu pai que vinha visitá-la, caminhando vagarosamente.

— Sandra, minha filha — falou, assim que a viu, de cabeça baixa, envergonhada, com o rosto escondido nos cabelos. — Levante a cabeça, quero vê-la.

— E o Toninho, pai? Onde está? Está conversando com a delegada para me tirar daqui? — perguntou com o rosto manchado pela maquiagem.

— Não, minha querida — respondeu o velho pacientemente. — O Toninho não virá aqui. Você sabia que ele é prefeito da nossa cidade? Pois é, ele foi eleito, fez um discurso bonito no coreto.

— Ele é prefeito, pai? — quis saber, enchendo-se de alegria.

— É. E também é um homem casado, filha. Ele se casou ontem com a filha da dona Joana, da granja. Ele me disse que, na hora em que você ligou, ele estava de saída para a igreja. Foi um casamento lindo. Sua mãe fez o bolo. Ela mandou um pedaço para você — tornou o homem tirando da sacola de plástico o bolo enrolado no papel-alumínio. — É de chocolate, como você gosta. Está furado porque foi vistoriado pela delegada.

— O Toninho casou-se? — a voz dela era de pura decepção.

— Sim. Um rapaz de bom coração, você acredita que ele comprou o fusca para eu pagar um advogado para você? Fez isso antes de viajar com a esposa para os Estados Unidos.

— Estados Unidos? — fez uma pausa. — O senhor vendeu o fusca, pai?

— Como a vida é irônica! — exclamou o velho. — O fusca que você sonhava vender para sair de casa será o responsável por levá-la de volta.

— Como?! — perguntou nervosa.

— Você será transferida para o presídio que construíram lá no interior. Vai ser bom, minha filha. Eu poderei ir visitá-la. Sua mãe disse que não vai, você sabe, ela tem problema de pressão.

Sandra, daí em diante, já não ouvia mais nada, nem se despediu direito do pai que, com dificuldade, girou a armação de ferro e saiu batendo com o ferro pelo silêncio do corredor da cadeia.

A jovem, agitada, pegou o bolo e, depois de prová-lo, lançou-o longe. Caiu chorando no chão. A carcereira, muito bruta, apareceu, jogou uma folha de jornal por entre as grades e advertiu:

— Ei, princesa, você não está na sua casa, não! Pode ir tratando de limpar esse chão. Quando eu voltar, não quero ver uma migalha.

Obediente, sentindo-se contrariada, Sandra começou a limpar e a pensar em Renan, confiante de que logo ele viria buscá-la. Foi quando parou de limpar para ler a matéria estampada na primeira página do jornal:

"Renan Valência, um dos diretores da empresa Prieto & Confecções, foi encontrado morto no piso térreo da empresa. Tudo leva a crer que o rapaz, acusado de assassinato, cometeu suicídio".

— Covarde! — esbravejou Sandra, no momento em que esmurrava e amassava a foto de Renan estampada no jornal. Nela, o rapaz sorria. — Sujeito fraco. Não posso acreditar.

Tomada pelo cansaço, depois de se debater sobre o jornal, Sandra silenciou, com lágrimas nos olhos, sobre o chão gelado, cercada pelo jornal picotado.

O tempo passou.

A agência de investigação de Valter prosperou de tal forma que ele teve de contratar mais duas funcionárias, que ficaram sob a responsabilidade de Elaine.

Laís resolveu voltar a morar na casa do pai, na companhia das irmãs, mas não voltou sozinha, decidiu assumir o seu romance com André e anunciar a todos o filho que esperava para dali a alguns meses.

Robert recusou um trabalho fora do país, declinou o convite para não deixar a esposa sozinha, a menos que fossem juntos, mas como era conhecedor da sua paixão pela clínica, achou melhor não arriscar. Letícia recebeu a notícia feliz da vida e decidiram, juntos, que o melhor seria ter uma vida independente. Foram morar num apartamento próximo à casa do pai.

Ana Maria, no litoral, agora encontrava tempo para providenciar os bordados com o nome do neto. Ansiava por sua chegada. Helena, não muito diferente, dedicava-se aos dois netos.

Depois de tudo esclarecido, Emílio resolveu seguir viagem pela Europa. Antes, porém, entregou nas mãos de Fábio e Patrícia, então recém-casados, a responsabilidade de dirigirem a empresa Prieto & Confecções.

Fábio e Patrícia estavam sentados no gramado de um parque, observando, de longe, o pequeno Rodrigo brincar com uma bola. Estavam alegres, apaixonados, saboreavam o melhor da vida. Eram merecedores da felicidade.

Epílogo

De volta a 1900. O início do século vinte foi celebrado com muita euforia, promissor aos olhos dos otimistas e sonhadores. Vários países do mundo deixaram registrados seus acontecimentos.

Na Alemanha, as mulheres lutavam para obter a possibilidade de cursar uma universidade. O Brasil começava o novo século como a maior república da América Latina. Ainda naquele ano, o Amapá passou a integrar o país, deixando de pertencer à França. Os movimentos revolucionários espocavam em vários países. As obras do metrô em Nova York começaram a ser construídas, na gestão de Van Wyck, prefeito na ocasião. Em julho do mesmo ano foi inaugurado o metrô de Paris. Em janeiro do ano seguinte morreria a rainha Vitória, da Grã-Bretanha, após um reinado de mais de sessenta anos.

Em junho daquele ano, o aviador, então brasileiro, Alberto Santos Dumont caiu em Boulogne depois de circular a torre Eiffel. Obstinado, em outubro, Santos Dumont colocou seu dirigível no ar por trinta minutos, nos ares de Paris.

O ano de 1900 foi marcante também para a pintora Sílvia Duprat. Suas telas foram muito elogiadas e ganharam destaque em Paris. Ela já era conhecida, mas a feira mundial que ocorreu na capital francesa, a famosa Exposição de Paris, um pavilhão de dois mil e duzentos metros quadrados, a maior até então realizada na Europa, foi surpreendente e decisiva para impulsionar a sua carreira.

Emílio e Sílvia eram casados nessa época. Emílio era um pianista que vivia das suas apresentações e aulas que se estendiam pela Europa. O casal de artistas dividia-se entre a agitada Paris e a calmaria do balneário de Deauville. A frequência era maior na casa de veraneio, a preferência não era por acaso, era uma casa suntuosa, com muito espaço, belos jardins, tudo à beira-mar.

O jovem Pedro chegou a Deauville numa tarde de outubro, sem ser anunciado. Decerto aceitara o convite de Emílio, seu professor de piano, no último verão. A recepção foi muito amistosa. Orgulhoso, Emílio tratou de fazer as apresentações, de explicar à esposa que conhecia toda sua família, deixando claro o seu carinho por Pedro. Sílvia ficou visivelmente incomodada. Pensou, a princípio, que fosse uma simples curiosidade, mas a alegria, os sonhos, a admiração pelo belo rapaz deixaram-na certa de que algo mais estava sentindo.

— Soube da famosa pista de corridas que tem aqui em Deauville. Preciso praticar, e muito — falou Pedro sorrindo, com os olhos brilhantes na direção de Sílvia. — Participei dos Jogos Olímpicos que ocorreram em maio.

— Você participou, meu jovem? — perguntou Emílio satisfeito com o heroísmo do aluno. — Você ouviu, Sílvia? O Pedro participou dos Jogos Olímpicos em Paris. Então, além de músico, você também é um atleta? — animado, o professor emendava uma pergunta na outra, quando não fazia alguma observação. — O duque de Morny, em 1860, ano em que nasci, foi responsável por ter aberto este paraíso para os veranistas. A estação de trens fica aqui próximo, há também um cassino fabuloso.

Sílvia, que permanecia na ampla varanda, manuseando um pincel e misturando diversas cores de tintas sobre a tela, tentava disfarçar o interesse que sentia em apreciar o jovem rapaz que recebia em sua casa, por esse motivo, como se não estivesse muito interessada no assunto, comentou, sem fixar o olhar nos homens que tinha à sua volta:

— Os norte-americanos foram formidáveis. Eles me surpreenderam.

Sílvia sentiu o coração disparar quando ouviu de Pedro, por aqueles dias, a confissão do seu amor por ela. Decidido, sem rodeios, na vitalidade da juventude, típico do seu temperamento, o jovem explodiu quando a viu negar aquele sentimento. Pedro aproveitou a ausência do professor e, num impulso, agarrou seus braços enquanto falava:

— Sei que também sente algo por mim. Percebi a forma como me olha. Consigo perceber a batida do seu coração quando me aproximo de você.

— Você deve estar fantasiando — Sílvia tentou se esquivar, mas instantes depois estava dominada pelo rapaz.

No dia seguinte a esse episódio, Pedro deixou a casa do professor, para tristeza de Sílvia. O rapaz abraçou Emílio e deixou registrado o seu agradecimento, prometendo, olhando para Sílvia, que voltaria para visitá-los.

Depois daquela visita, nada voltou a ser como antes. Sílvia, confusa, sentindo-se incompleta, apaixonada, acabou confessando a Sandra, sua prima que vivia em Paris, aquela aventura. Contou tudo para ela, inclusive o sentimento forte que nutria pelo rapaz.

Sandra não era só conhecida por ser a prima de Sílvia, a grande pintora, mas também por ser uma atriz famosa para alguns figurões e poderosos que circulavam na capital francesa. Todos conheciam sua beleza e sensualidade. Sua ousadia também era muito comentada, elogiada e invejada. O último acontecimento, muito destacado, aconteceu quando foi presa por ser surpreendida fumando em via pública. Passou uma noite na cadeia, saiu de lá acompanhada de um político que ocupou sua intimidade durante alguns meses.

Vivia sozinha num luxuoso apartamento. Arrogante, desprezava a pobreza e tudo que a fizesse lembrar essa situação, por isso colocou os pais, retrato da época vivida, para fora da sua vida, esquecendo-os no interior do país, sem recursos. Tratava as pessoas pelos rótulos que tinham.

Empolgada, Sandra apoiou a condição da prima. A atriz não suportava Emílio e sabia que ele também nutria o mesmo sentimento por ela. Então, foi nessa ocasião que Sandra ofereceu a Sílvia o seu apartamento para o encontro com Pedro. Naquela mesma tarde, Sílvia recebeu Pedro no quarto da prima. Beijos, abraços, promessas, juras passaram a acontecer por meses. Num desses encontros, Sílvia, que não se sentia bem em trair o marido, prometeu atender ao pedido de Pedro e se separar de Emílio.

Ivone, prima de Pedro, nutria por ele um amor platônico e sonhava com o casamento. Moravam num bairro pobre e afastado da capital. Num dia, visitando Pedro, encontrou no meio dos seus pertences uma carta de amor, carregada de carinho, assinada com a letra S. Não demorou a segui-lo e vê-lo entrando na casa de Sandra. Deduziu que os dois estavam tendo um caso, pois desconhecia que o lugar era usado, na verdade, pelo primo para se encontrar com Sílvia. Desesperada, completamente sem chão, em lágrimas, Ivone procurou a ajuda de Renan. Vingativa, conhecedora da fama de Sandra, a jovem clamou por vingança. Ivone sentia-se ferida pela traição.

Renan vivia na companhia do pai e de Cida, sua madrasta, e de três irmãos mais jovens. A jovem, que casara com o seu pai, estava longe de ser bonita, era muito submissa, calada, porém Renan, astuto, malicioso com as questões da vida, achou tudo aquilo muito estranho. Sabia, é verdade, que ela era de uma família ainda mais pobre, do interior da França, mas não conseguia entender o porquê de ela entregar sua juventude a um viúvo bêbado e cheio de filhos.

Não tardou e Renan a surpreendeu encontrando-se com um jovem, que descobriu ter sido um namorado e vizinho de quando vivia com os pais. Renan, jovem, bonito, vagabundo, sem futuro, completamente sem escrúpulos, tratou logo de pedir dinheiro em troca de silêncio. E Cida, temerosa pela reação do marido, tratou de cumprir o acordo com o enteado. Passou, a muito custo, a dar todo e qualquer dinheiro que conseguia. Cida sofreu com as ameaças do rapaz, chorava muito enquanto cozinhava. Foi por esses dias que Ivone veio procurá-lo em casa.

— O que você quer que eu faça? — perguntou Renan com um sorriso estampado no rosto, feliz pela proposta recebida.

— O que você ouviu. Já pensei em tudo. Nada vai dar errado.

O distanciamento de Sílvia parecia provocar um verdadeiro estrago na carreira de Emílio. Desanimado, suas apresentações já não arrancavam da plateia a mesma sensação de antes. Isso só veio piorar quando a pintora revelou seu amor por Pedro, e mais: informou que o deixaria para viver esse novo sentimento. Ele pediu a ela que ficasse, não o deixasse daquela forma, naquele momento. Sílvia acabou abraçada por um Emílio desesperado, assustado, por esse motivo não teve coragem de deixá-lo, assim como não deixou de se encontrar com Pedro na casa de sua prima.

Para executar o plano de Ivone, Renan contou com a ajuda de Toninho, um amigo de comportamento igual ao dele. Renan foi o intermediário e orientou o amigo como proceder, na promessa de dividir o dinheiro combinado com Ivone. Numa tarde, Toninho encostou o carro na casa de Sandra e entregou-lhe um bilhete. O conteúdo, escrito à mão por Ivone, marcava um encontro num café e quem assinava era um ator de reconhecimento internacional. Sandra, que havia muito tempo ansiava por esse encontro, abriu um sorriso e minutos depois estava no carro guiado por Toninho.

Renan, na mesma tarde, procurou Ivone para receber o combinado. A moça mentiu, disse ter deixado o dinheiro com Cida. Conhecedora do atrito do jovem com a madrasta, Ivone sabia que seria a sua palavra contra a de Cida.

O rapaz, nervoso, depois de brigar com Ivone, correu para casa e intimou Cida a lhe devolver o dinheiro. A madrasta, honesta, alegou não saber do que ele estava falando. Foi uma briga feia. Cida estava na cozinha, matando um frango, engolindo o ódio que sentia pelo rapaz. Ela foi se segurando, mergulhada num silêncio, quando, de repente, saturada pelas palavras do rapaz, num gesto brusco, virou-se na sua direção e, num golpe rápido, atingiu a lâmina no umbigo de Renan, que caiu no chão sem reação.

No dia seguinte, os jornais locais noticiavam a morte de Sandra. Suspeitavam que a atriz tivesse sido empurrada num precipício de mais de dez metros, mas nunca conseguiram provar nada. No mesmo jornal era relatado o caso da madrasta que matara o enteado.

Meses depois, sufocada por aquela situação, acrescentando a descoberta da gravidez, Sílvia, acompanhada de Pedro, resolveu colocar um ponto final em seu casamento. Emílio não sentiu vergonha e chorou baixinho diante dos dois. Lentamente, ele deu uma volta até a mesinha do escritório e da primeira gaveta tirou uma arma; rapidamente, lançou um tiro na direção de Pedro.

Sílvia soltou um grito ao ampará-lo no colo, já morto. Vultos coloridos encheram a sala e envolveram o jovem.

Muitos anos depois...

— Sílvia, é você? — perguntou Pedro, tentando se levantar.

Ele sentia muita paz. Um perfume suave e um conforto grande. A mão de Sílvia estava pousada em seu peito. Em poucos segundos, ele se lembrou de quando estava passando mal próximo ao carro, uma forte dor, o coração parecia querer explodir.

— Sílvia — balbuciou com dificuldade —, tive um sonho tão estranho...

— Sonho? — sorriu confiante. — Os sonhos podem ser reais, meu querido.

— França, 1900...

— E muitos conhecidos.

— Exato!

— Muita gente próxima — completou, apertando sua mão.

O sorriso de Sílvia confortava Pedro.

— Meu Deus! Então foi isso? O que aconteceu depois, Sílvia? Você estava grávida, e o Emílio?

— Assim como aconteceu comigo, você vai se recordar aos poucos. Adianto que dei à luz duas lindas meninas, Patrícia e Vilma, ambas rejeitadas por ele, que não as aceitou por saber que não eram suas filhas. Ele não queria vê--las vivas, crescendo. Eram frutos da nossa ligação.

— E depois?

— As meninas e eu fomos vítimas de um acidente de automóvel nas margens do Rio Sena. Elas tinham poucos anos de vida. Emílio partiu poucos anos depois quando ainda estava na cadeia. Foi para a cadeia por causa de uma questão política, não pelo tiro que disparou em você, pois este foi considerado acidental, nem pelo acidente de que eu e as meninas fomos vítimas — fez uma pausa. Havia lágrimas nos olhos ao completar: — Quando nos encontramos aqui no astral, recebemos orientação, tomamos consciência de nossas falhas, desejamos verdadeiramente mudar para melhor. Tivemos o mérito de reencarnar, uma nova chance de evoluir.

— Por isso tive de silenciar o meu amor por você. Agora entendo por que não ficamos juntos, vivendo o nosso amor.

— Não podíamos repetir com Emílio a mesma história. Ele contou muito com a sua ajuda, você foi um anjo na vida dele. Conseguiu fazê-lo entender e aceitar Patrícia e Vilma.

— Então, ele as rejeitava...

— Porque eram as nossas filhas. Vê-las era como sentir a traição de que fora acometido.

— E agora ele as ama.

— Por certo, querido — aquiesceu Sílvia, num sorriso encantador. — Depois do tiro que deu em você, ele se arrependeu, sinceramente, pediu perdão, e foi de coração. As meninas foram o foco de ódio dele. Agora, com a aproximação, tudo mudou. Emílio precisava do amor para sentir-se perdoado do que fez a elas. Nossa passagem na Terra sempre tem o propósito de alargar nossa consciência e promover o nosso crescimento. Perdoar sempre, não alojar ressentimento, enfim, todo sentimento ruim deve ser transformado para o nosso bem. Precisamos ressaltar o amor, vibrar de forma positiva. Somos espíritos livres e temos que respeitar nossos sentimentos e também os do próximo para que possamos seguir nossa trajetória em paz.

Sílvia percebeu as diversas luzes coloridas que envolviam Pedro e sugeriu calma, explicando-lhe que ele passaria, dali em diante, por vários estágios e muito aprendizado, que não se preocupasse, pois ela estaria sempre ao seu lado. Ela segurou em sua mão e beijou levemente seus lábios.

— Então, quer dizer que agora poderemos seguir juntos pela eternidade?

— Sim.

Pedro emocionou-se. Apertou as mãos de Sílvia com carinho.

— Eu a amo tanto...

— Eu também, meu querido — ela acariciou seus cabelos com ternura. — Estou muito feliz em tê-lo agora ao meu lado, Pedro. Valeu a espera.

Sílvia fez um sinal e dois rapazes apareceram. Eram espíritos de aparência jovem. O sorriso de ambos era contagiante. Eles se aproximaram e sustentaram Pedro. Ele sorriu para os rapazes e adormeceu. Em seguida, partiram rumo a uma colônia de auxílio a recém-desencarnados, próximo do orbe terrestre.

Uma lágrima escorreu pelo canto do olho de Sílvia. Emocionada, ela fechou os olhos e fez sentida prece a Deus. Estava feliz.

Fim

Editora Vida & Consciência

Romances

Zibia Gasparetto

Autora de mais de quarenta livros, entre crônicas, romances e livros de pensamentos, Zibia Gasparetto cativa leitores a cada dia, contribuindo para o fortalecimento da literatura espiritualista no mercado editorial e para a popularização da espiritualidade.

A verdade de cada um
A vida sabe o que faz
Entre o amor e a guerra
Esmeralda
Espinhos do tempo
Laços eternos
Nada é por acaso
Ninguém é de ninguém
O advogado de Deus
O amanhã a Deus pertence
O amor venceu
O fio do destino
O matuto
O morro das ilusões
Onde está Teresa?
Pelas portas do coração - nova edição
Quando a vida escolhe
Quando chega a hora
Quando é preciso voltar
Se abrindo pra vida
Sem medo de viver
Só o amor consegue
Somos todos inocentes
Tudo tem seu preço
Tudo valeu a pena
Um amor de verdade
Vencendo o passado

Marcelo Cezar

Marcelo Cezar é um dos principais escritores do país, cujos romances enfatizam a espiritualidade de maneira natural e proporcionam entendimentos para uma vida melhor. Com mais de um milhão de livros vendidos, é autor de vários best-sellers. Seus livros, quando lançados, rapidamente figuram na lista dos mais vendidos do país. Já publicou, pela Editora Vida & Consciência, catorze romances, todos ditados pelo espírito Marco Aurélio.

A última chance
A vida sempre vence - nova edição
Ela só queria casar...
Medo de amar - nova edição
Nada é como parece
Nunca estamos sós
O amor é para os fortes
O preço da paz
O próximo passo
O que importa é o amor
Para sempre comigo
Só Deus sabe
Um sopro de ternura - edição revista e atualizada
Você faz o amanhã

Mônica de Castro

Além de escritora de grande sucesso, Mônica de Castro é Procuradora do Trabalho. Nasceu no Rio de Janeiro em 1962 e psicografa romances espíritas desde 1999. A escritora sente grande responsabilidade ao divulgar suas obras, considerando que muitas pessoas se espelham naquilo que escreve. Por isso, empenha-se em divulgar, ao máximo, os ensinamentos espiritualistas. Já publicou, pela Editora Vida & Consciência, dezessete romances, todos grandes sucessos de público.

A atriz - edição revista e atualizada
Apesar de tudo...
Até que a vida os separe
Com o amor não se brinca
De frente com a verdade
De todo o meu ser
Gêmeas
Giselle – A amante do Inquisidor - nova edição
Greta
Jurema das matas
Lembranças que o vento traz
O preço de ser diferente
Segredos da alma
Sentindo na própria pele
Só por amor
Uma história de ontem - nova edição
Virando o jogo

Conheça livros de outras categorias
em nosso site: *www.vidaeconsciencia.com.br*

Amadeu Ribeiro

O amor nunca diz adeus
A visita da verdade

Ana Cristina Vargas

A morte é uma farsa
Em busca de uma nova vida
Em tempos de liberdade
Encontrando a paz
Intensa como o mar

Eduardo França

A escolha
A força do perdão
Enfim, a felicidade

Evaldo Ribeiro

Eu creio em mim

Flávio Lopes

A vida em duas cores
Uma outra história de amor

Floriano Serra

Nunca é tarde
O mistério do reencontro

Lucimara Gallicia

O que faço de mim?
Sem medo do amanhã

Leonardo Rásica

Luzes do passado

Márcio Fiorillo

Em nome da lei

Sérgio Chimatti

Apesar de parecer...ele
não está só
Lado a lado

VIDA & CONSCIÊNCIA
GRÁFICA

Rua Agostinho Gomes, 2.312 – SP
55 11 3577-3200

grafica@vidaeconsciencia.com.br
www.vidaeconsciencia.com.br